KB190794

생태신학과 기독교윤리 실천

생태신학과 기독교윤리 실천

초판 1쇄 인쇄 | 2024년 3월 1일
초판 1쇄 발행 | 2024년 3월 5일

지은이 이창호
펴낸이 김운용
펴낸곳 장로회신학대학교 출판부

등록 제1979-2호
주소 (우)04965 서울시 광진구 광장로5길 25-1(광장동)
전화 02-450-0795
팩스 02-450-0797
이메일 ptpress@puts.ac.kr
홈페이지 http://www.puts.ac.kr

값 18,000원
ISBN 978-89-7369-015-2 93230

생태신학과 기독교윤리 실천

● 이창호 지음

장로회신학대학교출판부

사랑하는 딸 진아에게

머리말

현재 인류가 직면하고 있는 생태계의 위기는 심각하다. 지구상에 생명체가 하나도 살아남지 못할 수도 있다는 절박한 상황인식을 지나친 과장이라고 단정하기 어려운 것이 현실이다.[1] 창조세계가 겪고 있는

1 스미스(Thomas M. Smith)와 스미스(Robert L. Smith)는 생태계의 위기와 연관하여 생태학이 주목하는 생태적 쟁점들을 제시한다 [Thomas M. Smith and Robert L. Smith, *Elements of Ecology*, 강혜순 외 3인 역, 『생태학』(파주: 라이프사이언스, 2016)]. 이 쟁점들은 생명세계와 그 안의 존재들이 겪고 있는 고통의 양상을 내포한다. 여기에 몇 가지 핵심 쟁점들을 옮겨본다. 첫째, 기후온난화이다. "지난 한 세기 동안 지구의 평균 표면온도가 상승하였다. 표면온도의 상승은 화석연료 연소와 산림의 개벌과 산불에 의해 발생한 온실가스의 대기농도 증가와 관련되어 있다" [위의 책, 34]. 둘째, 해양 산성화이다. "이산화탄소의 대기 농도 증가는 해양의 표면수에 농도 증가를 불러왔다. 표면수에서 이산화탄소 농도가 증가하자 pH가 낮아지고 탄산염 농도가 감소하였다. 탄산염 농도의 감소는 해양 석회화종에 필수적인 탄산칼슘 농도 감소로 이어졌다" [위의 책, 50]. 셋째, 토양 침식의 문제이다. "경작지의 토양 침식은 심각한 환경 문제이다. 자연 식생의 제거와 토양의 경간은 표토를 불안정하게 만들고 바람과 물로 인한 침식을 크게 증가시킨다. 등고선재배와 무경운 농법과 같은 지속 가능한 방식은 토양 손실의 정도를 크게 낮출 수 있다" [위의 책, 68]. 넷째, 기후변화와 몸 크기의 문제이다. "베르그만의 법칙은 내온동물에서 한 종의 몸 크기는 연평균 기온이 감소할수록 증가하는 경향이 있다는 것을 말한다. 많은 연구가 지난 수십 년에서 백년 동안 지역의 온도의 변화와 연관되어 지역 내 동물 개체군들의 몸 크기가 변했다는 것을 기록해 왔다. 최근의 지구온난화는 서로 다른 동물종에서 평균 크기의 증가와 감소를 불러일으켰다. 몸 크기의 감소는 열 균형에 있어 작은 몸 크기가 갖는 이점과 관련되는 반면, 몸 크기의 증가는 온화한 기후에서 먹이 가용성과 연관이 있다" [위의 책, 147]. 다섯째, 외래 유입종의 문제이다. "인간은 고의적이든 우연히든 동식물을 자신의 지리적 범주 밖으로 도입하였다. 때로는 이러한 도입이 해가 없을 수도 있으나, 때때로 도입된 생물이 자생종과 생태계에 부정적으로 영향을 미친다" [위의 책, 168]. 여섯째, 인간생활사이다. "인간 개체군의 역사는 국가들이 산업사회 이전에서 산업화된 사회 경제 시스템으로 이동함에 따라 고출생률과 고사망률로부터 저출생률과 저사망률로 전이한다고 설명하였다. 이러한 역동성은 개체군통계적 전환(demographic transition)이라고 알려졌는데, 자연선택의 결과가 아니라 '사회 진화'의 수단에 의한 인간종의 생활사 변화를 나타낸다" [위의 책, 213]. 일곱째, 개체군 보전의 문제이다. "인간활동의 결과인 서식지 소실은 많은 종 개체군을 미래 생존을 위협할 정도로 감소시키는 요인이 되었다. 이러한 종들의 보전은 미래 세대의 생존을 위해 필요한 최소생존개체군과 이러한 개체군을 유지하는데 필요한 서식지 면적을 이해하는 것에 달려있다" [위의 책, 237]. 마지막으로, 삼림 벌채와 질병의 문제이다. "인간활동과 연관된 토지이용 변화는 감염성 질병의 전파를 증가시켰다. 세계의 많은 지역에서, 삼림 벌채는 숙주와 매개체로 작용하는 동물종들의 풍부도와 분포에 영향을 미쳐서 병원체의 풍부도와 분산을 변화시켰다" [위의 책, 330]. 생태계를 구성하는 생명들 사이의 본질적인 상호관계성은 다양한 관계들 안에서 발생하고 또 교류되는 역동들로 인한 상호영향의 불가피성을 내포한다. 한 생명의 작용이 다른 생명(들)에게 긍정적인 영향을 줄 수도 있고 또 반대의 경우도 현실적으로 가능하다. 인간 개체군의 생존과 생존의 확장을 위해 실행한 삼림의 훼손과 경작지의 확대는 다른 생명들을 위한 서식지 감소로 이어지고 이

위기적 상황에 대해 기독교회와 신학은 어떻게 응답할 수 있고 또 해야 하는가? 하나님은 창조하신 피조세계를 그냥 내버려 두지 않으신다. 독생자를 아낌없이 내어주신 사랑으로 세계를 돌보시고 지탱하시고 섭리하시며 궁극적 완성으로 이끌어 가신다. 세계에 대하여 초월하시기만 하는 하나님이 아니라 동시에 내재하시는 하나님으로 창조하신 세계 안에 들어와 계시면서 피조물들과 깊은 사귐에 이르고자 하신다는 점 또한 밝혀 두어야 하겠다. 이러한 하나님과 세계의 관계성에 상응하여, 기독교회와 신자들은 세계와 세계의 동료 존재들을 사랑으로 섭리하시고 궁극적 완성으로 이끌어 가시는 하나님의 역사에 동참해야 할 것이며 세계와의 친밀한 사귐을 추구하고 구현해 나가야 할 것이다. 특별히 오늘날 창조세계와 그 안의 존재들이 겪고 있는 심각한 위기와 고통에 공감하며 극복과 치유를 위해 온 힘을 다해야 할 것이다.

전체 창조세계와 온 인류가 겪고 있는 '생명들'의 위기의 현실을 직시할 때, 개별 존재들은 물론이고 국가와 국가, 지역과 지역, 공동체와 공동체를 아우르는 전세계적 차원에서의 공동의 기반 모색이 절실히 요구된다. 지구상에서 생명체가 사라져 버릴 수도 있다는 절박한 상황인식이 현실적인 것으로 받아들여지는 상황에서, 그러한 상황을 윤리적으로 해명하고 또 대안을 제시하는 세계 윤리 곧 생태적 세계 윤리를 추구하는 것은 꼭 필요한 과업이라 하겠다. 기독교 인간론은 인간의 고유한 특성을 하나님의 은총을 통한 '자기 초월'에서 찾는다. 궁극적

는 다시 치명적인 결과 곧 여러 생명의 종들의 멸절이라는 결과에 이를 수 있다. 다만 이러한 부정적 영향은 일방향적이지 않다. 삼림의 파괴는 전염병의 숙주와 매개체의 매커니즘에 심대한 영향을 미치고 전염병의 확산을 촉진하게 되므로, 인간 공동체는 자신들을 유익하게 하기 위해 실행한 행동에 의해 파생적으로 발생한 부정적 결과로 인해 고통을 받게 된다. 지구라는 전체 생명세계에서 한 지체의 고통은 그 지체의 생존의 여부와 질에 배타적으로 영향을 미치는 것에 그치지 않고 다른 지체들뿐 아니라 전체 생명세계에 영향을 미친다는 사실을 주목해야 할 것이다.

실재와 타자와 다른 피조물들을 향해 지속적으로 자신을 개방하고 내어준다는 의미에서의 초월인 것이다. 다시 말해, 기독교의 인간은 자신과 타자 그리고 피조세계의 보존과 혁신에 참여함으로써 궁극적으로 타자로서의 인간과 다른 생명들과의 공존과 평화를 이루며 살아야 하는 사명을 받았다고 할 수 있다. 이런 맥락에서 기독교의 생태적 세계윤리는 자연과 인간의 화해 시도, 자연계의 모든 존재들의 생명성 강조, 전체로서의 생명세계에 대한 통전적·유기체적 이해 등의 중요한 생태학적 주제들을 제기하고 또 적극적으로 탐색하고 있다는 점을 주목할 필요가 있다. 요컨대, 기독교 생태 신학과 윤리의 목적론적 관심은 평화에 있다. 곧 자연과 인간 사이의 평화 그리고 우주적 생명세계 혹은 생태계 를 구성하는 생명들 사이의 평화를 일컬음이다.

생태적 관점에서의 이러한 세계적 현실 인식과 신학적·윤리적 전망은 한국 기독교회의 평화통일 신학과 실천이 추구해야 하는 과제라는 관점에서 매우 중요한 통찰을 제시해 준다. 긴장완화와 평화공존을 지향하는 한국 기독교회의 평화통일 신학과 실천은 남한과 북한의 민족적·정치사회적 평화통일뿐 아니라, 좁게는 한반도 또 넓게는 전세계적 차원에서의 생태환경의 복원을 선결 과제로 설정해야 한다는 것이다. 생태적 관점에서 남과 북은 둘이 아니라 하나이기에 한반도의 생태환경적 평화공존은 자명한 목적이 되며, 이 목적의 추구는 남과 북의 전체적 생태 복원뿐 아니라 정치·경제·사회·문화적 통일을 위해서도 의미 있는 기여를 하게 될 것이다.

본 저작의 목적은 생태적 삶과 실천을 위한 신학적·윤리적 기반을 다지고 규범적·실천적 방향성과 방안에 대한 논의와 탐구를 심화하는 것이다. 이를 위해 생태신학 담론의 지형을 포괄적으로 검토·평가하면서 신학적 방향성과 전망을 내놓고자 하며 생태적 세계 윤리를 위한 공동의 기반, 생태적 사랑의 윤리, 기후위기와 기독교적 응답, 동물 신학과 윤리, 생태신학과 평화통일 실천, 종말론과 창조세계의 미래 등의 논제 탐구를 통해 기독교 생태윤리 담론의 성숙을 위한 이론적·실천적 토대를 모색할 것이다. 이제 본 저작에서 필자가 구체적으로 수행하고자 하는 연구와 저술의 내용을 개관적으로 서술하고자 한다.

1장의 목적은 현대 기독교 생태담론의 유형화에 있다. 다시 말해, 현대 생태신학의 주된 흐름들을 파악하여 유형화하고 각 유형에 대해 논구·진술하고자 하는 것이다. 특별히 하나님과 세계 사이의 관계성이라는 관점을 초점으로 할 것인데, 한편으로 필자가 제시하고자 하는 유형들이 이 관점에 따라 각각의 주된 신학적 특성을 드러내고 있기 때문이고 다른 한편으로 어떤 관계성 이해를 갖느냐에 따라 세계에 대한 생태적 자세나 접근이 달라질 수 있기 때문이다. 1장에서 필자는 하나님과 세계의 관계성, 세계의 존재들 사이의 관계성 등의 논점을 중심으로 생태신학 담론을 탐구하여 크게 세 가지 유형을 제시할 것인데, 범재신론적 유형, 탈범재신론적 유형, 그리고 신중심적-청지기적 유형을 포함한다. 범재신론적 유형의 맥페이그Sallie McFague와 몰트만Jürgen Moltmann, 탈범재신론적 유형을 대표하는 맥다니엘Jay B. McDaniel과 류터Rosemary R. Ruether, 그리고 신중심적-청지기적 유형에 속하는 신학자로는 스타센Glen H. Stassen과 거쉬David P. Gushee를 다룰 것이다. 각각을 살피고 이 세 유형을 비교·평가하고자 한다.

2장의 탐구주제는 생명에 대한 간문화적 성찰이다. 생태계 위기는 심각하다. 위기 극복을 위해 온 인류가 전 지구적으로 긴밀하게 연대·협력하며 대응해야만 하는 상황이라고 할 것이다. 이러한 상황인식을 견지하며 2장에서 필자는 동서양의 생태담론을 아우르면서 간문화적 논의와 탐구를 수행하고 이론적으로 또 실천적으로 함께 할 수 있는 공동의 기반을 모색하고자 한다. 생태적 세계 윤리의 모색이라고 할 수 있을 것인데, 동서양의 구분을 넘어서 온 인류가 보편적으로 공감하고 동의할 수 있는 가치이자 기준으로서 '생명'을 핵심 논제로 하여 간문화적 비교연구를 진행하고자 하는 것이다. 2장의 논의와 탐구의 출발점은 슈바이처Albert Schweitzer이다. 그의 생명경외 사상을 중심으로 서양의 생명론을 탐색하고 슈바이처와의 간문화적 대화를 위해 유교와 민중신학자 서남동의 생명론을 살필 것이다. 유교의 인간론은 개별적 자아를 넘어 타자, 공동체 그리고 전체 세계를 향해 스스로를 개방하고 조화로운 삶을 영위하는 것을 이상으로 삼는 '자아'관을 중시한다는 점에서 그리고 서남동은 타종교의 생태사상과의 대화, 자연과학의 발견들, 기독교의 다양한 생태신학의 흐름 등을 검토·성찰하면서 생태계의 모든 존재의 생명성 강조나 세계에 대한 유기체적 이해 등 중요한 생태적 주장들을 전개했다는 점에서 슈바이처와의 비교연구에 적합하고 유효하다고 판단한다. 필자는 비교연구의 논점으로 생명에 대한 기본 이해, 인간과 자연혹은 세계의 관계성 등의 주제를 주목할 것이며 이들 주제를 중심으로 슈바이처, 유교, 그리고 서남동의 생태 사상을 논구하고 비교·평가할 것이다.

3장의 주제는 생태적 사랑의 모색이다. 사랑의 윤리를 생태적으로 확장하고자 하는 것이다. 기독교 사랑은 모든 인간을 사랑의 대상으로 삼는다는 점에서 보편적이다. 그렇다면 보편적 사랑의 범위는 동료 인간으로 제한되어야 하는가? 인간이 아닌 다른 존재들은 기독교 사랑의 보편적 대상 범위에 포함될 수 없는 것인가? 아웃카Gene Outka와 같은 신학자는 '신중심적 틀' theocentric frame 이라는 개념을 통해 하나님 사랑의 보편성을 강조한다. 하나님은 창조자로서 지으신 만물을 사랑하신다는 것이다. 사랑의 보편적 범위를 말하면서 아웃카는 명시적으로 인간이 아닌 다른 존재를 언급하지는 않지만 신중심적 틀이라는 개념은 하나님이 창조하신 모든 존재를 포괄한다는 의미를 내포한다. 따라서 우리의 사랑은 동료 인간뿐 아니라 세계의 모든 존재들도 그 대상으로 삼아야 할 것이다. 기독교 사랑의 생태적 확장은 정당하고 필연적이라고 판단하면서, 3장에서 필자는 사랑의 윤리를 생태적 맥락에서 전개하고자 한다. 아웃카와 몰트만을 중심으로 생태적 사랑을 신학적으로 정당화하고 아웃카의 '동등배려'의 개념을 토대로 하여 생태적 사랑 이해를 탐색·진술할 것이다. 이어서 나름대로의 생태적 사랑론을 전개한 내쉬 James A. Nash 와의 비평적 대화를 전개함으로써 생태적 사랑의 담론을 심화하고자 한다.

4장의 목적은 기후위기에 대한 신학적·윤리적 응답을 모색하는 것이다. 이를 위해 기후위기에 대해 기독교적으로 응답하면서 나름대로의 체계적 이론을 전개한 두 신학자에 주목할 것인데, 맥페이그와 노스코트 Michael S. Northcott 이다. 4장에서 필자가 하고자 하는 바는 크게 두 가지다. 하나는 맥페이그를 중심으로 기후위기의 심각성을 환기하고 위기에 대한 기본적인 자세 혹은 태도 에 대해 논하는 것이며, 다른 하나는 기후위기에 대한 신학적·윤리적 응답을 모색하는 것이다. 후자를 위해 맥페이그와 노스코트의 이론을 종합적으로 살필 것인데, 자연법적 신학과 윤리에 대한 논의를 중심으로 한 규범적 방향성 모색, 기계주의적 세계관 비평과 세계의 존재론적 특성에 대한 신학적 기초 탐색, 신자유주의 경제에 대한 신학적·윤리적 비판과 대안적 교회론 모색 등을 주된 논점으로 삼을 것이다.

5장의 주제는 동물 신학과 윤리의 탐색이다. 생태학의 기본적인 논제들로는 인간과 생태환경의 관계, 생태환경을 구성하는 존재들 사이의 관계성 등을 생각할 수 있다. 관계성이 핵심인 셈이다. 생태계 안에서 인간과 더불어 공존하는 대표적인 동료 존재들 중 하나가 동물이다. 한국사회를 보아도, 동물은 인간의 삶에 가까이 있다. 반려자로 일컫는 것이 자연스러운 존재로 인간과 더불어 살아가고 있다는 말이다. 동물에 대한 이러한 인식은 생태적인데, 동물을 인간의 지배 대상으로 보거나 인간을 위한 도구적 의미만을 갖는 존재로 보지 않고 함께 존재하고 살아가는 공동체의 동료 구성원으로 여긴다는 점에서 그렇다. 생태계의 일원으로서 동물을 어떻게 바라봐야 하는가? 동물의 존재론적 가치나 의미를 어떻게 설명할 수 있는가? 인간과 동물 사이의 관계의 본질은 무엇인가? 동물이 인간에게 반려자라고 한다면, 인간 생존을 위해 동물이 갖는 함의를 어떻게 해석해야 하는가? 5장에서 필자는 동물 신학과 윤리 담론에 참여하고자 하는데, 논의와 연구의 주된 대상으로 린지Andrew Linzey에 주목할 것이다. 린지는 동물을 인간을 위한 도구의 지위로 제한하는 것을 경계하면서 하나님 창조의 관점에서 동물과 인간을 동등한 피조물로 인식하고 동물과 더불어 조화와 공존의 공동체를 일구어갈 것을 역설한다. 린지와의 비평적 대화의 장을 마련함으로써 동물 신학과 윤리 담론의 심화를 모색하고자 하는데, 이 대화에 참여할 이들은 몰트만, 마우Richard J. Mouw, 스택하우스Max L. Stackhouse 등이다.

6장에서 필자는 평화통일 신학과 윤리를 생태적으로 모색하고 '그린 데탕트' 정책과 같은 한국 정부의 생태적 통일정책을 분석·평가하고자 한다. 분단의 땅 한반도에 평화를 심고 결실을 맺어 남과 북이 통일에 이를 수 있기 위해 교회가 공적으로 이바지해야 한다는 규범적 진실은 자명한 것이라고 할 것이다. 무엇보다도 교회는 긴장완화와 평화공존을 강화하는 방향에서 통일을 위한 노력들에 동참해야 할 것이다. 교회는 남북의 평화공존과 통일을 이루기 위한 정부의 노력을 격려하고 이론적·실천적 차원에서 기독교적으로 응답함으로써 통일에 기여할 수 있다. 보다 구체적으로, 통일을 위한 정책 수립과 집행을 기독교 신학과 윤리의 관점에서 평가하고 대안을 제시하며 또 구체적으로 참여함으로써 한반도 통일을 위한 교회의 사명을 감당할 수 있다. 생태계의 위기는 전 지구적 차원에서 심각한 상황이며 한반도도 예외가 아니다. 남한과 북한은 생태적 관점에서 분리되어 있는 생명체계가 아니라 긴밀하게 연결되어 있는 하나의 생명 공동체라는 점에서 한반도의 생태적 위기는 남과 북이 함께 겪고 있는 것이며 그러기에 위기에 대한 대응과 극복도 한반도 전체의 시각에서 접근해야 한다는 점을 밝혀 두어야 하겠다. 이러한 생태적 인식을 존중하면서, 6장에서 필자가 하고자 하는 바는 크게 두 가지다. 하나는 평화통일을 위한 생태 신학적·윤리적 토대를 마련하고자 하는데, 필자는 그 토대를 '생명의 숲' 신학이라 명명하고 논술할 것이다. 다른 하나는 '그린 데탕트'와 같은 생태적 통일정책을 생태적 관점에서 곧 '생명의 숲' 신학의 관점에서 분석·평가하고 사회윤리적 함의를 탐색할 것이다. 6장에서 수행할 연구를 통해 평화통일 신학 담론의 생태적 확장과 생태적 통일정책의 수립과 실천의 성숙에 이바지할 수 있기를 바란다.

7장의 주제는 세계에 대한 종말론적 이해이다. 종말론은 세계의 끝에 일어날 일들에 대한 신학적 논의이자 가르침이다. 두말할 것 없이 '끝'에 방점이 있는 것이지만 동시에 '세계'의 끝에 대한 관심이라는 점에서 또 다른 하나의 방점은 세계에 있다고 할 것이다. 특별히 세계의 끝에 관한 기독교의 논의는 하나님 나라의 완성과 본질적으로 연결되어 있다는 점을 고려할 때, 하나님 나라의 완성의 빛에서 현존 세계의 의미를 탐색하는 것은 필연적으로 수행해야 할 과제라고 할 것이다. 7장에서 필자는 기독교 종말론을 현재적 종말론, 미래적 종말론 그리고 현재와 미래의 긴장을 내포하는 종말론으로 나누어 살피고, 이 세 가지 종말론의 관점에서 세계의 미래에 대해 성찰하고 논할 것이다.

이 책이 나오기까지 힘과 도움이 되어 준 소중한 분들이 있다. 장로회신학대학교 김운용 총장님을 비롯한 선배, 동료 교수님들, 학교를 위해 동역하는 직원 선생님들, 신학함의 길을 동행하는 우리 학생들 그리고 배움의 길을 이끌어주신 스승님들과 사랑하는 가족에게 이 자리를 빌려 깊은 감사의 마음을 전한다.

목차

제 1 장

생태신학의 유형

이 장은 다음의 문헌을 수정·보완한 것이다. 이창호, "생태신학 유형 연구: 하나님 이해, 하나님과 세계의 관계성 그리고 세계의 존재들 사이의 관계성을 주된 논점으로," 『기독교사회윤리』 52 (2002), 347-85.

하나님과 세계의 관계성을 어떻게 이해하느냐에 따라 세계를 대하는 인간의 접근이나 태도가 달라질 수 있다. 세계를 명확하게 하나님이 지으신 피조세계로 이해한다면, 세계는 피조물일 뿐이라는 인식이 강화될 것이며 세계에 대한 신성화의 여지도 차단될 것이다. 창조자 하나님과 창조세계를 선명하게 나누는 기독교의 유신론적 구분과는 달리, 기독교 밖의 범신론적 종교나 철학에서는 세계와 신의 동일시를 자명한 것으로 받아들이고 세계를 신과 같이 존중하는 경향이 있어 왔음은 기지의 사실이다. 또한 세계 안의 존재들 사이의 관계성, 특히 인간과 다른 피조물들의 관계성에 대한 이해는 생태적 접근과 태도를 결정하는 중요한 요소이다. 하르트Julian Hartt는 오리겐오리게네스, Origenes Admantius에서 칼뱅Jean Calvin에 이르기까지 기독교가 창조와 섭리에 대해 견지해 온 의견 일치들이 있어 왔다고 주장하면서, 그 중 하나로 하나님의 창조의 결과들 곧 피조물들은 모두 선하고 세계를 위해 모두 필요하지만 이들 사이에는 위계가 존재한다는 점을 지적한다.[1] 이 의견 일치는 이러한 위계의 정점에 인간이 위치하며 문화명령창 1:28을 받아 세계를 대상으로 '다스림과 정복'의 사명을 감당해야 하는 인간은 세계와 세계 안의 다른 존재들에 대한 인공적 개입의 권한을 정당하게 위임받았다는 인식을 내포한다.

다만 이러한 위계적 관계성 인식에 대한 강한 도전들도 있어 왔

1 Julian Hartt, "창조와 섭리," Robert C. Hodgson and Robert H. King, eds., *Christian Theology: An Introduction to Its Traditions and Tasks*, 윤철호 역, 『현대 기독교 조직신학: 기독교 신학의 전통과 과제에 대한 개론』(서울: 한국장로교출판사, 1999), 219-27.

음을 지적해 두어야 하겠다. 이와 같은 도전들은 기본적으로 인간이 피조물들의 체계질서의 정점이 아니라 다른 존재들과 동등하게 전체 생명세계를 이루는 한 부분일 뿐이며 다른 존재들과 공존·협력하면서 전체로서의 세계를 건강하게 세워가는 것이 인간의 본래적 책임이라는 확고한 생태적 신념을 반영한다. 심층에는 하나님에 대한 이해가 있다. 맥페이그Sallie McFague는 하나님을 유비적으로 어머니라고 설명하는데, 어머니가 생명을 품고 기르고 더욱 풍성한 생명으로 성숙하게 하는 것처럼 하나님도 세계에 대하여 그렇게 하신다는 것이다.[2] 특별히 하나님은 이러한 생명 살림을 위해 스스로를 기꺼이 내어주시는 분이다. 하나님이 세계에 대하여 이런 분이시고 또 이렇게 세계를 돌보신다면, 하나님을 믿는 이들도 하나님을 모범으로 삼아 세계에 대하여 어머니와 같은 존재가 되기 위해 힘써야 할 것이다.

본 장에서 필자는 하나님, 하나님과 세계의 관계성, 세계의 존재들 사이의 관계성 등을 주된 논점으로 삼아 현대 생태신학 담론을 탐구하고자 한다. 이 탐구를 근거로 하여 생태신학을 유형화할 것인데, 범재신론적 유형, 탈범재신론적 유형 그리고 신중심적-청지기적 유형으로 나누어 각각을 진술하고 비교·평가할 것이다. 범재신론적 유형을 대표하는 신학자로는 맥페이그와 몰트만Jürgen Moltmann을, 탈범재신론적 유형을 위해서는 맥다니엘Jay B. McDaniel과 류터Rosemary R. Ruether를 그리고 신중심적-청지기적 유형의 경우는 스타센Glen H. Stassen과 거쉬David P. Gushee를 주로 다룰 것이다.[3] 생태적 실천 성숙을 위한 규범적 방향성을 내포하

2 Sallie McFague, *Models of God: Theology for an Ecological, Nuclear Age* (London: SCM Press, 1987), 97-124.

3 노스코트(Michael S. Northcott)는 생태계의 위기에 응답하여 생태신학의 담론이 확장되어오고 있다는 점을 지적하면서, 생태계를 구성하는 핵심 주체에 방점을 두고 생태신학을 인간중심적

는 윤리적 제안을 함으로써 본 장을 맺고자 한다.

I. 범재신론적 유형

범재신론panentheism은 어원을 따라 '모든 것 안에 신이 있다' 혹은 '모든 것이 신 안에 있다'로 풀이할 수 있다. 이것은 '모든 것이 신이다' 라는 의미를 내포하는 범신론pantheism과는 분명하게 다른데, 모든 것 안에 신이 들어와 있거나 모든 것이 신 안에 있다고 하더라도 신과 모든 것을 동일시할 수 없다는 점을 내포한다. 내재하여 함께 살고 존재하시지만 동시에 신이 아닌 다른 존재들로부터 초월해 계신 하나님에 대한 신학적 신념을 견지한다. 이러한 기본 이해를 가지고 맥페이그와 몰트만을 중심으로 범재신론적 유형을 제안할 것이다.

(humanocentric) 접근, 신중심적(theocentric) 접근, 그리고 생태중심적(ecocentric) 접근으로 나누어 설명한다 [Michael S. Northcott, *The Environment and Christian Ethics* (Cambridge, UK: Cambridge University Press, 1996), 124-63]. 장도곤은 '인간과 자연 사이의 힘의 균형 관계'를 주목하며 생태신학을 '자연정복, 자연숭배, 자연친화'의 세 가지 입장으로 나누어 제안·설명한다 [장도곤, 『예수 중심의 생태신학: 생태신학 입문』(서울: 대한기독교서회, 2002), 25-126]. 필자는 본 장에서 생태계를 구성하는 주체로서 하나님과 인간을 포함한 피조물, 하나님과 세계 그리고 세계의 존재들 사이의 관계성 등을 종합적으로 살피면서 생태신학의 유형화를 모색한다는 점을 밝힌다.

1. 맥페이그 Sallie McFague

1) 전통적인 '하나님과 세계의 관계성' 이해에 대한 비평적 검토

맥페이그의 생태신학을 논술하기 위해, 먼저 전통적인 하나님과 세계의 관계성 이해에 대한 그의 비평적 성찰의 주요 논점들을 살펴보는 것이 유익할 것이다. 네 가지 전통적 모델이 맥페이그의 성찰의 주된 대상이다. 첫째, 이신론적 모델 the deistic model 이다.[4] 맥페이그는 이 모델이 "17세기 과학혁명의 기간 동안에 생겨난 것"임을 밝히는데, 하나님과 세계의 관계성 안에서 하나님의 존재와 역할을 '시계 제조공' clockmaker 에 유비하여 이해한 것이 특징적이다.[5] 곧 하나님은 시계 제조공이고 세계는 시계이다. 시계 제조공은 작동 원리를 이미 완전하게 설정해 놓았고 또 태엽이라는 작동 에너지를 마련하고 태엽을 감아둠으로써 스스로 움직일 수 있는 토대를 마련해 둔다. 이제 시계는 스스로 작동하며 시계 제조공은 뒷짐 지고 지켜볼 뿐이다. 이를 하나님과 세계의 관계성에 적용한다면, 하나님은 세계를 창조하시고 작동 원리를 세계 속에 새겨 두셨으며 또 작동의 에너지까지도 충분히 마련하여 주셨기에 이제 세계는 스스로 움직일 수 있게 되었다는 것이다.[6] 하나님은 시계 제조공처럼 세계로부터 멀리 떨어져 세계를 관망한다. 맥페이그는 이신론적 모델이 "이 세계를 하나님으로부터 완전히 분리된 세속적 세계로 간주하

4 Sallie McFague, *The Body of God: An Ecological Theology* (Minneapolis: Fortress, 1993), 137-38; Sallie McFague, *A New Climate for Theology: God, the World, and Global Warming*, 김준우 역, 『기후 변화와 신학의 재구성』(고양: 한국기독교연구소, 2008), 102-103.

5 Sallie McFague, 『기후 변화와 신학의 재구성』, 102.

6 위의 책.

며, 또한 우리가 이용할 수 있는 “기계”라는 점 이외에는 인간으로부터도 완전히 분리된 세계로 간주한다.”는 점을 밝힌다.[7] 이신론적 모델에서 하나님과 세계의 관계는 이분법적 단절의 형태를 띠게 된다는 것이다.

둘째, 대화적 모델the dialogic model이다.[8] 맥페이그에 따르면, 이 모델은 ‘히브리 전통과 그리스도교 전통’에 뿌리를 내리고 있으며 ‘20세기 실존주의 철학’에서도 강조되었던 것으로 하나님과 세계의 관계성을 인격적 조우와 대화의 구도로 설정하는 입장을 내포한다.[9] 인격적 만남과 관계 형성에 방점이 있기에, 초점은 개인이다. 개별적 존재로서의 인간과 인격적 존재로서의 하나님 사이의 대화와 상호작용을 강조한다는 뜻이다. 대화적 모델은 인간과 하나님 사이의 관계 형성과 증진에 이바지할 수 있을 것이다. 그러나 대화의 차원을 개인에 집중함으로써 개인을 넘어서는 공동체나 생존의 터전이 되는 자연에 대해 충분한 혹은 적절한 관심을 갖지 못하는 결과에 이를 수 있다고 맥페이그는 대화적 모델에 대해 다음과 같이 우려한다.

> [대화적 모델은] 종교와 문화가 각각 따로 떨어진 길을 가며, 각각 자신의 문제를 처리하도록 방치한다문화에는 과학적 지식과 정부, 경제, 가족 등 모든 사회적 기관이 포함된다. 하느님과 인간은 세계문화 혹은 자연 안에서 만나는 것이 아니라, 인간 경험의 내면적인 환희와 고통 속에서만 만난다. … 대화적 모델의 약점은 명백하다. 그것은 너무 협소하게, 하느님과 세계

7 위의 책, 103.
8 Sallie McFague, *The Body of God*, 138; Sallie McFague, 『기후 변화와 신학의 재구성』, 103-105.
9 Sallie McFague, 『기후 변화와 신학의 재구성』, 103-104.

의 관계에서 자연을 배제시키고 전적으로 인간 개인의 성취에만 초점을 맞춘다는 점이다.[10]

셋째, 군주적 모델the monarchical model이다.[11] 전통적인 신론의 틀 안에서 보면, 하나님은 세계를 창조하실 뿐 아니라 창조하신 세계를 다스리는 전능한 통치자이시다. 군주적 모델은 이신론적 모델의 '비인격주의'와 대화적 모델의 '개인주의'를 교정할 여지가 있는 한편 하나님의 '신적인 권위'를 중시한다는 점을 맥페이그는 밝힌다.[12] 이러한 군주적 모델의 틀 안에서 하나님과 세계의 관계성은 '위계적 성격'을 띨 수밖에 없다. 정치적 통치자로서 군주혹은 왕는 "자연세계로부터 멀리 떨어져 있을 뿐만 아니라 자연세계에 무관심하다. 왜냐하면 정치적 모델로서의 군주적 패러다임은 인간에게만 국한되기 때문이다. 이 모델에서 자연은 기껏해야 왕의 "영토" 혹은 "왕국"으로만 편입될 뿐이지, 우리가 그 일부분인 자연세계의 그 모든 복잡하고, 풍부하며, 우리의 눈을 사로잡는 그 찬란하고 신비한 세계로 인정받지 못한다."[13]

넷째, 행위자 모델the agential model이다.[14] 맥페이그에 따르면, 이 모델은 하나님을 세계의 창조자이실 뿐 아니라 세계 안에서 특정한 '의도와 목적'을 현실화해 가시는 행위자로 신앙 고백하는 입장을 내포한다.[15] "그 고전적 형태에서는 하느님이 이 세계의 창조자와 구원자이며

10 위의 책, 104-105.

11 Sallie McFague, *The Body of God*, 138-39; Sallie McFague, 『기후 변화와 신학의 재구성』, 105-107.

12 Sallie McFague, 『기후 변화와 신학의 재구성』, 105.

13 위의 책, 106.

14 Sallie McFague, *The Body of God*, 139-41; Sallie McFague, 『기후 변화와 신학의 재구성』, 107-11.

15 Sallie McFague, 『기후 변화와 신학의 재구성』, 107.

동시에 섭리를 갖고 세계를 돌보는 분caretaker으로 나타난다."[16] 군주적 모델과 유사해 보이지만, 초월에 비중을 두는 군주적 모델과 달리 하나님의 세계내적 임재와 구체적인 행위적 개입을 강조한다는 점에서 차이가 있다고 할 것이다. 다만 행위자 모델에서도 '세계'에 대한 관심이 결여되어 있으며 "초점은 하느님과 피조물에 대한 하느님의 의도에 맞추어져, 하느님의 뜻이 어떻게 만물을 창조하고 구원하며 성취시키는가에 맞추어져 있다."는 점을 맥페이그는 지적한다.[17]

이상의 네 가지 모델을 비평적으로 성찰하고자 하는 맥페이그는 비평의 지점들을 건설적으로 재구성하면서, 하나님과 세계의 수평적 관계성, 세계의 존재론적·행위론적 주체성, 세계 안으로의 신적 임재와 개입, 하나님과 세계의 본질적 연관성 등을 두드러지게 강조하는 방향에서 생태신학을 제안한다.

2) '하나님의 몸으로서의 세계' 개념

맥페이그는 세계를 하나님의 몸이라는 유비를 통해 설명하면서, 무엇보다도 하나님과 세계의 관계성을 일체적 관점에서 진술하고자 한다. 다시 말해, 하나님과 세계의 관계성을 분리나 단절 혹은 위계적 질서로 이해하는 모델들이 강하게 내포하는 이분법적 관계 설정을 거부하면서, 둘 사이의 수평적 관계성을 내포하는 일체성을 강조하는 것이다. 이러한 일체성은 자연스럽게 하나님과 세계의 유기적 관계성에 대한 강조로 이어지는데, 하나님과 세계는 하나의 통합체로서 전체를 이

16 위의 책.

17 위의 책, 109.

루는 부분들이 단순히 기계적으로 결합한 채로 존재하는 것이 아니라 유기적 상호작용을 통해 존재론적으로 영향을 주고받으면서 실존할 수밖에 없는 관계에 있다는 것이다.[18]

하나님의 몸으로서의 세계 개념은 행위자로서 하나님은 하나님의 목적과 의도를 실현하기 위해 하나님의 몸을 이루는 부분들과 필연적으로 동역하고 또 상호 의존할 수밖에 없다는 신학적 관념을 내포한다. 하나님은 전능하신 주권자로 세계를 지배하는 과정에서 세계에 필요한 자원을 공급하기 위한 모든 과업을 세계의 도움이나 참여 없이 독자적으로 수행하시는 분이 아니라 세계라는 전체 몸을 구성하는 부분들혹은 지체들의 참여적 행위를 필요로 하며 그들과의 협업을 통해 목적을 이루어 가시는 신적 존재라는 인식인 것이다.[19] 맥페이그는 하나님은 "혼자 책임을 맡고 계시지 않는다."는 점을 밝히면서 세계에 대한 하나님의 관계 방식을 진술하는데, 여기서 주목할 만하다.

> 하느님이 세계를 통제하는 방식은 인형극 연출가가 인형을 조작하듯이 하는 방식이 아니며, 시계 제조공이 태엽을 감아 놓는 방식도 아니며, 왕이 그의 백성들에게 명령하는 방식도 아니다. 하느님의 힘은 일방적인 것이 아니다. 한편이 많은 힘을 갖고 있을수록 상대편은 그만큼 힘이 없는 방식이 아니다. 오히려 **하느님은 나누어 가지신다** God shares.[20]

18 Sallie McFague, *The Body of God*, 55-60, 141-50; Sallie McFague, 『기후 변화와 신학의 재구성』, 115-17.

19 Sallie McFague, *The Body of God*, 133-36.

20 Sallie McFague, 『기후 변화와 신학의 재구성』, 120.

아울러 맥페이그는 이 개념의 틀 안에서 하나님을 '몸으로 구현된 우주의 영' the embodied spirit of the universe 으로 보면서 세계에 대한 신적 내재와 초월의 균형을 맞춘다.[21] 세계를 하나님의 몸으로 이해한다고 해서 초월적 영과 물질로서의 세계를 완전히 동일시한다는 의미에서의 범신론을 주장하는 것이 아니며 초월하시는 하나님을 육체성을 본질로 하는 세계로 퇴거시키는 신론적 구도를 옹호하는 것도 아니다. 오히려 맥페이그는 내재와 초월의 균형을 견지하는데, 하나님은 모든 존재들의 '숨' breath 이 되심으로 세계 속에 깊이 내재하시며 만물은 힘과 생명의 원천이 되시는 하나님께 철저하게 의존할 수밖에 없다는 의미에서 세계에 대하여 초월하신다는 것이다.[22]

2. 몰트만 Jürgen Moltmann

1) 생태신학의 주된 논거

몰트만은 '생태계에 대한 책임적인 신학'을 전개하기 위해 특별히 비중을 두어야 할 몇 가지 관점을 제시하는데, 초월과 내재, 기독론, 그리고 인간론과 연관된 논점들이다. 첫째, 신적 초월과 내재의 균형을 견지하면서 하나님의 세계 내 임재를 강조하는 범재신론적 관점이다.[23] 하나님은 세계로부터 초월하여 계신 분이지만 동시에 세계 안에 들어

21 Sallie McFague, *The Body of God*, 150.

22 위의 책.

23 Jürgen Moltmann, *Ethik der Hoffnung*, 곽혜원 역, 『희망의 윤리』(서울: 대한기독교서회, 2012), 248-49.

와 계신 분이시다. 초월의 방향에서 하나님과 세계의 구분은 존중되어야 하며, 내재의 방향에서 하나님은 깊은 섭리적 애정으로 세계의 과정에 동참하시는 분이라는 점이 강조되어야 한다. 특별히 이를 삼위일체적 관점에서 생각할 필요가 있을 것인데, 하나님이 창조하신 세계와 그 세계 안의 모든 것은 성자 하나님에 '의해', 성자 하나님을 '통해' 그리고 성령 하나님 '안에서' 존재한다.[24] '생명의 원천'이신 하나님은 창조하시고 창조하신 세계와 모든 것에 생명을 부어 주시며 하나의 생명 공동체로 보존·유지해 가시는 것이다. 특별히 삼위 간의 사귐과 '피조물과 함께 하시는 하나님의 교통'은 상응한다.[25] "성부, 성자, 성령의 내적인 교통에 피조물 상호 간의 교통도 상응한다. 즉 피조물은 서로 함께 더불어, 서로를 위해, 서로 안에 존재한다. 모든 만물을 붙드시는 하나님의 영만이 자기 자신으로부터 스스로 자존하시는 데 반해, 창조된 모든 만물은 자립적으로 존재하지 못하고, 오히려 서로에 의존하여 서로를 위해 존재한다. 일방적 지배가 아닌, 관계의 상호성이 생명의 원리인 것이다. 생명은 어느 곳에서나 사귐을 통해 이루어지는 교통이다."[26]

둘째, 우주적 기독론의 전개이다. 고대 기독교에서 기독론의 우주적 차원은 보이지 않는 영적 세력들 사이의 갈등과 투쟁의 관점에서 주로 논의되었다면, 현대에 이르러서는 보이는 세계, 특히 피조세계가 겪고 있는 파괴와 해체의 위기에 대한 고려가 중요하다. 그리스도의 화해의 사역은 보이지 않는 세계뿐 아니라 보이는 세계를 포괄하는데, 하늘과 땅에 있는 만물과의 화해를 추구하시고 또 완성하시는 것이다.[27]

24 Jürgen Moltmann, *Gott im Projekt der modernen Welt*, 곽미숙 역, 『세계 속에 있는 하나님: 하나님 나라를 위한 공적인 신학의 정립을 지향하며』(서울: 동연, 2009), 150.

25 Jürgen Moltmann, 『희망의 윤리』, 250.

26 위의 책.

인간뿐 아니라 모든 피조물은 그리스도의 구속의 죽음을 통해 값을 매길 수 없을 만큼 귀한 존재로 받아들여진다.[28] "우주적 그리스도론에 대한 신앙을 통해 인간은 자연에 대항하여 그와 투쟁하기보다 자연과 화해하고, 또한 자연은 인간과 화해할 수 있는 길이 열리게 된다."[29] 이런 맥락에서 그리스도의 몸으로서의 교회는 온 우주를 구원의 품 안에 품고자 하시는 하나님의 뜻을 받들어 "썩어짐의 종노릇 한 데서 해방되어 하나님의 자녀들의 영광의 자유에 이르[기]"를 간절히 소망하는 '피조물의 탄식'롬 8:19-21에 공감하며 그러한 탄식에 응답하시는 하나님의 구원의 섭리에 동참할 것을 몰트만은 역설한다.[30]

셋째, '인간중심적이지 않은 인간학'이다. 몰트만은 현대의 인간중심주의와 과학기술의 획기적 발전 사이의 긴밀한 인과관계를 강조하면서, 인류는 '기술혁명'을 통해 자연의 종속으로부터 해방을 성취했을 뿐 아니라 더 나아가 세계에 대해 신의 지위를 획득하는 데까지 이르렀다는 점을 지적한다. 몰트만은 과학기술의 발전과 축적이 가져다준 '힘'을 토대로 한 인간의 자연 지배는 성공이 아니라 실패라는 인식을 드러낸다. 실패를 극복하기 위해 인간론이 지향해야 할 방향은 '인간중심적이지 않은 인간학'일 것인데, 이 새로운 인간론은 자연과 인간의 분리, 인간의 자연 지배, 세계의 구성 주체들의 기계적 결합 등을 거부하는 대신, 인간과 자연의 연관성 인정 및 증진, 인간의 자연에 대한 필연적

27 Jürgen Moltmann, *Der Weg Jesu Christi: Christologie in messianischen Dimensionen*, 김균진, 김명용 역, 『예수 그리스도의 길: 메시아적 차원의 그리스도론』(서울: 대한기독교서회, 2017), 88-100, 426-52.

28 Jürgen Moltmann, 『희망의 윤리』, 253.

29 위의 책.

30 위의 책.

'의존성' 등을 강조한다.[31] 특별히 새로운 인간론은 육체성과 감각의 중요성을 견지한다는 점을 몰트만은 다음과 같이 밝힌다.

> 오늘날 주체가 없는 정보와 언론매체를 통한 간접적 경험들의 세계 속에서 일어나고 있는 새로운 문화적 개혁운동으로 말미암아 '육체의 회귀'와 '감각의 재발견'이 강조되고 있다. 정신적 수양과 치유를 위한 많은 기관들에서 자연과 육체, 이 양자를 중재하고자 하는 감각의 새로운 영성이 제기되고 있다.[32]

2) 생태윤리의 유형들

하나님과 세계의 구분을 존중하면서도 신적 초월보다 내재에 조금 더 중요성을 두는 임재와 섭리 이해, 온 우주를 구원의 맥락으로 포괄하는 우주적 기독론 그리고 인간중심주의를 넘어서는 공존적 자연·의존적 인간론을 중심으로 생태계에 책임적인 신학을 제안한 몰트만은 구체적인 생태 실천을 위한 윤리적 논의와 응답을 전개한다. 이를 위해 생태윤리의 대표적인 유형들을 제시·평가하고 자신의 입장을 피력한다.

첫째, 생명경외 윤리이다. 슈바이처가 주창한 생명 사상이다. 이 세계에 존재하는 모든 생명체 가운데 그 어떤 생명 하나 하찮은 것이 없고 모두가 마땅히 경외할 만큼 값지다는 것이다. 이러한 경외의 근거는 '생명에 대한 의지'이다. 모든 생명체들이 공통적으로 보유하고 있는

31 위의 책, 253-54.

32 위의 책, 254.

강력한 '살려는 의지'를 슈바이처는 주목하고 있는 것이다. 그리하여 생명경외 윤리는 인간중심적 세계 인식에서 벗어나 생명·중심적 유기체적 인식을 강하게 내포하고 있다고 볼 수 있겠으나, 여전히 인간중심주의적 요소가 남아 있다는 것이 몰트만의 생각이다. 생명에 대한 경외감은 오직 인간만이 경험할 수 있다는 점을 중요한 이유로 제시한다. 다시 말해, 인간이 아닌 다른 생명체들도 살려고 하는 의지를 존재론적으로 보유하고 있으나 '생명에 대한 경외감'을 스스로 인식하고 느끼거나 체험할 수는 없다는 것이다. 여기서 슈바이처는 인간과 다른 생명체들 사이의 중요한 차이를 보고 있는 것이다. 할 걸음 더 나아가, 생명경외를 인식하고 체험한 인간이 생명세계 가운데 발생하는 갈등과 자기 분열을 극복하고 치유하는 '자연의 구원자'로 기능해야 함을 강조한 점은 인간중심주의적 신념을 반영한 것이라고 할 수 있다.[33]

둘째, 환경윤리이다. 몰트만은 독일 환경윤리의 시원으로 아우어 Alfons Auer를 언급하면서, 아우어는 생태윤리를 인간중심성에 근거해서 전개하고자 했다는 점을 밝힌다. '인간중심성'을 말한다고 해서, 인간의 자연에 대한 인위적 사용이나 통제를 무분별하게 허용하는 것은 아니다. 다만 인간도 자연의 일부이지만, 오직 인간 안에서만 자연의 의미를 성취한다고 주장함으로써 자연의 중심으로서의 인간의 지위를 인정한다. 자연의 중심으로서 인간은 그러한 질서를 부여한 하나님의 의도를 존중하면서, 자연에 대한 책임적 태도를 견지하고 또 실천해야 하는 것이다.[34]

셋째, 동료세계의 윤리이다. 대표적 옹호자는 마이어-아비히 Klaus

33 위의 책, 254-56.

34 위의 책, 256-57.

Michael Meyer-Abich 인데, 만물의 척도는 인간이 아니라 자연이라는 점을 역설한다. '환경' Umwelt 이란 용어는 인간중심성 곧 인간이 중심이고 자연은 주변이라는 의미에서의 인간중심성을 내포하기에, 이 말보다는 '동료세계' Mitwelt 라는 용어가 더 적절하다고 주장한다. 이러한 세계 인식의 근거는 자연이 인간과 '동일한 권리'를 부여받았다는 점이 아니라 자연에 '고유한 가치와 권리'를 인정해야 한다는 점이다. 이런 맥락에서 마이어-아비히는 '자연중심적' 인간관을 모색하는데, 이 인간관에 따르면 인간은 인격 상호간의 소통과 상호작용뿐 아니라 인간이 아닌 다른 동료 생명들과의 자연적인 소통과 상호작용을 통해서 참된 인간상에 이를 수 있다.[35]

넷째, 창조윤리이다. 몰트만은 세계의 '중심' 곧 세계를 구성하는 모든 것의 중심은 인간도, 자연도, 다른 그 어떤 주체도 아니고 하나님이시라는 점을 역설하면서도, 창조자로서 하나님을 중심으로 하여 인간과 다른 피조물의 관계를 '동료 피조물'의 관계로 이해해야 한다고 강조한다. 이러한 생각은 성서적 계약에서 두드러지게 드러나는데, 대표적인 보기가 노아 계약이다 창 9:9-10.[36] "이러한 인간의 기본 권리는 '우리와의' 계약으로부터, 장차 올 세대들의 권리는 '우리와 우리의 후손들'과의 계약으로부터, 자연의 기본 권리는 '우리와 우리 후손들, 모든 살아 있는 생물들'과의 계약으로부터 온다. 창조자이시며 생명을 보존하시는 하나님 앞에서 현재 세대와 앞으로 태어날 다음 세대들, 모든 살아 있는 생물은 그들 모두가 서로 상이함에도 불구하고, 동일한 하나

35 위의 책, 257-58.

36 "내가 내 언약을 너희와 너희 후손과 너희와 함께 한 모든 생물 곧 너희와 함께 한 새와 가축과 땅의 모든 생물에게 세우리니 방주에서 나온 모든 것 곧 땅의 모든 짐승에게니라"(개역개정판).

님의 계약의 동반자들이며 동일한 존엄성과 권리의 소유자들이다. 다른 생물들은 인간의 소유물이 아니며, 또한 인간은 단순히 자연의 일부분이 아니다. 모든 생명체는 하나님의 계약의 동반자이며, 이 하나님과의 계약 속에서 상호 간에 생명을 장려하고 상대방이 지속적으로 삶을 지탱하도록 보장할 수 있는 계약을 맺어야 한다."[37]

몰트만은 인간중심이니, 생명중심이니 혹은 자연중심이니 하는 그 어떤 중심성도 허용하지 않으며 세계를 구성하는 모든 구성원들이 네트워크혹은 그물망로 연결되어 존재하는 세계상을 반영하는 창조윤리를 제시한다. 창조윤리를 구현하는 생태적 삶은 세계를 구성하는 모든 존재들을 동료 구성원으로 동등하게 존중하고 사랑하면서 공존과 공생을 추구하며 개별 구성원들이 함께 네트워크로서의 전체 세계를 건실하게 일구어가기 위해 힘쓰는 것이다.[38]

3. 범재신론적 유형 요약

범재신론적 유형에서 하나님은 인간을 포함한 모든 피조물들과 그들의 세계를 창조하신 분이지만 그 세계의 보존과 전개를 위해 지배적 권위와 역할을 행사하거나 피조물들에게 전적으로 그 권한과 역할

37 Jürgen Moltmann, 『희망의 윤리』, 259.

38 몰트만은 하나님이 인간과 세계를 위해 고난당하신다는 점을 밝히면서 인간은 하나님의 고난에 동참함으로써 하나님을 사랑할 수 있고 또 그렇게 해야 함을 강조하는데, 세계를 위한 하나님의 고난에 참여하는 것이 중요한 하나님 사랑의 길이 될 것이다. "하나님만이 세계와 함께, 세계를 위하여 고난당하시는 것이 아니라 자유롭게 된 인간도 하나님과 함께, 하나님을 위하여 고난을 당한다" [Jürgen Moltmann, *Trinität und Reich Gottes: Zur Gotteslehre,* 김균진 역, 『삼위일체와 하나님의 나라: 삼위일체론적 신론을 위하여』(서울: 대한기독교출판사, 1982), 81].

을 위임하지도 않으신다. 아울러 이 유형은 하나님과 세계를 완전하게 동일시하여 이 둘 사이의 구분을 철폐하는 범신론적 관념과 시도를 경계한다. 한편으로 하나님과 세계의 구분을 극단적으로 강조하여 하나님의 세계에 대한 주권이 일방적·독재적 성격으로 규정되는 것을 지양하며 다른 한편으로 이 둘 사이에 최소한으로 요구되는 적절한 구분마저도 철폐함으로써 발생할 수 있는 하나님의 존재와 행위의 피조세계로의 환원이나 세계의 우상숭배적 신격화의 가능성을 차단한다.

하나님과 세계 사이의 위계적 관계 인식을 지양하고 초월을 부정하지 않지만 내재를 존중하는 신적 임재 이해에 근거하여 이 둘 사이의 수평적 관계성 곧 친밀한 사귐, 왕성한 소통과 교류와 공존 등을 주된 내용으로 하는 관계성을 견지한다. 이 점에서 맥페이그의 세계의 몸으로서의 하나님 개념 그리고 몰트만의 하나님과 세계 사이의 범재신론적 사귐의 강조와 우주적 기독론의 전개는 이러한 관계성 이해를 두드러지게 반영한다고 평가할 수 있다.

이 유형은 하나님과 세계의 관계성 이해에 상응하여 세계 안의 존재들 사이의 관계성 역시 수평적인 것으로 이해한다. 존재들 사이에 우열이나 위계적 질서는 허용되지 않으며 전체를 위해 개체가 종속적으로 함몰되거나 희생되어서는 안 된다고 강조한다. 다만 부분들이 유기체적으로 공존하고 또 상호작용하면서 전체로서의 생명세계를 함께 보존하고 전개해 나간다는 인식을 놓치지 않는다. 이런 맥락에서 맥페이그는 몸으로서의 세계 안에서 몸을 이루는 부분들혹은 지체들은 하나님과 더불어 몸을 건강하게 세워가기 위해 협력하는 세계상을 제시하며 몰트만은 인간중심, 생명중심, 자연중심 등 특수한 규정을 내포하는 '중심'론적 생태관을 경계하고 삼위일체 하나님과 함께 생명세계의 모든 구성원들이 깊은 사귐 속에서 하나님 나라의 이상을 총체적으로 확장해 가는 생태적 비전을 제안한다.

범재신론적 유형은 하나님과 세계의 존재론적 동일시를 경계한다. 맥페이그가 세계를 하나님의 몸으로 규정하여 이 둘 사이의 일체성을 밝힘을 통해 하나님과 세계의 긴밀한 연관성을 강조한다고 해서, 이러한 이해를 범신론적 동일시로 보아서는 안 될 것이다. 멕페이그는 '하나님과 세계의 깊은 친밀함'을 강조하면서도 자신의 '생태적 모델'은 범신론과는 다르다는 점을 다음과 같이 분명히 한다.

> 하나님이 계시지 않는 곳은 없다. 그러면 이것은 범신론인가? 우리는 지금 하나님과 세계가 동일하다고 말하는 것인가? 아니다. 하나님과 세계는 동일하지 않다. 하지만 우리가 제창하는 것은 우리에게 이 둘을 구별하기 위한 '이중적 시각'이 필요하다는 점이다. '이중적 시각'이란 하나님이 무언가 혹은 누군가를 통해서 중개된 형태로 현존한다는 것을 의미한다.[39]

몰트만은 기독교 생태신학의 범신론으로의 방향 전환을 경계하면서 범재신론적 틀 안에서 하나님과 세계 사이의 연관과 구분을 균형 있게 견지하고자 하는데, 특별히 '사귐' *koinonia* '코이노니아' 개념을 통해 그렇게 한다.[40] 하나님은 이 사귐 안에서 인간을 포함한 피조물들과 사랑을

39 Sallie McFague, *Life Abundant: Rethinking Theology and Economy for a Planet in Peril*, 장윤재, 장양미 역, 『풍성한 생명: 지구의 위기 앞에 다시 생각하는 신학과 경제』(서울: 이화여자대학교출판부, 2008), 226-27.

40 Jürgen Moltmann, *Gott in der Schöpfung: Ökologiche Schöpfungslehre*, 김균진 역, 『창조 안에 계신 하느님: 생태학적 창조론』(서울: 한국신학연구소, 1986), 131-32.

나누시고 그들로 하여금 신적 '의지'와 '본성'에 참여케 하신다. "창조적인 과정 속에서 그의 삼위일체적 완전성으로부터 한없이 나와 영원한 안식일의 휴식 가운데에서 자기 자신에게로 오는 사랑을 말한다. 그것은 동일한 사랑이지만 신적인 삶과 신적인 창조 속에서 여러 가지 방법으로 활동한다. 하느님 안에서 일어나는 이 구분과 함께 여러 가지 형식의 사귐 속에서 그의 내적인 신적 삶을 활동케 한다. 그러므로 그는 그의 사랑의 피조물들에게 그의 사랑도 나누어 준다. 이것은 인간을 그의 의지의 생산성에 참여하게 할 뿐만 아니라 그의 "본성"에도벧후 1:4 참여하게 한다."[41]

Ⅱ. 탈범재신론적 유형

여기서 탈범재신론적post-panentheistic 유형은 범재신론과 마찬가지로 세계에 대하여 하나님의 초월보다는 내재를 강조하되 그 강도에 있어서 범재신론보다 내재에 더 큰 비중을 설정하는 입장을 의미한다. 이 유형에 속하는 학자들은 내재를 강조하면서 하나님과 세계의 연속성을 중시하며, 더 나아가 둘 사이의 일치의 여지를 넓게 열어 두기도 한다. 범재신론과의 이러한 차이 때문에 '탈脫' 영어로, post이라는 접두어를 붙였으며, 범재신론을 넘어 하나님과 세계의 일치에 가까이 다가서는 유형

41 위의 책, 133.

이라고 정리할 수 있겠다. 유형에 대한 이러한 기본 이해를 가지고 맥다니엘과 류터를 중심으로 탈범재신론적 유형을 제안할 것이다.

1. 맥다니엘 Jay B. McDaniel

1) 위계적 구도를 넘어 수평적·관계적 생태신앙으로

맥다니엘은 하나님과 피조물 그리고 피조물과 피조물 사이의 관계는 지배와 복종을 내포하는 위계적 질서가 아니라고 강조한다. 힘의 논리가 비등하여 힘을 가진 존재가 그렇지 않은 타자를 지배하고 억압하는 관계형식은 도무지 기독교적인 것이 아니며, 그러한 관계형식은 마땅히 부정되어야 한다는 것이다. 맥다니엘이 옹호하는 관계형식은 '관계적 힘' relational power에 대한 그의 이해에서 중요한 특징을 찾을 수 있다. 맥다니엘에 따르면, 관계적 힘은 "자기 자신의 운명을 결정하고 스스로를 창조적으로 표현하며 그러는 가운데 타자들에게 영향을 미치는 힘"이다.[42] 맥다니엘은 관계적 힘을 '일방향적 힘' unilateral power과 비교하여 설명하는데, 후자는 세계와 세계의 존재들에게 영향을 미치고자 한다는 점에서 전자와 유사하지만 타자와의 공존이나 연대보다는 타자를 지배하고자 하는 의도를 분명하게 내포한다는 점에서 뚜렷하게 다르다. 일방향적 힘과는 달리, 관계적 힘은 친밀한 상호적 관계를 형성하고자 하는 의도를 분명히 하면서 다른 존재들의 '창조성'을 긍정해 주고

42 Jay B. McDaniel, Jay B. McDaniel, *Of God and Pelicans: A Theology of Reverence for Life* (Louisville: Westminster John Knox Press, 1989), 129.

또 충분히 발휘할 수 있도록 돕고자 하는 역동이다.[43] 다시 말해, 맥다니엘이 말하는 관계적 힘은 긍정적인 상호관계를 지향하며 또 그것을 진작하는 방향으로 발휘되는 것을 본질로 삼는다.

관계적 힘이 작용하는 생명세계에서 그 세계를 구성하는 존재들이 일구어 가는 삶의 방식은 상호의존과 공존일 수밖에 없을 것이다. 이는 독자적으로 생존할 수 없으며 온전한 자기실현을 위해 타자와의 수평적 관계 형성과 상호작용이 필수적이라는 신념을 반영한다. 맥다니엘은 기독교 생태신학이 일방향적 힘의 작용으로 이루어지는 위계적 관계형식을 지양하고 관계적 힘을 중시하는 수평적 관계적 생태신앙을 뚜렷하게 지향할 것을 역설한다.

2) 관계적 범재신론

범신론은 세계와 세계 안의 존재들 안으로의 신적 내재^혹은 임재^를 극단으로 밀어붙임으로써 신과 세계 사이의 동일시에 이른다. 이에 반해 엄격한 유신론적 이원론은 신과 세계 사이의 차이와 간격을 극명하게 강조함으로써 세계 안으로의 신적 임재나 개입의 가능성을 차단하는 결과에 이른다. 범재신론은 이 둘에 대한 비판적 입장을 견지하면서, 한편으로 하나님과 세계의 동일시를 경계하고 다른 한편으로 세계에 대한 하나님의 무관심이나 무관계성도 지양한다. 맥다니엘은 범재신론에 가까이 서 있지만 범재신론자라고 단정할 수는 없다. 맥다니엘은 '관계적 범재신론' relational panentheism 에 대한 선호를 밝히는데, 관계적 범재신

43 위의 책.

론은 "세계를 하나님으로부터 일정 정도 창조적 독립성을 보유하고 있는 것으로 본다."[44] 그의 입장은 범재신론의 자리에서 범신론의 자리로 이동한 어떤 지점을 점유한다고 평가할 수 있다. 범재신론에 따르면, 하나님은 세계 안에 있으며 또 세계는 하나님 안에 있다. 몸으로 비유하자면 세계는 하나님의 몸이다. 그러나 범재신론은 하나님의 몸으로서의 세계 이해가 범신론에 빠지지 않도록 하기 위해, 하나님의 몸임에도 불구하고 세계가 하나님이 될 수는 없다는 점을 굳게 견지한다. 이에 견주어, 관계적 범재신론은 좀 더 적극적으로 하나님의 몸으로서의 세계에 대한 인식을 첨예화한다.[45] 이에 관한 이정배의 설명을 옮긴다.

> 자연 생태계의 파괴가 하느님 몸의 상처가 되고 그 죽음이 하느님 죽음과 무관할 수 없는 현실이다. 그럼에도 하느님은 세계 내적인 고통에 대해 언제든 공감한다. 하느님은 주어진 구체적 환경과 상황 속에서 피조물의 요구에 따라 그들과 공감하는 존재이다. 인간에게는 인격이 되시며 지렁이에게는 지렁이의 방식으로 그리고 펠리칸에게는 펠리칸이 됨으로 그들과 공감한다. 하느님의 정체성은 세계 그 자체로부터 요구된 환경 속에서 매 순간 변할 수 있는 것이다. 고정 불변한 바위 같은 존재가 아니라 흘러 변하는 강과 같은 존재이기 때문이다.[46]

44 위의 책, 27.

45 위의 책, 26-34.

46 이정배, "제이 맥다니엘의 생태신학 연구," 한국교회환경연구소 엮음, 『현대 생태신학자의 신학과 윤리』(서울: 대한기독교서회, 2006), 22.

2. 류터 Rosemary R. Ruether

1) 생태여성학

류터는 생태여성학은 "생태학과 여성학의 두 주제들을 충분히 깊게 결합시켜서, 여성과 자연에 대한 남성 지배가 문화 이념과 사회 구조 속에서 어떻게 상호 연결되는지를 탐구한다."고 밝히면서,[47] "남성과 여성, 지배와 종속 그룹 사이의 파괴적 관계, 그리고 인간이 상호 의존적으로 속해 있는 생명 공동체의 파괴를 조장하는 문화적이며 사회적인 근원들"[48]에 학문적·실천적 관심을 둔다고 강조한다. 특별히 남성의 여성 지배와 인간의 자연 지배 사이에 유비 혹은 유사성가 있을 뿐 아니라 더 심층적으로는 동일한 세계관적·구조적 근원을 공유하고 있다는 뚜렷한 생태여성학적 논지를 전개한다.

> 지구에 대한 지배적·파괴적 관계가 성 지배, 계급 지배, 그리고 인종 지배와 상호 연관되어 있다면, 지구와의 치유 관계는 단순히 기술적인 '해결' technological 'fixes' 을 통해서 이루어질 수 없다는 것을 의미한다. 이런 사실은 남성과 여성, 인종과 국가 그리고 삶의 수단의 커다란 불균형으로 인해 나타나는 여러 사회 계급들 사이의 정의로운 사랑의 관계를 가져오기 위해 사회적 재질서 a social reordering 를 요구한다. 다시 말하면, 우리가 지구에 대한 지배가 마치 사회 지배와 관계

47 Rosemary R. Ruether, *Gaia and God: An Ecofeminist Theology of Earth Healing*, 전현식 역, 『가이아와 하나님: 지구 치유를 위한 생태 여성 신학』(서울: 이화여자대학교 출판부, 2006), 16.

48 위의 책.

없이 일어난 것처럼 생각해서는 안 된다는 사실은 생태학적 정의 eco-justice에 대해 말해야 한다는 것을 강하게 의미한다. … [이러한 지배를 정당화하는] 문화들이 하느님을 남성적·유일신으로 보며, 이런 하느님을 우주의 창조자로 해석하는 방법은 남성이 여성에 대해, 주인이 노예에 대해, 그리고 인간특히 남성 지배 계급이 동물과 지구에 대해 갖는 지배 관계를 상징적으로 강화해 왔다. 여성에 대한 지배는 사회적 그리고 상징적으로 지구에 대한 지배와 깊게 연결되어 가부장 문화 안에서 남성을 하늘, 지성, 그리고 초월적 영과 연결시키는 반면에, 여성을 지구, 물질, 그리고 자연과 연결시키는 경향을 제공해 주었다.[49]

가부장적 세계관과 구조가 지배하는 종교적·사회문화적 풍토에서 남성과 여성 사이의 성차별적 질서가 정당화되었고 이러한 정당화의 기조는 인간과 자연의 관계 인식에도 강하게 작용하여 남성은 '하늘과 지성과 초월적 영'에 그리고 여성은 '지구와 물질과 자연'에 상응하는 것으로 이해하고 인간의 자연에 대한 우위 혹은 지배를 정당화하게 되었다는 것이다. 가부장적 세계관과 그 사회문화적 구현의 양상이 낳은 이러한 엄격한 위계의 틀 안에서 여성은 남성에 복종해야 한다는 관계질서를 결정론적으로 받아들여야 했으며 자연은 지배자이자 관리자인 인간의 의도에 의해 전적으로 활용될 수 있는 대상으로 철저하게 대상화되고 수단화되는 결과에 이르게 되었다는 것이다. 여기서 류터의 서구 이원론 비평에 대한 김애영의 논평은 유익하다.

49 위의 책, 17.

기원전 2, 3세기경에 등장한 묵시문학적 종말론이 그리스도교에 의해 계승되었으며, 이 종말론이 헬레니즘적 이원론의 영향을 받은 이래로 그리스도교 전통은 이원론적 전통을 반영해 왔다는 것이다. 류터는 서구 그리스도교 문화유산에 대한 비판적 평가를 위해, 고대 근동의 히브리, 그리스, 초기 그리스도교 문화의 신화들에 대한 탐구에서부터, 히브리 세계, 그리스 세계, 그리스도교의 역사를 추적해 나갔다. 특히 16세기 후반과 17세기에 발생한 종교개혁과 과학혁명이 자연에 대한 서구 개념에 어떤 전환을 가져왔다는 사실, 또한 서구 사회에서 자연을 지배하기 위한 과학의 응용이 식민주의와 결합되면서 서구가 아메리카, 아시아, 아프리카를 점령 식민지화한 착취의 과정을 통해 축적한 부로써 기술혁명을 이룩한 과정이 바로 생태계 위기를 초래하게 된 전 과정이었다는 사실을 류터는 신랄하게 비판한다.[50]

생태계 위기의 심층적 원인이 되는 서구 이원론의 사상적 연원을 따지자면, 구약의 가부장적 전통도 빼놓을 수 없겠으나 그보다 헬레니즘과 헬레니즘의 기독교에의 영향을 더 중요하게 보아야 할 것이며 계몽주의나 과학혁명 등의 시기를 지나면서 합리적·과학적 사고와 문화가 서구 세계의 사상적 토대의 핵심을 형성하고 또 그 영향력을 확대해 갔다는 점을 주목해야 할 것이다.[51]

50 김애영, "로즈마리 류터의 생태여성신학," 한국교회환경연구소 엮음, 『현대 생태신학자의 신학과 윤리』(서울: 대한기독교서회, 2006), 143.

51 위의 논문.

2) 범재신론적 기조를 넘어서는 생태신학적 지향

류터는 서구 기독교 전통의 가부장적 관념과 연동하여, 기독교 신학이 하나님의 타자성과 초월성, 하나님과 세계의 관계성 이해에 있어서 하나님의 지배적 주권이나 둘 사이의 엄격한 구분혹은 분리 등을 강하게 내포하며 이러한 신학적 특징은 인간의 자연에 대한 태도에도 큰 영향을 미쳐 인간과 자연의 관계를 돌봄이나 상호공존의 관계로 보기보다는 지배와 복종이나 목적과 수단의 관계로 인식하는 경향을 강화하는 데 기여한다는 점을 비판적으로 성찰한다.[52] 그리하여 류터를 비롯한 많은 생태신학자들은 인간과 자연의 관계성에 대한 왜곡된 시각을 교정하고 또 실제적으로 생태계의 심각한 위기를 극복하기 위해 하나님의 타자성이나 주권 그리고 하나님과 세계 사이의 구분을 강조하기보다는 하나님과 피조세계의 간격을 줄이거나 둘 사이의 연대나 공존의 가능성과 현실을 드높이는 방향으로 신학적 전환을 이루어야 한다고 역설한다. 하나님의 초월보다는 내재, 구분보다는 상호관계성, 이원론적 분리보다는 통합이나 유기적 결합에 좀 더 비중을 두는 신학적 방향성을 견지하고자 하는 것이다. 이러한 신학적 방향성은 범재신론의 틀 안에서 포괄적으로 해명되고 또 전개될 수 있을 것이며, 류터는 이러한 신학적 전환에 있어 선두에 선 학자라고 평가할 수 있을 것이다. 다만 류터는 하나님의 세계 안으로의 내재를 강조하면서도 동시에 하나님과 세계 사이의 적절한 구분을 견지하고자 하는 범재신론적 기조로부터 신적 내재 그리고 하나님과 세계의 통합을 첨예화하는 진로

52 Rosemary R. Ruether, 『가이아와 하나님』, 42-49, 220-40.

를 선택한다는 점을 밝혀 두어야 하겠다. 이러한 진로를 두드러지게 드러내는 류터의 문장을 옮긴다.

> 우리가 가장 작은 입자들의 '절대 최소'의 영역으로 내려가 거시적 차원에서 견고한 물체의 '외관'을 구성하는 에너지 패턴의 춤추는 공간으로 움직일 때, 우리는 또한 이것이 '절대 최대,' 즉 우주 전체를 연결하는 상호 연관의 모체라는 사실을 인정하게 된다. … 우리가 전통적으로 '하느님,' 정신 혹은 모든 사물을 결합시키는 합리적인 패턴이라고 부르는 것, 그리고 '물질,' 물리적 대상의 '근거'라고 부르는 것은 하나가 된다. 무한히 작은 '조각들'로 분해되는 다자多者, the many의 분열과 일자一者, the One, 즉 모든 사물을 하나로 연결시키는 통일된 전체는 일치한다.[53]

3. 탈범재신론적 유형 요약

탈범재신론적 유형은 크게 보아 범재신론에서 범신론으로 가는 진로의 어느 지점을 점한다고 볼 수 있다. 범신론과 동일시하는 것은 적절치 않다고 보는데, 그럼에도 범신론을 향한 방향성을 적시하는 이유는 이 유형이 하나님과 세계 사이의 관계성과 일치를 강조하기 때문이다. 앞에서 살핀 대로, 맥다니엘과 류터는 공히 생태신학의 위계적 이분법적 전개를 신랄하게 비판하며, 기독교 신학이 위계적 구도를 극복함

53 위의 책, 293.

으로써 실제적으로 생명세계가 직면하고 있는 심각한 위기를 극복하는 데 의미 있는 기여를 할 수 있다고 본다. 이러한 극복을 위한 신학적 기획의 초점은 하나님과 세계의 일체성을 확연하게 드러내고 신학적으로 뒷받침하는 것이다. 이 일체성의 틀 안에서 하나님은 세계를 통해 존재론적으로 또 행위론적으로 드러나고 규정되는 것을 허용하신다. 주권적 섭리자나 통치자로 세계와 관계를 형성하는 것을 스스로 꺼리실 뿐 아니라 적극적으로 세계 안에 들어와 기꺼이 세계의 부분이 되시고 다른 부분들과 더불어 공존하고 함께 일하신다. 세계 안으로의 진입의 강도가 너무나도 커서 하나님이 세계와 완전한 일체를 이루어 최소한의 구분도 찾을 수 없게 된다 하더라도 하나님은 이를 받아들이시리라는 것이 이 유형의 생각인 것이다.

다만 범신론과 갈라지는 지점은 세계와 일체를 이루는 주체는 사물이나 존재에 고유한 복수의 신적 존재가 아니라 하나님이시라는 점이다. 탈범재신론적 유형은 삼위일체 하나님이 한 분 하나님으로서 세계를 창조하시고 세계 안에 들어와 공존하시며 또 세계의 과정에 부분으로 참여하신다는 점을 견지한다.

Ⅲ. 신중심적-청지기적 유형

이 유형의 명칭에서 '신중심적'이라는 개념은 세계에 대한 하나님의 임재나 섭리를 소홀히 여기지 않지만 동시에 창조자이자 주권자로서의 하나님과 창조의 결과로서의 세계 사이의 구분을 중시한다는 의미를 중요하게 내포한다. 그리고 '청지기적'이라는 개념은 인간은 하나님이 창조하신 세계와 세계 안의 존재들에 대해 책임적인 삶을 살도록 부름 받는데 그러한 삶은 세계를 창조하시고 그 세계를 돌보라고 부르신 하나님의 의도와 계획에 충실하게 응답하는 것이어야 함을 의미하기 위해서 채택하였다. 이 유형에 대한 기본적인 개념 이해를 가지고 스타센과 거쉬를 중심으로 신중심적-청지기적 유형을 제안하고자 한다.

1. 스타센 Glen H. Stassen 과 거쉬 David P. Gushee

1) 돌봄 윤리의 접근들

스타센과 거쉬는 자신들이 주창하는 '청지기 직분 윤리'를 제시하기 전에 '창조세계의 돌봄 윤리의 접근들'이라는 틀 안에서 생태신학과 실천의 대표적인 세 가지 유형을 소개한다.[54] 첫째, '인간중심적' 접근이다. 말 그대로 인간을 세계의 중심으로 보는 접근인데, 이러한 인간중심성의 근거는 하나님의 창조 의도에 있다. 곧 하나님이 세계를 창조하시되, 인간을 위해 창조하시고 또 그것에 대한 지배권을 인간에게 주셨다는 신적 의도에 뿌리를 두고 있다는 말이다. 다만 인간중심주의가 생태계의 위기로 필연적으로 연결될 수밖에 없다는 주장에는 반론이

54 Glen H. Stassen and David P. Gushee, *Kingdom Ethics: Following Jesus in Contemporary Context*, 신광은, 박종금 역,『하나님의 통치와 예수 따름의 윤리』(서울: 대장간, 2011), 576-83.

가능하다는 것이 스타센과 거쉬의 생각이다. 인간은 존재론적 본질에 있어 세계에 존재하는 다른 피조물들과 연결되어 있기 때문에 이 접근 역시 다른 생명들과 생태계의 위기에 관심을 가질 수밖에 없다는 것이다. 다만 이러한 관심의 주된 동인은 동료 인간에 대한 배려라는 점을 지적해 두어야 하겠다. "인간에게, 특히 가난한 자에게 미치는 부정적 영향력 때문이다. 생태계의 건강을 회복하고자 하는 열망은 우리가 후손에게 빚지고 있다는 의무감으로부터 생겨날 수도 있다."[55]

둘째, '생명중심적' 접근이다. 인간은 이 세계에서 특별한 존재가 아니며 그저 여러 종들 가운데 하나로서의 지위만을 확보한다는 기본적 신념을 내포하는 접근이다. 인간뿐 아니라 모든 생명들은 '본질적 가치와 가격'을 보유하며 그러기에 모두가 동등하다는 것이다. 이를 종교적으로 혹은 신학적으로 볼 때, "생명중심주의자들이 하나님에 대해서 말할 때는 범신론적으로 말한다. 그래서 하나님을 지구나 우주의 일부 또 그 자체와 같은 것으로 여긴다. 힌두교나 불교, 인디언 영성과 같은 일부 세계의 종교는 나름의 생명중심주의적 설명을 하고 있다."[56]

셋째, '신중심적' 접근인데, 이 접근은 인간중심주의적 '공리주의'나 생명중심주의적 '평등주의'를 지양하며 신중심성을 핵심 원리로 설정한다. 하나님은 모든 존재와 가치의 중심이며 세계의 모든 존재는 하나님의 창조 안에서 본래적 가치를 보존하고 확장할 수 있다. 이런 맥락에서 이 접근은 세계와 세계의 존재들에 대한 하나님의 섭리를 강조한다. "[이 접근]의 중요한 점은 하나님께서 창조세계로부터 분리되어 있거나 떨어져 있지 않다는 점이다. 하나님을 그렇게 떨어뜨려 놓으면

55 위의 책, 576.

56 위의 책, 579.

하나님을 예배하고 섬기는 것을 하나님의 피조물을 돌보시는 행위로부터 분리시켜서 주변적 "이슈"로 보게 한다. 하나님께서는 창조주이시며 끊임없이, 역동적으로 창조세계를 돌보고 계신다. 이것은 예수께서 하나님이 공중의 새와 들의 백합화를 지금도 돌보고 계신다고 가르치신 것과 같은 맥락이다. 하나님은 "스스로 있는 자"로서, 사람의 부르짖는 소리를 들으시고 우리의 필요를 아시며 우리를 구원하러 오시는 분이시다. 그 분은 약속하시기를 "너희와 함께하리라출 3:6-15"라고 하셨다. 하나님은 거룩하신 분이시며, 구원하시기 위해서 역동적으로 임재하신다. 그러므로 하나님을 경배한다는 것은 곧바로 창조세계를 돌본다는 뜻을 포함한다. 이는 하나님께서 창조 행위에 대한 책임으로 피조물과 우리를 돌보는 일에 깊이 관여하고 계시기 때문이다."[57]

2) 청지기 직분 윤리

스타센과 거쉬는 청지기 직분 윤리를 앞의 세 유형과 비교하면서 설명하는데, 창조세계를 돌봄에 있어 인간의 책임을 강조한다는 면에서 인간중심적 접근과, 생태적 책임은 근본적으로 하나님께서 부여해 주신 바라는 점에서 신중심적 접근과, 그리고 생태계의 생물학적 질서나 원리를 존중한다는 면에서 생명중심적 접근과 연속성이 있다는 것이다. 스타센과 거쉬는 이에 관해 상술하는데, 여기에 옮긴다.

57 위의 책, 580-81.

인간의 이해관계와 책임을 중심으로 본다는 점에서는 부분적으로 인간중심주의적이며, 인간은 다만 하나님의 창조세계를 돌보라고 명령받은 존재로 본다는 점에서는 부분적으로 신중심적이다. **지구를 보호하는 청지기 정신**은 인간이 지구를 생태계와 생물학적으로 관계되어 있으며 의존하고 있다는 기초적인 생태학적 원리를 확고히 하고 있다. 그러므로 비록 경제성장이 필요하기는 하지만 이 성장은 제한적이어야 하며 경제 체계는 **지속가능하고** 정의로운 체계로 재조직되어야 한다고 본다. 이러한 체계는 지구의 자원을 보존하며 지구의 역량 안에서 살면서 동시에 가난한 이들의 필요도 충족시키는 체계다.[58]

요컨대, 청지기 직분 윤리는 생태계에 대한 돌봄의 책임을 하나님으로부터 온 소명으로 수용하면서 생태적 원리를 따라 생태계가 '지속가능하고 정의로운 체계'로 보존·전개될 수 있도록 해야 한다는 점을 견지한다고 할 수 있다. 특별히 이러한 돌봄의 실천은 하나님 없이 인간이 독자적으로 수행하는 것이 아니라 "하나님의 돌봄의 사역에 참여하는 것"임을 분명히 한다.[59]

2. 신중심적-청지기적 유형 요약

스타센과 거쉬는 창조세계 돌봄에 대한 논의를 청지기적 사명의

58 위의 책, 582.

59 위의 책, 583.

관점에서 전개하면서 사명을 주시는 하나님과 돌봄의 대상이 되는 동료 피조물들에 대한 책임을 강조한다. 청지기와 필연적으로 동반하는 개념은 청지기가 궁극적으로 봉사하는 대상으로서의 주인이다. 주인 없이 청지기라는 개념은 성립될 수 없는 것이다. 스타센과 거쉬가 말하는 청지기의 주인은 다름 아닌 하나님이시다. 청지기는 주인이신 하나님의 의도와 계획을 앞세우고 또 철저하게 수행해야 하는데, 생태적 관점에서 청지기의 삶을 논한다면 하나님의 생태적 뜻을 선명하게 인식·수용하고 충실하게 수행하는 삶이며 그 뜻이란 하나님이 창조하신 세계와 세계의 존재들에 대한 사랑과 돌봄의 책임 수행으로 집약할 수 있다.

신중심적-청지기적 유형은 하나님과 세계, 세계와 인간 사이의 위계적 질서를 정당화하거나 주장하지 않으면서도 동시에 관계론적 이해를 견지하는데, 여기서 관계성은 앞의 두 유형의 관계성과는 그 초점에 있어 차이가 있다. 범재신론적 유형과 탈범재신론적 유형이 하나님과 세계 그리고 세계와 인간 사이의 친밀함과 일체성을 관계성의 핵심적 내용으로 내포한다고 한다면, 신중심적-청지기적 유형은 한편으로 하나님과 세계특히 인간 사이의 구분을 존중하며 다른 한편으로 인간과 세계의 관계성을 기본적으로 수평적 차원에서 이해하지만 그 방점은 자연에 대한 인간의 책임에 둔다. 스타센과 거쉬는 전체 생명세계의 생태적 연계성이나 생명세계 안에서의 인간과 다른 생명들 사이의 상호작용과 공존의 중요성을 소홀히 여기지 않으면서 하나님이 청지기로서 인간에게 부여하신 생태적 책임 수행을 직분혹은 소명의 관점에서 강조한다. 요컨대, 신중심적-청지기적 유형은 하나님과 세계 그리고 세계와 인간 사이의 일치나 연속성보다 구분에 더 큰 비중을 설정하며, 청지기로서 인간의 생태적 책임을 생태신학과 윤리의 핵심에 둠으로써 자연과의 관계성을 중시하되 인간이 선도적으로 생명세계를 보존하고 전개해 가는 구도를 제안한다.

Ⅳ. 비교와 종합적 평가

1. 하나님에 대한 이해

범재신론적 유형의 신론은 초월과 내재의 균형을 견지한다. 주권자로서의 하나님의 권위와 능력에 대한 엄격한 유일신론의 강조가 하나님과 세계의 관계의 약화나 단절에 이를 수 있다는 점을 우려하며 하나님의 세계 내재의 필연성을 신학적으로 옹호하고자 하는 분명한 의도를 보이고 있다. 다만 상대적으로 내재의 비중을 높인다고 하더라도 세계의 창조자이자 섭리자로서의 하나님의 초월의 본성과 현실을 기본적으로 존중함으로 하나님과 세계 사이의 적절한 구분을 옹호하고자 하는 신학적 의도를 분명히 한다.

이와는 대비적으로, 탈범재신론적 유형의 하나님 이해는 초월보다는 내재에 무게중심을 둠으로써 세계로부터 멀리 떨어져 계시는 하나님 관념에 저항하고 스스로 창조하신 세계 가운데 깊이, 아주 깊이 들어와 세계와의 일치에까지라도 이르고자 하는 신적 동기와 실행을 강조한다. 그리하여 이 유형은 하나님을 창조하신 세계에 대해 소유권이나 주권을 자명하게 확보하거나 요구할 수 있는 초월적 주권자로서보다 그럴 수 있음에도 세계에 들어와 존재하고 활동하기 위해 스스로를 개방적으로 확장하는 내재적인 신적 존재로 인식한다. 세계 안으로의 광범위하고도 농도 깊은 내재를 강조하고 그러한 내재와 연관하여 하나님과 세계의 친밀한 사귐과 연합을 극대화한다고 하더라도, 탈범재신론적 유형의 하나님은 범신론의 하나님과는 다르다. 세계의 모든 존재들 각각에 고유하게 상응하여 존재하는 신성을 전제하는 범신론의 구도와 다르게, 오직 삼위일체 하나님이 모든 존재들과 일치에 이르기까지 내재하시고 깊고도 깊은 사랑으로 일하신다는 신론적 신념을 강조한다.

신중심적-청지기적 유형의 신론은 세계의 창조자와 섭리자로서의 하나님이 주권자로서의 지위를 보유하신다는 점을 분명히 하되 내재를 경시하거나 부정하는 극단적 유일신론과는 선명하게 다른 길에 선다. 다시 말해, 내재보다는 초월에 무게중심을 두고 하나님의 존재와 역사를 논하고자 하지만 내재를 통한 하나님의 세계 임재와 개입의 여지를 유의미하게 열어둔다는 것이다. 초월과 내재의 균형을 견지한다는 점에서 범재신론적 유형에 가깝다고 볼 수 있으며 내재보다는 하나님의 초월이나 다름에 좀 더 비중을 둔다는 점에서 범재신론적 유형과 차이가 있다고 평가할 수 있다.

한편으로 세계에 대하여 하나님의 타자성과 초월성을 첨예하게 밀어붙이다가 세계에 무관심하거나 단절적인 하나님 이해로 귀결되어서는 안 될 것이며 다른 한편으로 세계에 가까이 들어와 계시는 하나님 관념을 극대치로 강조하다가 하나님과 세계의 완전한 일치 그리고 세계와 구분되는 신적 고유성에 대한 부정을 견지하는 신학적 신념으로 이어져서는 안 될 것이다. 양극단을 지양하며 하나님과 세계 사이의 적절한 구분을 견지하는 동시에 둘 사이의 친밀한 소통과 상호작용과 사귐을 존중하는 신학적 틀 안에서 생태적 신론을 전개할 필요가 있다고 본다.

2. 하나님과 세계의 관계성

세 유형 모두 하나님과 세계 사이의 상호적 혹은 수평적 관계의 여지를 분명하게 허용한다고 볼 수 있다. 다만 차이는 있다. 탈범재신론적 유형은 하나님과 세계 사이의 상호작용과 공존의 잠재성과 현실을 극대화하고 하나님을 기꺼이 세계와 일치에 이르고자 하시는 신적 존재로 인식한다는 점에서 일종의 일치적一致的 관계론이라고 칭할 수 있을 것이다. 다만 일치에 이를 만큼 강도 높은 수평적 관계성을 추구하지만, 그렇다고 하나님과 세계가 어떤 구분도 없이 섞여 세계가 신이 되고 신이 세계가 되는 완전한 동일시를 의미하는 것은 아니다.

범재신론적 유형도 역시 수평적 관계를 지향하지만 동시에 하나님과 세계의 구분을 견지한다는 점에서 큰 틀에서는 탈범재신론적 유형과 유사하다고 평가할 수 있다. 그러나 후자와 비교할 때 전자는 일치나 동일시를 이상理想으로 보거나 실제적인 목적으로 삼는다고 할 수는 없을 것이다. 하나님과 세계의 고유한 본성을 필연적으로 인정하고자 하며 하나님이 세계로 또 세계가 하나님으로 섞여 들어가 일말의 구분 없이 하나가 된다는 의미에서의 '일치'를 분명하게 경계하고자 한다.

신중심적-청지기적 유형은 범재신론적 유형이나 탈범재신론적 유형과 마찬가지로 수평적 관계성의 여지를 분명히 남겨두지만, 다른 두 유형과 비교한다면 구분과 차이에 좀 더 비중을 설정하고 있다고 평가할 수 있을 것이다. 특별히 이 유형은 하나님은 창조하신 세계에 대해 지속적으로 책임적이시고 세계의 궁극적 완성을 위해 주권을 행사하고자 하시며 이러한 신적 책임과 주권을 실현하는 중요한 통로로 하나님 형상으로서의 인간을 세우셨다는 점을 강조한다. 하나님은 하나님 형상인 인간을 청지기로 삼으시고 이 청지기를 통해 세계에 대한 하나님의 뜻과 계획을 구현하고자 하신다는 점에서 세계는 하나님의 주권적 섭리의 영향을 받을 수밖에 없다는 점을 추론할 수 있다.

하나님과 세계의 관계성에 대한 생태적 이해는 이 둘 사이의 친밀한 사귐과 공존을 중시하는 특성을 내포한다. 다만 상호적 관계 형성과 보존에 대한 강조가 둘 사이에서 지켜져야 할 구분을 전적으로 철폐함으로 세계의 신성화혹은 신격화에 이르지 않도록 하는 방향에서 신중한 접근을 취해야 할 것이다. 또한 존재론적으로 또 행위론적으로 하나님과 세계 사이의 거리를 좁히고자 하는 기조를 긍정적으로 수용한다고 하더라도 창조자와 주권자와 구원자로서의 하나님의 고유한 지위와 역사를 존중해야 할 것이다. 둘 사이의 관계를 일치에 가깝게 본다고 하더라도, 예를 들어, 예배의 대상 곧 예배를 통해 관계성을 형성할 대상은 세계가 아니고 오직 하나님이시라는 점을 밝혀 두어야 하겠다.

3. 세계의 존재들 사이의 관계성

하나님과 세계 사이의 관계성은 하나님의 창조의 결실인 피조물들 간의 관계성과도 연속성을 갖는다. 기본적으로 수평적 관계 구도는 피조물들의 상호관계에도 적용된다고 볼 수 있다. 범재신론적 유형과 탈범재신론적 유형은 세계의 존재들 사이의 위계적 관계설정이나 거리두기를 단호하게 경계한다. 맥페이그에 대한 논의에서 살핀 대로, 하나님의 몸으로서의 세계를 이루는 존재들은 전체로서의 몸 안에서 몫과 책임을 공평하게 나누고 감당하고 향유한다. 류터는 가부장적 인간중심적 위계주의에 대해 확고하게 저항하며 인간 공동체와 전체 생명 공동체를 이루는 구성원들 사이에 동등하고 평등한 상호인식과 공동의 참여가 있어야 한다는 점을 역설함을 보았다.

신중심적-청지기적 유형 역시 위계주의를 지지하지는 않는다. 다만 다른 두 유형과 비교할 때, 기능이나 역할의 관점에서의 차이에 대해서는 분명하게 여지를 두고자 한다. 특별히 인간은 세계와 세계 안의 다른 존재들에 대해 고유한 기능과 책임을 부여받는다는 신념을 견지한다. 하나님 형상으로서 하나님을 닮아 그리고 청지기로서 청지기의 으뜸이신 예수 그리스도의 삶과 가르침을 따라 동료 존재들에 대한 책임을 감당해야 한다는 것이다.

인간과 세계 안의 다른 존재들 사이의 관계는 우열이나 지배-복종의 위계 혹은 주객의 관계질서로 보기보다는 동료 존재로서의 관계 곧 하나님 앞에서 동동한 가치를 보유한 존재들이 형성하는 관계로 볼 필요가 있을 것이다. 인간 편에서 말한다면, 인간은 수평적 관계의 틀에서 세계의 동료 존재들을 바라보고 서로 의존하면서 조화와 공존의 생명 공동체를 일구어 가야 한다는 것이다. 다만 다른 피조물들과 구분되는 인간의 고유한 특성이 있다는 점을 밝혀 두어야 하겠다. 특별히 전체 생태계와 세계의 동료 존재들에 대한 책임의 관점에서 인간의 '다름'에 대한 인식이 요청된다고 할 것이다.

V. 맺는말

이상의 탐구와 논의를 참고하면서 몇 가지 규범적 제안을 하고자 하는데, 생태적 인식과 실천의 성숙에 이바지할 수 있기를 바란다. 첫째, 통전적 인간론의 강화에 관한 것이다. 인간에 대한 생태적 이해는 인간으로서의 생존과 인간됨의 구현에 있어서 세계의 존재들과의 공존·공생을 필연적으로 수용한다. 세계의 동료 존재들과 떨어져 존재할 수 없으며 하나의 전체 안에서 긴밀하게 연결되어 존재할 수밖에 없고 또 그렇게 해야 한다는 인식을 분명히 하는 인간 이해인 것이다. 인간의 생태적 이해는 통전적 인간론의 정립과 성숙에 기여한다. 생태적 이해는 이원론이나 이분법적 사고를 경계하는데, 인간과 다른 존재들, 육체와 정신, 개별과 전체 등을 분리해서 보기보다는 통전적으로 보려 한다는 점에서 그렇다. 인간에 대한 생태적 이해의 강화는 영혼과 육체, 정신과 감각 등 인간을 구성하는 인간론적 요소들을 위계적으로 보는 인간론을 극복하고 이러한 요소들이 통전하여 온전한 인간 존재가 있을 수 있다는 전인적 인간 이해를 확고히 하는 데 이바지할 것이다.

둘째, 하나님과 세계의 적절한 구분의 필요성에 관한 것이다. 하나님과 세계의 분리나 단절을 강조하는 신학적 인식은 생태적으로 부정적 결과를 산출해 왔다는 것은 기지의 사실이다. 분리나 단절의 강조는 둘 사이의 위계적 질서나 주객 도식에 대한 강조로 이어지고, 이러한 질서와 도식의 틀 안에서 세계를 바라보는 인간은 세계를 대상화하여 인간 목적을 성취하기 위한 도구의 지위로 전락시키는 경향이 있어 왔다는 것이다. 이런 맥락에서 분리보다는 사귐, 연결됨, 일치 등의 관계 개념으로 하나님과 세계 사이의 관계를 인식·규정하는 것에 대해서 긍정적인 평가를 내려야 할 것이다. 다만 적절한 구분은 견지해야 한다는 점을 다시금 밝혀 두어야 하겠다. 둘 사이의 분리를 경계하고 연결됨이나 친밀한 사귐을 강조하면서 완전한 일치를 생태적 이상으로 설정하고 구현하고자 할 때, 자칫 하나님과 일치를 이룬 세계를 신성화할 가능성이 있다는 점을 고려할 필요가 있다는 것이다. 일치를 통해 세계의 의미와 가치를 정당하게 또 적절하게 설정하려는 시도의 취지를 존중하더라도, 신적 지위로의 고양을 정당화하는 데까지 이르러서는 안 된다는 것이다.

셋째, 청지기적 생태윤리에 내포된 인간과 자연의 관계성의 의미에 관한 것이다. 앞에서 본 대로, 하나님이 창조하신 세계와 세계의 존재들 앞에서 청지기로 부름 받는 인간은 하나님의 뜻을 충실하게 살피면서 세계와 동료 존재들을 돌보고 또 그들과 공존하고자 힘써야 한다. 다만 청지기됨이 특권이나 위계적 우위를 본성적으로 내포하는 것은 아니라는 점을 밝혀 두고자 한다. 창세기 2장의 증언대로, 땅을 경작할 인간은 '아바드' עָבַד 의 정신과 자세로 땅과 세계 그리고 세계의 동료 존재들을 돌봐야 한다. '아바드'에 담긴 함의에 주목한다면, 돌봄은 섬김이다. 아울러 청지기도 유한한 피조물이며 다른 피조물들과 공존·협력해야 인간됨을 충분히 구현할 수 있다는 점 또한 유의해야 할 것이다. 서로 의지하고 의존할 때 개별 존재가 온전하게 있을 수 있으며 서로 협력하고 연대할 때 전체로서의 세계가 건실하게 보전되고 전개될 수 있다는 것이다.

제 2 장

생명에 관한 간문화적 탐구와 생태적 공동의 기반 모색

이 장은 다음의 문헌을 수정·보완한 것이다. 이창호, “생명에 관한 간문화적 성찰: 슈바이처, 유교, 서남동의 ‘생명’과 ‘인간과 자연의 관계성’ 이해 비교를 중심으로,” 『선교와신학』 56 (2022), 345-89.

기독교회와 신학은 오늘날 인류 공동체가 현실적으로 경험하고 있는 바로써 세계적 차원에서의 상호의존성과 다원성혹은 다양성을 윤리적으로 평가하고 해석하며 또 구체적 대안을 제시하는 책무를 감당해야 한다는 도전에 직면하고 있다고 슈바이커William Schweiker는 주장한다.[1] 다시 말해, 다양성을 존중하면서도 동시에 온 인류가 윤리적으로 공감하고 뜻을 모으며 연대·협력할 수 있는 공동의 기반을 모색하는 과제가 주어져 있다는 것이다. 심각한 생태적 위협 앞에서 온 인류가 겪고 있는 '생명들'의 위기라는 현실을 직시할 때, 동양과 서양을 아우르는 전 세계적 차원에서의 공동의 기반 모색은 더더욱 절실하게 요구되고 있다. 지구상에서 생명체가 사라져버릴 수도 있다는 절박한 상황 인식이 현실적인 것으로 받아들여지는 상황에서, 그러한 상황을 윤리적으로 해명하고 또 대안을 제시하는 세계 윤리 곧 생태적 세계 윤리를 추구하는 것은 꼭 필요한 과업이라고 하겠다. 이런 맥락에서 슈바이처Albert Schweitzer의 생명 사상을 세계적 담론의 장에서 진지하고 치열하게 논구하는 것은 그 시점에 있어 적절하며 또 그 결실에 있어 전도유망하다. '생명'의 원리적 불가침성을 견지하는 슈바이처의 '생명경외의 윤리'는 자기 자신의 생명뿐 아니라 살아 있는 모든 존재들의 생명에 대한 포괄적인 책임 수행을 정언적으로 명령한다. 더 나아가, 개별 생명에 대한 지극한 존중은 '생명들' 상호간의 책임적 희생과 헌신을 통한 통일된 생명의 충만으로 이어져야 함을 규범적으로 지시한다. 생명에 관한 이러

1 William Schweiker, *Power, Value, and Conviction: Theological Ethics in the Postmodern Age*, 문시영 역, 『포스트모던 시대의 기독교윤리』(서울: 살림, 2003), 38-41.

한 언명은 그 자체로 자명한 것이어서, 모든 인간은 윤리적으로 근본적이면서 중차대한 가치와 기준으로 받아들일 수밖에 없는 것이라고 필자는 생각한다. 여기서 동양과 서양을 아우르는 공동의 기반 곧 생태적 세계 윤리의 중요한 가능성을 찾을 수 있다고 보는데, '생명'이 공동의 기준이고 가치라는 점에서 그렇다.

이제 이러한 '공동의 기반'을 모색하는 과업이 주어졌다고 필자는 생각하며, 이를 위해 생명에 관한 간문화적 탐구를 수행하고자 한다. 슈바이처가 대표하는 서양의 생명 사상과 함께 공동의 기반 위에 서야 할 동양의 생명 사상을 제시하고 둘 사이를 비교·평가하며 서로 배울 수 있는 바를 찾고자 한다. 필자가 동양에서 슈바이처의 대화상대로 삼고자 하는 대상은 유교와 민중신학이다. 유교 인간론은 인간의 고유한 특성을 '자기 초월'에서 찾는다. 궁극적 실재와 타자와 다른 피조물들을 향해 지속적으로 스스로를 개방하고 내어준다는 의미에서의 초월인 것이다. 다시 말해, 유교의 인간은 자기 자신과 타자 그리고 생명세계의 보존과 성숙을 위해 참여함으로써 궁극적으로 하늘과 땅과 더불어 조화를 이루며 살아야 하는 사명을 받았다고 할 수 있다. 민중신학의 구원론적 관심은 민중의 해방 곧 민중의 삶과 역사 속에 '예수사건'을[2] 재현함으로 이루어지는 구원에 있기에, 인간이나 인간의 공동체와 공존하는 피조세계와 세계의 존재들의 구원에 대해서는 상대적으로 관심이 덜 한 것이 사실이다. 그러나 민중신학자 서남동을 슈바이처의 대화상대로 주목하고자 한다. 서남동은 민중신학의 본류에 속하면서도, 개척

2 예수사건은 역사적 예수가 민중을 위해 성취하신 해방의 사건이다. 예수사건은 민중을 통한 해방의 성취를 통해서도 현실화되는데, 이 해방의 사건 안에서 민중은 그 정체성에 있어 예수와 스스로를 동일시한다. 안병무, 『민중신학 이야기』(서울: 한국신학연구소, 1988), 25-34.

자적으로 한국 신학의 생명과 생태 담론 형성과 발전을 위해 의미 있는 기여를 한 신학자이다. 특별히 유교나 불교와 같은 동양 종교, 동방교회의 신학 그리고 과학의 새로운 발견들로부터 기존의 기독교 담론을 비판적으로 성찰하면서, 자연과 인간의 화해 시도, 생태계의 모든 존재들의 생명성 강조, 전체로서의 생명세계에 대한 통전적·유기체적 이해 등 중요한 생태신학적 논제들을 제기하고 또 적극적으로 논구하였다. 이렇게 볼 때, 슈바이처, 유교, 서남동 사이에서 생명에 대한 근본적 이해 그리고 인간과 생태환경의 관계성이라는 관점에서 연속성유사성을 찾을 수 있다고 하겠다.

필자가 탐구하고자 하는 슈바이처와 유교 그리고 서남동의 생태관에 대한 탐구와 논의는 이미 유의미하게 이루어지고 있으며 필자의 연구는 그러한 선행연구들을 중요하게 참고하여 진행되었음을 밝힌다.[3] 다만 본 연구는 비교연구로서 가치가 있다고 생각한다. 슈바이처도

3 주목할 만한 선행연구들이 있다. 먼저 슈바이처와 연관된 연구이다. 이정배는 한국에서 전개되고 있는 생명담론을 탐색하고 기독교적 공헌의 가능성을 모색하는데, 슈바이처의 생명 사상을 '형이상학적' 논의로 범주화하여 다루며 이와 함께 자연과학적·철학적 탐구와의 학문적 대화를 수행한다 [이정배, "생명담론의 한국적 실상 - 국내에서 생산 또는 논의 중인 생명담론들,"『인간·환경·미래』6 (2011.4), 3-32]. 동학의 '생명철학', 다석 유영모의 '생명사상', '생물(生物)여성 영성' 등 한국적 생명론을 포함하여 비교담론을 전개한 점은 의미 있는 기여라고 할 것이다. 변순용은 슈바이처의 생명사상을 서구철학적 맥락에서 탐구하는데, 니체와 요나스를 대화상대로 삼아 비교연구를 수행한다 [변순용, "생명의 생태학적 의미에 대한 연구 - 니체와 쉬바이처를 중심으로,"『범한철학』56 (2010.3), 235-55; "생명에 대한 책임 - 쉬바이처와 요나스를 중심으로,"『범한철학』32 (2004.3), 5-28]. 박재묵은 슈바이처의 생명경외론과 동양 사상의 연관성을 탐색하며 인도와 중국의 생명 사상의 영향에 대해 논구하는데, 중국의 경우 도교의 영향을 주로 다룬다 [박재묵, "슈바이처의 '생명에 대한 경외' 사상과 동양의 전통 사상,"『환경사회학연구ECO』17-2 (2013.12), 109-43]. 다음으로 유교와의 비교연구이다. 터커와 버스롱이 편집한『유교와 생태학』은 유교와 서구 생태학의 비교연구로 주목할 만한데, 공자와 맹자로 대표되는 선진유학과 신유학을 중심으로 하여 동서양 생태담론을 탐색·서술한다 [Mary Evelyn Tucker and John Berthrong, *Confucianism and Ecology: The Interrelation on Heaven, Earth, and Humans* (Cambridge, MA: Harvard University Press, 1998)]. 생태학적 관점에서 유교와 기독교의 비교담론을 탐구한 이정배의 연구를 생각할 수 있는데, 이 논문에서 이정배는 동서양을 아우르는 포괄성을 담지하는 기독교 신학의 가능성과 하나님과 세계 그리고 세계의 존재들 사이의 일체론적 이해를 모색한다 [이정배, "유교와 기독교의 대화, 그 한국적 전개 - 평가와 전망을 중심으로,"『신학과세계』49 (2004.3), 74-110]. 마지막으로, 서남동과 연관된 연구에서 권진관은 서남동의 민중신학의 틀 안에서 '자연의 주체화'를 논하면서 비평적 성찰을 위해 가이아(Gaia) 이론이나 카프라(Fritjof Capra)의 '생태읽기능력(ecoliteracy)'론을 서남동의 대화상대로 삼는다 [권진관, "민중과 생태환경의 주체화를 위한 신학: 서남동을 중심으로,"『신학연구』60 (2012.6), 31-65]. 허호익의 서

유교나 도교의 사상에 관심을 가지고 있었으며 서남동의 생태신학도 동양종교의 영향을 받아 전개되었다는 점을 부정할 수 없지만, 명확한 의도와 목적의식을 가지고 한국 신학을 포함하여 동서양의 대표적인 생명 사상을 비교·연구하고자 하는 필자의 시도는 관련 담론에 고유하게 이바지하는 바가 있을 것이라고 판단한다. 특별히 앞에서 언급한 대로, 필자는 이들 사이의 공동의 기반을 모색하여 한편으로 이론적 담론의 성숙에 기여하고 다른 한편으로 생태계의 위기에 대한 세계적 차원의 대응이 절실한 상황에서 생태 실천을 위한 중요한 협력과 연대의 기반 형성에 기여할 수 있을 것으로 기대한다.

생태윤리의 간문화적 토대 마련을 위한 비교연구를 수행하는 본 장에서 필자가 하고자 하는 바는 크게 두 가지이다. 생명에 대한 기본 이해, 인간과 자연의 관계성 등의 논점을 중심으로 슈바이처와 유교와 서남동의 생태윤리생태관를 탐구할 것이다. 유교의 경우, 『주역』을 중심으로 할 것인데, 생명의 기원, 생명의 작용, 인문 생명과 자연 생명의 관계성 등의 관점에서 유교 생태관을 뚜렷하고 심도 있게 전개하고 있기 때문이다. 또한 각각을 살핀 후 이들을 비교·평가하고 공동의 기반을 모색할 것이다. 규범적·실천적 방향성을 제안함으로 본 장을 맺고자 하는데, 간문화적 생태 담론의 이론적 전개와 성숙에 이바지하고 또 실천적으로는 생태계의 위기 가운데 고통하는 지구적 생명 공동체에 생명 경외의 정신과 생명의 능력을 불러일으키고 또 더욱 증진하는 데 기여하고자 하는 목적의식을 가지고 그렇게 할 것이다.

남동 연구도 빼놓을 수 없을 것인데, 허호익은 이 논문에서 서남동의 생태신학을 논구하며 서남동이 생명 이해에 있어 동양종교나 동방정교회 신학과의 대화 그리고 과학(특히 생명과학)과의 '통전'을 강조한다는 점을 밝힌다 [허호익, "죽재 서남동의 통전적 자연신학," 『한국기독교신학논총』 9-1 (1992.10), 176-209].

Ⅰ. 슈바이처 Albert Schweitzer

1. 생명에 대한 기본 이해

1) 생명의 근본 요소로서의 '살려는 의지'

인간을 포함한 모든 생명체는 '살려는 의지'를 가지고 있기에, 존중받아 마땅할 뿐 아니라 경외의 대상으로 자리매김할 만큼 값어치 있는 존재가 된다. 모든 생명체는 이 의지 곧 살려는 의지를 공통으로 보유한다는 의미에서 의지의 통일성으로 존재·규정할 수 있고 또 이 통일성을 지각한다.[4] 다시 말해, 생명이 경외의 대상으로서 가치를 획득하게 되는 주된 존재론적 요인은 '의지'이며, 모든 생명은 이 살려는 의지로 인해 도무지 침해할 수 없고 다른 그 무엇에도 환원할 수 없는 가치를 보유한 존재가 되는 것이다.[5]

살려는 의지 개념은 개별 생명을 넘어서 문화와 역사의 차원으로 확장된다. 의지는 규범적 본질 곧 '선의 본질'을 규정한다. "선善이란 생을 유지하고 고무하고 선양시키는 데 있는 것이고, 생을 파괴하고 훼

4 마틴(Mike W. Martin)은 인간이 가치 있다고 여기거나 인간에게 쓸모가 있기 때문에 다른 생명이 가치가 있다고 판단하는 인간중심적 윤리와 달리, 슈바이처의 윤리는 생명중심적 윤리라고 지적하는데, 모든 생명은 그 자체로 고유한 혹은 타고난(inherent) 가치를 보유한다는 점을 핵심적으로 내포한다. Mike W. Martin, "Rethinking Reverence for Life," in *Reverence for Life: The Ethics of Albert Schweitzer for the Twentieth-first Century*, eds. Marvin Meyer and Kurt Bergel (Syracuse, NY: Syracuse University Press, 2002), 167.

5 이정배, "생명경외, 우주적 책임 통일성,"『기독교사상』34-11 (1990), 79-80.

손시키며 방해하는 것은 악惡인 것이다."[6] 규범의 의지론적 이해는 문화와 역사의 진보의 성격에 대한 슈바이처의 신념과도 연동된다. "문화란 본래 개인과 사회의 정신적 물질적 진보인데, 진보한 개인과 집단의 생존 경쟁이 줄어들고 약화되는 곳에서 존재할 수 있다."[7] 살려는 의지에 대한 존중과 생명경외의 명령에 대한 책임적 응답은 다른 생명에 대한 존중 그리고 생명들과의 공존혹은 공동의 생명을 위한 윤리적 실천으로 이어질 수밖에 없으며 인류 문명과 역사는 이러한 규범적 방향성을 중시하며 전개되어야 한다는 것이 슈바이처의 생각이다.

다만 생명체들의 살려는 의지는 살기 위해 불가피하게 타자의 생명에 위해危害를 가하는 선택을 할 수밖에 없는 의지적 역동혹은 자유을 내포한다. 인간은 살기 위해 다른 생명체의 살려는 의지와 얼마나 잦은 충돌을 선택하고 있는지를 생각해 보라. 이 생명세계는 그 안에 존재하는 수많은 생명들의 살려는 의지로 충만하고, 인간은 타자의 생명에 대한 부정을 선택할 수도 있는 '자유'의 운명이라는 굴레에서 벗어날 수 없는 것이다. 그러나 살려는 의지에 입각한 인간그리고 다른 생명체의 선택은 오직 '생명부정'의 방향에서만 이루어지지 않는다. 살려는 의지로 충일한 '생명들' 가운데 살아가면서, 인간은 다른 생명을 긍정하고자 하는 방향 곧 다른 생명의 살려는 의지를 존중하고자 하는 방향에서 '살려는 의지'를 구현하는 자유의 선택을 할 수 있다는 말이다. 생명부정과 생명긍정 중 하나를 선택하는 양자택일적 자유의 가능성을 내포할 수밖에 없는 인간의 현실은 현재의 시간뿐 아니라 미래에 대해서도 명확한 전

6 Albert Schweitzer, *Kultur und Ethik*, 안인길 역, 『문화와 윤리』 (서울: 삼성출판사, 1988), 189.

7 Albert Schweitzer, *Verfall und Wiederaufbau der Kultur*, 지명관 역, 『문화의 몰락과 재건』 (서울: 선일문화사, 1977), 40.

망을 내놓을 수 없는 '불가해성'이라는 인간론적·세계사적 특징을 노정하지만, 그렇다고 이러한 불가해성은 암울한 세계의 미래로 '필연적으로' 귀결되는 것은 아니다. 불가해성의 세계 속에서 희망을 찾을 수 있는 근거는, 앞에서 언급한 대로, 살려는 의지가 생명경외의 토대가 되며 생명경외의 의지적 역동이 인간 생명으로 하여금 타자의 생명에 대한 최소한의 희생을 전제조건으로 하는 삶의 구조를 구축하게 만든다는 점이다.[8] 인간은 우주에 충일한 살려는 의지 곧 생명에의 보편적 의지와의 합일을 통해 살려는 의지에 대한 확고한 인식과 지각을 갖게 되고 더 나아가 인간이 아닌 다른 생명체를 포함한 타자의 생명에 내재하는 살려는 의지를 생명경외의 틀 안에서 존중하며 좀 더 적극적으로 생명들을 보존하고 증진하는 데 힘쓰게 되는 것이다. 따라서 생명긍정의 윤리적 삶과 실천은 "모든 생명체에 대해 한없이 확장되는 책임"을 본질적으로 내포한다.[9]

또한 슈바이처는 살려는 의지의 충돌의 문제를 다른 생명을 위한 '희생'의 관점에서 응답하고자 한다. 인간의 다른 생명에 대한 부정은 전체적 안목에서 세계긍정에 부합되는 선線에서 허용될 수 있다고 본다. 슈바이처는 동물을 포함한 생명체에 대해 '필요불가결한' 이유 없이 손상을 입히거나 잔인하게 행동하는 것은 "과오를 범하는 것"임을 분명히 한다.[10] 더 나아가 "자비롭지 못한 인간들 때문에 있을 수도 없는 고통을 참아야 [한다면] … 이 모든 것은 우리가 책임져야 한다."고 슈바이처는 강조한다.[11] 인간의 생존을 위한 다른 생명의 상실은 필연

8 Albert Schweitzer, 『문화와 윤리』, 382-91.
9 위의 책, 380.
10 위의 책, 386.
11 위의 책, 387.

적이지만, 이러한 생명부정은 무제한적이지 않으며 윤리적 숙고를 배제하지 않는다. 그래서 슈바이처는 생명부정에 희생의 개념을 더하여 생각한다. “삶의 긍정은 다른 생명체를 위하여 희생할 목적에서 자신의 생명을 부정하려고 노력한다. 또는 자기 자신을 희생하여 다른 생명체가 해를 입고 부정되는 것을 보호하려고 한다.”[12] 세계긍정이라는 목적에 부합되는 선을 견지하면서 인간 생존을 위해 타자의 생명의 상실을 ‘희생’이라는 개념으로 표현하고 있는 것이다. 다만 여기에 딜레마가 있다. 인간 편에서 희생은 필연적이지만, 생명부정의 현실을 받아들여야 하는 생명체의 자기보존의 본능과는 충돌할 수밖에 없다는 의미에서 딜레마다. 슈바이처는 이 딜레마도 생명의 본질에 속한다고 보는 듯하다.[13]

2) 생명경외론

살려는 의지를 본질적으로 보유하고 있다는 사실만으로는 생명긍정과 생명부정 사이의 분열적 지향의 가능성을 내포하는 불가해성의 굴레로부터 해방될 수 없다. “삶에의 의지는 개인화 현상으로 나타난다. … 이 개인화 현상은 자신의 삶을 즐기는 것을 다른 삶에의 의지와 통일시키려고 노력하지 않는다. 한 실존은 다른 실존의 희생으로 인정된다. 한 실존은 다른 실존을 파괴한다. 삶에의 의지는 다른 삶에의 의지를 반대만 하려고 하고 다른 실존에 대해선 알려고 하지 않는다.”[14]

12 위의 책, 363.

13 변순용, “생명의 생태학적 의미에 대한 연구: 니체와 쉬바이처를 중심으로,” 241.

14 Albert Schweitzer, 『문화와 윤리』, 381.

그렇다면, 해방의 길은 어디에 있는가? 그 길은 살려는 의지와 그 의지에 연동된 생명경외에 있다. "내가 세계에 대해서 아는 것은 세계를 체험하는 것이 된다. 체험된 인식은 나로 하여금 세계를 순수하게 인식하는 주체로 여기게 하지 않고 세계에 대한 나의 신념을 요구했다. 인식은 나로 하여금 모든 생명 속에 들어 있는 신비스러운 삶에의 의지에 대한 외경으로 차게 한다. 인식은 나를 사색하게 하고 또 놀라게 하면서 삶의 외경이라는 고지를 향해 점점 더 높게 인도한다. … 인식은 나로 하여금 내면적인 세계와 관계를 맺게 한다. 동시에 나의 삶에의 의지를 둘러싸고 있는 모든 생명체를 나의 삶에의 의지로써 함께 체험하게 한다."[15] 살려는 의지를 지각·인정하고 그 의지에 충실하게 응답할 때, 인간이 창출하는 생명의 문화는 살려는 의지들 사이의 무자비한 충돌과 대립의 구조적 체제로 퇴락하지 않는 한편 생명경외에 입각하여 생명들이 서로를 살리고 그리하여 세계 가운데 살려는 의지와 생명을 더욱 충만케 하는 방향으로 전개될 것이다.[16]

슈바이처의 생명경외론의 또 다른 강조점은 다른 생명과의 연대성이다. "나는 살려고 하는 생명이다. 나는 살려고 하는 생명의 한가운데 있다."[17] 인간은 다른 생명들과 함께 존재할 수밖에 없는 존재 곧 다른 생명들과의 공존혹은 연대을 생명의 본질로 받아들일 수밖에 없는 존재란 말이다. 앞에서 본 대로, 자기 생명의 보존과 증진을 위해 필연적으로 타자의 생명의 희생이 있어야 하는 '살려는 의지'의 분열적 표출을

15 위의 책, 378.

16 마틴은 슈바이처가 다른 생명에 대해 인간은 공감(empathy)으로 다가설 수밖에 없다고 강조했다는 점을 지적하는데, 왜냐하면 그것은 자연스러운 반응이며 그러한 반응의 근거는 존재의 심층에서 인간과 같다는 인식 곧 생명을 보존하고 증진하려는 동일한 의지를 갖고 있다는 인식에 있다고 풀이한다. Mike W. Martin, "Rethinking Reverence for Life," 173.

17 Albert Schweitzer, 『문화와 윤리』, 378.

있는 그대로 받아들인다 하더라도, 그것보다 더 강한 것은 연대성에 대한 본능적 지향이라는 것이다.[18]

슈바이처의 윤리에서 핵심적인 목적은 '존재와 하나 되기'이자 '세계 전체와 조화 이루기'이다.[19] 동료 인간을 포함한 모든 존재들과 더불어 화목한 관계로 조화로운 전체를 이루며 사는 것이다. 이것이 바로 생명이 참되게 구현된 이상적 상태라고 할 것이다. 다시 말해, 인간 생명은 다른 생명들을 포함한 전체 생명세계와 본질적으로 연결된 존재로 조화와 공존의 상태를 이루며 살 때 생명의 최상급 실현에 이르게 된다는 것이다.[20]

2. 생명과 윤리적 신비주의

생명경외 사상은 신학적 윤리의 틀 안에서 '윤리적 신비주의'의 형태로 드러난다. 보편적 살려는 의지에의 합일 추구를 신학적 관점에서 예수 그리스도 안에서 궁극적으로 또 구체적으로 드러난 하나님의 보편적 사랑의 의지에의 전향과 합일에의 추구라고 해석·진술할 수 있을 것이다. 예수 그리스도와의 인격적 관계 형성을 통해 하나님의 사랑의 의지와 합일을 이루고 향유한다는 의미에서 신비주의이며, 그러한 합일을 통해 새로운 생명의 개념과 작용이 지배하는 인생과 세계를 선

18 변순용, "생명의 생태학적 의미에 대한 연구: 니체와 쉬바이처를 중심으로," 242-44.

19 Gabriele Mauer, *Die Ethik Albert Schweitzers vor dem Hintergrund der Nietzscheschen Moralkritik* (Frankfurt am Main: Lang, 2004), 71, 변순용, "생명의 생태학적 의미에 대한 연구: 니체와 쉬바이처를 중심으로," 242에서 재인용.

20 변순용, "생명의 생태학적 의미에 대한 연구: 니체와 쉬바이처를 중심으로," 242.

택한다는 의미에서 윤리적이다.[21] 곧 의지의 윤리적 상호역동이 합일이라는 신비적 양식을 통해 이루어지고 있다는 말이다. 슈바이처는 "예수에 대한 참다운 관계는 그에게 사로잡히는 것[이며] 모든 기독교의 신심은 우리 의지가 그의 의지에 귀의하는 것을 의미할 때만 가치가 있다."고 강조한다.[22] 예수 그리스도와의 영적 사귐연합은 본질적으로 윤리적 모판으로서의 의지의 작용을 내포하는데, 이 작용은 다른 생명을 살리기 위해 기꺼이 자신의 생명을 희생하고자 하며 또 생명들과의 조화로운 공존과 상생을 추구하고자 하는 방향성을 확고하게 견지한다.

슈바이처의 신비주의는 그 본성에 있어서 윤리적인데, 의지의 자유로운 선택과 '합리적 사유'라는 윤리적 행위의 과정을 내포하는 합일에의 지향이기 때문이다. "진정한 신비주의로 이르는 길은 합리적인 사고를 통하여 세계와 삶에의 의지를 심오하게 체험하게끔 하여 준다."[23] 이 세계는 다른 생명의 희생을 통해 나의 생명을 보존하게 된다는 의미에서 살려는 의지가 자기·분열적으로 표출되는 생명세계로 보이지만, "내 마음속에 들어 있는 삶의 실존은 다른 삶에의 의지를 알려고 하[며] 나의 삶에의 의지 속에는 자기 자신과 일치하고 우주적이 되려는 동경이 들어 있다."는 점을 슈바이처는 역설한다.[24] 여기서 인간과 세계의 다른 존재들 사이의 관계성이라는 관점에서 윤리적 신비주의의 중요한 규범적 함의를 탐색할 수 있는데, 이정배는 슈바이처의 입장에 서서 그

21 슈바이처는 하나님이 창조하신 생명들 사이에 가치의 위계를 설정하는 것을 거부하는데, 모든 생명이 살려는 의지를 본래적으로 보유하고 있으며 바로 이것이 가장 고상한 가치이자 존재론적 요소이기 때문이다. Mike W. Martin, "Rethinking Reverence for Life," 176-77.

22 Albert Schweitzer, *Aus meinem Leben und Denken*, 천병희 역, 『나의 생애와 사상』(서울: 문예출판사, 2016), 77.

23 Albert Schweitzer, 『문화와 윤리』, 191.

24 위의 책, 381.

함의를 다음과 같이 적시한다.

> 인간은 자신의 생명 유지를 위해, 살려는 의지를 지닌 '다른 생명'을 희생하였을 경우, 희생된 생명에 대해 책임을 짊어져야만 한다. 생명 외경 사상은 고귀한 생명, 미천한 생명, 그리고 가치 없는 생명을 구별하지 않는다. 살려는 의지를 지니고 있는 뭇 생명체들의 존재 이유를 어느 누구도 온전히 파악할 수 없기 때문이다. 그러므로 인간은 자유인 이상 살려는 의지를 조장하고 촉진시킴으로 모든 생명체에게 축복의 기회를 마련해 주어야 하는 것이다.[25]

Ⅱ. 유교: 『주역』을 중심으로

1. 『주역』의 생명 이해

공자나 맹자 그리고 『주역』에 이르기까지 유교의 생명 이해는 유기체적이다.[26] 인간을 포함하여 생명세계를 이루는 존재들이 서로 상

25 이정배, "슈바이처의 생명 외경론," 123.

26 자연 생명과 인간 생명의 관계성에 대한 유기체적 이해는 공자와 맹자에게서 두드러지게 드러난다. 『논어』에 나오는 유명한 문장이다. "공자께서는 낚시질을 하시되 그물질은 하지 않으시며, 주살질을 하시되 잠자는 새는 쏘아 맞히지 않으셨다" [술이편(述而篇) 제26장, 이기동 역해, 『논어강설』(서울: 성균관대학교출판부, 2016), 312]. 낚시질과 그물질을 구분함을 통해서 공자는 인간의 생존을 위한 자연 생명의 활용을 최소화하고 생명세계 전체를 보존하고자 하며, 나는 새와 잠자는 새의 사냥을 구분함을 통해서 만물을 향해 인간이 견지해야 할 인자한 마음을 늘 점검할 것을 강조하고 있는 것이다. 유사한 맥락에서 『맹자』에서는 "촘촘한 그물을 웅덩이와 연못에 넣지 않으면 고기와 자라를 이루 다 먹을 수 없으며, 도끼를 알맞은 때에 산림에 들여놓으면 재목을 이루 다 쓸

호의존적혹은 상보적 관계를 형성하고 있다고 보는 것이다.[27] 터커Mary Evelyn Tucker와 버스롱John Berthrong은 인간과 자연의 유기적 관계성을 중시하는 세계관을 '유기체적인 전체론'이라고 규정한다. 유기체적인 전체론은 "우주를 분리된 기계적 부분들이 아닌 하나의 거대한 통전적 단위로 본다. 유교는 자연이 통일되고 서로 연결되어 있으며 서로 스며들면서 소우주와 대우주를 연결하는 것으로 여긴다."[28] 인간론적으로 말한다면, 인간은 '관계적 전체'로서의 자연 안에 있으며 인간 생명을 보존·증진하는 토대는 바로 '자연의 역동' rhythms of nature이라는 것이다.[29]

『주역』의 생명 이해의 근본은 무엇인가? 이를 밝히는 데 있어 우선적으로 성찰해 보아야 할 문장이 있다. "천지의 큰 덕은 만물을 살리는 것이[다]."[30] 또한 "살리고 살리는 것을 역易이라 [한다]生生之謂易."[31] 이 문장들에서 우리는 『주역』이 말하는 생명의 원리를 '생생'生生으로 정리할 수 있다. 생명이 있고, 그 생명은 본질적으로 생명을 계속해서 창출해 낸다. 생명이 생명을 낳고 그 생명들은 유기체적 연속성 안에 존

수 없을 것"이라고 하였다 [양혜왕장구상(梁惠王章句上) 제3장, 이기동 역해, 『맹자강설』(서울: 성균관대학교출판부, 2016), 34]. 물속 생명체와 숲속의 나무를 인간 생존을 위해 사용할 수 있지만 그러한 효용성에 대한 고려와 더불어, 인간은 자연의 다른 생명들과 함께 이루어가는 생명세계(혹은 생태계)의 유기체적 공존과 발전적 변화를 고려해야 한다는 가르침을 주고 있는 것이다. 다른 생명들과 공존하고 또 일부로서 참여하고 있는 생명세계를 유기체적 전체의 틀 안에서 바라볼 줄 아는 안목을 갖는 것은 인간이 추구해야 할 유교의 도덕적 이상이라고 할 것이다. 이런 맥락에서 후앙(Yong Huang)은 유교의 틀 안에서 생태적으로 덕스러운 사람은 만물을 돌볼 줄 아는 행위자라는 점을 밝히는데, 그렇게 하는 까닭은 만물이 가지는 내재적 가치에 대한 인식과 인정에 있는 것이 아니라 만물과 행위자의 존재론적 연관에 있기 때문이라는 것이다 [Yong Huang, "Confucianism: Confucian Environmental Virtue Ethics," in *Routledge Handbook of Religion and Ecology*, ed. by Willis Jenkins, Mary Evelyn Tucker, and John Grim (New York: Routledge, 2017), 58].

27 최영갑, "유가의 환경생명에 대한 이해," 『유교사상문화연구』 25 (2006), 314.

28 Mary Evelyn Tucker and John Berthrong, "Introduction: Setting and Context," in *Confucianism and Ecology: The Interrelation on Heaven, Earth, and Humans*, eds. Mary Evelyn Tucker and John Berthrong, 오정선 역, "들어가는 말," 『유학사상과 생태학』(서울: 예문서원, 2020), 44.

29 John Grim and Mary Evelyn Tucker, *Ecology and Religion* (Washington, D.C.: Island Press, 2014), 121.

30 계사전하(繫辭傳下) 제1장, 이기동 역해, 『주역강설』(서울: 성균관대학교출판부, 2015), 938.

31 계사전상(繫辭傳上) 제5장, 이기동 역해, 『주역강설』, 874.

재한다. 이처럼 생명과 생명의 지속적 창출의 역동 그리고 생명들 사이의 유기체적 공존은 결국 천지만물의 변화를 내포하는데, 『주역』의 생명관은 이러한 변화에 대한 관심을 중시한다.

생생은 어떻게 현실화되는가? 원초적 생명은 무엇이며, 생명이 생명을 창출하는 작용은 어떻게 이루어지는 것인가? 먼저 천지의 존재와 생명창출의 지위에 주목해야 한다. 천지혹은 건곤는 생명의 원천으로서 생명들을 낳는 근본적 주체가 되는 것이다. 생생의 시원으로서의 천지로부터 살아있는 존재들의 생명 생성이 연속적으로 이루어진다. "천지가 있은 연후에 만물이 생하니 천지 사이에 가득한 것이 오직 만물이다. 그러므로 둔屯으로 이어받았다. 둔屯이란 가득 찬 것이다. 둔屯이란 만물이 처음 생긴 것이다. 만물이 생기면 반드시 어리기 때문에 몽蒙으로 이어받았다. 몽蒙이란 어린 것이니 만물이 어린 것이다. 만물이 어리면 기르지 않을 수 없다. 따라서 수需로 이어받았다."[32]

우주 생명의 원천으로서의 천지의 존재론적 지위를 확인하였는데, 이제 생명창출의 원리를 좀 더 구체적으로 살필 필요가 있겠다. 이 지점에서 주목할 것이 바로 음양 사상이다. 개체생명의 창출은 생명요소들의 상호작용을 통해 이루어지는데, 널리 알려진 대로 음의 요소와 양의 요소의 상호작용이 바로 그것이다. 『주역』에서는 생명 형성과 발전의 요소들의 관계를 대립이나 투쟁 혹은 양자택일의 관계로 보지 않고 이들의 관계의 핵심을 공존과 조화 그리고 조화로운 상생을 통한 생명의 영속적 변화로 본다.[33] "음陰이 되었다가 양陽이 되었다가 하는 것

32 서괘전(序卦傳)상편(上篇), 이기동 역해, 『주역강설』, 1020.
33 김병환, "儒家의 生命觀 - 生生, 만물일체와 '살림'의 생명론," 『유가사상문화연구』 22 (2005), 316.

을 도道라고 한다."[34] 음과 양으로 말한다면, 음만으로 혹은 양만으로 되는 것이 아니라 음과 양이 함께 작용함을 통해 생명이 생성되는 것이다. 여기서 우리는 양 없이 음 없고 음 없이 양이 없는 방식 곧 음과 양이 본래적으로 긴밀하게 공존함을 통해서만 지속적인 생명의 창출이 있게 된다는 생생과 변화의 원리를 탐지할 수 있는 것이다.

한 번 음하고 한 번 양하는 것이 도道인 바, 일음일양의 생명 운동은 본질상 순환운동이라는 것이 『주역』의 이해이다. 이 순환은 영속적이다. "그 도를 반복하여 7일이 되어 돌아오는 것은 하늘의 운행이다. 가는 바가 있으면 이롭다는 것은 굳센 것이 자라나기 때문이다. 만물이 돌아오는 것에서 천지의 마음을 볼 수 있다."[35] 이러한 '순환운동'론에 대한 김병환의 풀이가 유익하다.

> 다른 말로 하면 생명활동과 연결되어 있는 자연계의 운동은 음양으로 대변되는 두 축의 극점을 기준으로 왕복 순환한다는 것이다. 양적인 것이 소멸해 들어가면 음적인 것이 그 자리의 뒤를 이어 생성 활동하게 된다. 또 이 생성 활동을 음양 어느 한쪽이 일방적으로 주도하는 것이 아니라 음양의 동시성이 강조된다. 이런 생명의 쉼 없는 왕복 순환운동을 자연사나 인간사에 적용시키면 무엇이나 극단에 이르게 되면 그 극점에 머무는 것이 아니라 反(돌아감)운동에 의하여

34 계사전상(繫辭傳上) 제5장, 이기동 역해, 『주역강설』, 871. 이기동의 강설을 참고할 만하다. "하늘의 작용은 만물에 생명을 부여하고 살리는 작용이다. 그 작용은 음과 양의 순환으로 나타난다. 즉 밤이었다가 낮이 되고, 여름이었다가 겨울이 되는 등의 과정을 순환하는 것이다. 생명을 부여하고 살리는 하늘의 작용을 이어받아, 생명이 만들어지고 성숙하는 과정을 선善이라 한다. 그리고 성장이 결실을 이루어 그 생명체에 내재하게 된 천도天道를 성性이라 한다. 예컨대, 씨앗에서 싹이 터서 성장하는 과정을 선善이라 한다면, 다 자란 뒤 결실을 하고 그 씨앗에 다시 천도가 내재하게 된 상태를 성性이라 할 수 있다" [이기동 역해, 『주역강설』, 872].

35 지뢰복(地雷復), 이기동 역해, 『주역강설』, 365.

반대쪽으로 운동하게 된다는 易理를 깨달을 수 있다.[36]

2. 자연 생명과 인문 생명의 관계성

『주역』의 생명 이해에서 또 한 가지 주목해야 할 주제는 '자연 생명'과 '인문 생명'[37]의 연속성의 문제이다. 자연 생명의 목적론적 지향이 있다면 그것은 도덕성의 완숙을 핵심적인 목적으로 내포하는 인문 생명의 창출이라는 것이다. 인문 생명이 자연 생명의 목적론적 지향이라면, 자연 생명 안에는 도덕적 생명의 창출을 위한 씨앗이 이미 주어져 있다고 볼 수 있다.

> 음陰이 되었다가 양陽이 되었다가 하는 것을 도道라고 한다. 도道를 이어받아 그 작용을 계속하는 것이 선善이고, 도道를 이어받아 이룬 상태가 성性이다. 어진 사람은 그것을 보고 어질다고 하고, 지혜로운 사람은 그것을 보고 지혜롭다고 하는데, 일반 사람들은 매일 매일 도道를 쓰면서도 그것이 무엇인지 알지 못한다. 그러므로 군자의 도가 행해지는 일이 드물다.[38]

앞에서 본 대로, 『주역』의 생명관의 기본 원리는 생생이며 이 생생의 원리는 생명이 생명을 낳는 변화 곧 지속적인 생명창출 그리고 그

36 김병환, "儒家의 生命觀 - 生生, 만물일체와 '살림'의 생명론," 317.

37 인문 생명은 기본적으로 타자를 이롭게 하고 생명을 살리는 등의 도덕적 삶을 본질로 하는 생명을 가리킨다. 위의 논문, 318-22.

38 계사전상(繫辭傳上) 제5장, 이기동 역해, 『주역강설』, 871.

것과 연관된 우주 생명의 발전적 변화에 있다고 한다면, 이 문장은 그러한 생명의 원리와 작용을 도덕적으로 혹은 규범적으로 규정하는 중요한 실마리를 제시해 준다고 볼 수 있다. 일음일양의 생명창출의 역동은 결국 도를 이루는 것 곧 도덕적 선을 수행하는 것으로 이어진다. 군자는 누구이고 성인은 누구인가? 도덕적 탁월성에 도달한 이들로서 군자와 성인은 바로 생명을 창출하고 또 증진하는 행위와 삶을 구현하는 사람이라는 의미에서 도를 이룬 사람 곧 도덕적 선을 완수한 사람인 것이다. 다시 말해, 생명을 창출하는 것보다 더 큰 도덕적 선은 없으며 군자와 성인은 바로 이 최고의 선을 구현해 낸 생명창출의 주체인 것이다.[39]

여기서 우리는 『주역』이 자연 생명과 인문 생명을 통전적으로 보고 있다는 점을 추론할 수 있다. 생생이나 일음일양의 생명창출의 자연법적 원리 그리고 덕성이나 도덕적 가치 등과 같은 윤리적 원리를 연결해서 보고 있다는 것이다. 자연을 물리적 기제로만 보지 않고, 도덕적 관점을 가지고 규범적으로 혹은 가치론적으로 이해하는 것이다. 인간 생명을 포함하여 우주 혹은 자연세계에 존재하는 모든 생명들에게 덕의 씨앗으로서의 인과 의의 씨앗이 본래적으로 주어졌는데, 생명이 자란다는 것 곧 생명이 발전적으로 변화한다는 것은 바로 이 덕의 씨앗을 틔우고 가꾸고 열매 맺게 하는 것이다. "대저 대인은 천지와 그 덕을 함께 하고 일월과 그 밝음을 함께 하며 사시와 그 순서를 함께 하고 … 하늘보다 먼저 할 경우에는 하늘이 그를 어기지 아니하며, 하늘보다 늦게 할 경

39 테일러(Rodney L. Taylor)는 투(Wei-ming Tu)의 '도덕적 생태학' 개념에 주목하는데, 이 개념은 "우주에서 세계와 인간 사이의 상호작용이 필수적이라는 점을 암시[하며, 이 개념에 따르면] 인간은 우주 자체의 최고 도덕성을 반영하는 구체화된 존재 혹은 인간의 행위 속에서 일상적으로 분명하게 나타나지 않는다 할지라도 적어도 도덕성이 무엇인가를 반영하는 존재이다" [Rodney L. Taylor, "Companionship with the World: Roots and Branches of a Confucian Ecology," in *Confucianism and Ecology: The Interrelation on Heaven, Earth, and Humans*, eds. Mary Evelyn Tucker and John Berthrong, 오정선 역, "세계와 교제함: 유교 생태학의 뿌리와 가지," 『유학사상과 생태학』, 108].

우에는 하늘의 운행 상황을 받든다. 하늘도 어기지 아니하는데 하물며 사람에 있어서랴."[40] 그러므로 『주역』에서 생명의 궁극적 목적이란 인문 생명 혹은 도덕 생명의 완숙에 이르는 것이다.

『주역』의 생명관에 영향을 받은 신유학자들 곧 주돈이나 주희 같은 이들은 『주역』의 생생의 원리를 발전적으로 전개한다. 특히 인간을 포함하여 모든 우주의 생명들을 하나의 전체로 보는 일체론적 생명관을 발전시킨다. 천지가 개별 생명들을 낳고 자라게 하는 것에 상응하여, 인간은 주어진 도덕의 씨앗을 키움을 통해 곧 인의 씨앗을 배양하고 자라게 함을 통해 타자의 생명을 존중하고 돌보아 살려내는 삶을 살게 된다는 이론을 전개한다.[41] 여기서 생생의 원리는 인간의 도덕적 삶에서 타자의 생명을 존중하고 그 생명 안에 주어진 덕의 씨앗을 싹틔우고 자랄 수 있도록 적극적으로 협력하며 전체로서의 생명세계를 더욱 풍성한 생명의 공동체로 변화시키는 데 이바지하는 것이다. "이른바 마음의 덕이란 정자가 '곡식의 씨앗'으로 설명한 것이다. 이른바 사랑의 이치란 곧 인을 말하는데, 아직 피어나지 않은 사랑을 말한다. 사랑은

40 중천건(重天乾), 이기동 역해, 『주역강설』, 92. 이기동의 강설을 들어보자. "인격이 완성되면 개인적인 욕심이 소멸되고 본성대로 살 수 있게 된다. 본성은 바로 하늘의 작용 그 자체이기 때문에 인격이 완성된 사람은 하늘의 작용을 실천하는 사람이다. 인격이 완성된 '자기'라는 의식이 없다. 그의 움직임은 자연현상이다. 그가 아침에 일어나는 것도 자연현상이며 태양이 솟아오르는 것도 자연현상이다. 자연현상은 두 가지가 아니라 하나이다. 따라서 인격이 완성된 사람의 삶의 모습은 태양의 솟아오르는 것과 같[다]. … 천지의 작용과 합일되었기 때문이다" [이기동 역해, 『주역강설』, 93].

41 아들러(Joseph A. Adler)는 신유학(신유교)의 생태윤리의 핵심을 자연 생명과 인문 생명의 연관의 관점에서 서술한다. "진실한 자아는 환경에 대한 창조적 반응으로 그 자체를 양육함으로써 명백하게 드러낸다. 성을 이룬 사람은 본래 타고난 본성과 도덕적 본성을 자연적/도덕적 질서에 현실화함으로써 완전하게 드러낸다. 그것은 창조성, 생명, 그리고 성장의 원리를 포함한다. 사람은 천지인 합일을 이룸으로써 자신을 완성한다. 그러므로 양육, 자연 환경에 대한 도덕적 반응은 신유교의 용어로 말하면 진실한 혹은 진정한 인간의 삶을 묘사하는 필수적인 표현이다" [Joseph A. Adler, "Response and Responsibility: Chou Tun-i and Confucian Resources of Environmental Ethics," in *Confucianism and Ecology: The Interrelation on Heaven, Earth, and Humans*, eds. Mary Evelyn Tucker and John Berthrong, 오정선 역, "반응과 책임: 환경윤리를 위한 주돈이와 유교의 자료들," 『유학사상과 생태학』, 227].

이미 피어난 인일 따름이다."[42] 자기 생명을 가꾸는 데서 머물지 않고 타자의 생명 그리고 자아와 타자들로 구성된 생명 공동체가 풍성한 생명을 확보하고 누릴 수 있도록 이타적 인의 실천을 마다하지 않는 삶의 지향을 강조하고 있는 것이다.

김병환은 일체론적 생명 이해를 '살림'을 구현하는 덕으로서의 '인'의 관점에서 풀이한다. "인은 천지의 만물을 낳는 마음이요 사람이 이를 받아서 자기의 마음으로 삼는 것이니, 인은 모든 덕을 포함한다. 이렇게 되면 인은 '살림'의 원리가 된다. 이는 곧 생기로써 인을 설명하는 것이며, 동시에 인간의 덕성인 인을 생생으로 해석하는 것이다. 그런데 여기서 생기 혹은 생생은 단순히 생명을 낳거나 생성시키는데 그치지 않고 생명을 살리고 완성시킨다는 적극적 의미의 '살림'이라는 뜻을 포함한다."[43] 만물은 천지로부터 생겨나며 천지는 만물을 보살피고 자라게 하는데, 여기서 천지의 마음은 모든 생명을 살리고자 하는 인간의 마음과 일치를 이루며 이 일치의 구현을 통하여 인간은 자연의 생명들을 살리는 인의 덕을 구현하고 온전한 인인仁人이 되는 것이다.[44]

42 『朱子大全』 卷50, 김병환, "儒家의 生命觀 - 生生, 만물일체와 '살림'의 생명론," 330에서 재인용.
43 김병환, "儒家의 生命觀 - 生生, 만물일체와 '살림'의 생명론," 331.
44 위의 논문.

Ⅲ. 서남동

1. 서남동의 생명 이해

1) 생명에 대한 기본 이해

서남동은 기본적으로 인간을 포함한 자연세계를 '생명의 그물망' 곧 생태계로 이해하는데, 이러한 이해의 근저에는 인간과 다른 생명체들로 구성되는 생명세계를 전체로서의 하나의 유기체로 보는 관점이 자리 잡고 있다. 다만 유기체라 할 때, 단순히 전체를 부분들의 합으로 보는 기계론적 견해를 뜻하는 것은 아니다. 오히려 생태계로서의 생명세계는 성장한다. 무언가 목적을 향해 지속적으로 성장한다는 의미에서 목적론적이다. 하나의 유기체로서 생태계는 세 가지 영역으로 구성되고 이 영역들은 연속체로 존재한다고 보는데, 곧 물질, 생명, 정신 등의 영역이다. 이 세 영역을 연속체로 보는 관점과 더불어, 목적론적 발전의 단계로도 본다. '물질과 생명과 정신'에 상응하여, 목적론적 진화혹은 변화의 관점에서 '우주적 진화,' '생물적 진화' 그리고 '문화적 진화'로 이해하는 것이다.[45] 자연을 유기체적으로 이해할 때, 또 한 가지 중요한

45 서남동, "자연에 관한 신학," 『신학논단』 11 (1972), 91. 물질과 생명과 정신의 연계는 서남동의 전인적 구원 이해와도 연동된다는 점을 밝혀 두어야 하겠다. "사람이 그의 몸과 영혼, 물질과 정신을 격리 소외시키게 된 것은 그가 생물학적인 존재라는 것을 망각한 데서 생겨진 것이라고 할 수 있다. 물질과 정신 사이에 생물-생물학적인 생명이 있다. 생물학은 물질과 정신의 간격에 다시 다리를 놓고 있다. 그리고 생물학적인 견해에 의하면 자연과 역사는 진전(進展)적인 발전으로 연결되었다" [서남동, "생태학적 신학 서설," 죽재 서남동 목사 유고집 편집위원회 편, 『서남동 신학의 이삭줍기』(서울: 대한기독교서회, 1999), 439].

함의가 있다고 서남동은 말한다. 그것은 부분과 전체의 관계성에 관한 것이다. "부분의 총화가 곧 전체인 것은 아니다. '전체'는 그 부분으로 환원되는 것이 아니다. 완전한, 완성된 '전체'에는 돌연히 그 부분에서는 볼 수 없었던 것이 나타난다. 원자 백만 개 정도가 한 세균을 형성할 때 그 세균에는, 원자 속에 없었던 것이 나타난다. 세포 몇 억 개가 한 유기체를 형성할 때도 마찬가지다."[46] 요컨대, 유기체로서의 자연 생명은 유목적적이고 총체적holistic이며, 이것은 그야말로 '살아 있는 무엇'이다.[47]

이제 생명에 대한 서남동의 이해를 살펴보자. 서남동의 '생물'에 대한 논구가 이를 위해 유익하다. 모든 생물의 기초적인 생명요소로 서남동은 심소心素를 말하는데, 이는 생명이 갖는 '내면성, 감수성, 느낌' 등을 가리킨다. 이 심소는 모든 생물 곧 단세포 생물인 아메바에서 식물과 동물에 이르기까지 모두에게서 발견된다. 심소를 보유한 생물은 물질의 화학적인 작용을 통해 발생한 것이기에, 물질 속에도 이 심소의 요소가 내재되어 있다고 보는 것이 타당하다고 서남동은 생각하는데 물질 속에 있는 이 요소를 물질의 내재적 충동nisus이라고 일컫는다.[48]

또한 '생명의 진화과정의 임계점'에서 정신을 보유한 인간이 발생하여 나타난 것이라면, 모든 생물 안에 인간이 인간 되게 하는 정신적 요소 혹은 '배자적인 정신'이 내재되어 있다고 보는 것이 타당하다고 서남동은 주장한다. 더 나아가 인간은 감각적 지각능력뿐 아니라 초감각적 지각능력을 보유하고 있다는 점을 밝히면서, 이제 심소, 배자적

46 위의 논문.
47 위의 논문, 91-92.
48 위의 논문, 92.

인 정신, 초감각적 지각능력 등의 생명요소를 생명들의 연속성이라는 관점에서 어떻게 유기체적으로 이해할 것인지에 대해 묻는다. 이 물음에 대해 서남동은 모든 존재는 사건적 실재 곧 실체actual entities이며 모든 실체는 물질과 정신의 양극을 보유한다고 본 화이트헤드Alfred North Whitehead의 이해 그리고 우주의 모든 존재들은 내면기구와 외면기구로 구성되었다고 본 떼이야르 드 샤르댕Pierre Teilhard de Chardin의 이해에 터하여, "모든 존재는 그 내면성, 마음에 해당한 것이 있다."는 점을 추론한다. 그리하여 서남동은 "인간 이외의 존재와 신비적인 참여를 하게 되는 바탕은 여기에 있는 것 같고, 인간 이외의 모든 존재의 본구적 가치를 인정해야 하는 근거도 여기에 있는 것 같다."고 주장한다.[49] 인간에게만 마음이나 느낌이 있는 것이 아니며, 생명세계에 존재하는 모든 실체들도 마음과 느낌을 보유한다는 것이다. 그러므로 이 세계의 모든 것이 '살아 있는 무엇' 곧 생명이 된다. 이러한 새로운 관점을 갖는 것이 생태계의 위기를 극복하는 근본적인 해결책이 될 것인데, 특히 인간이 '인간중심주의'의 굴레로부터 해방되는 계기가 될 것이라고 서남동은 강조한다.[50]

2) 자연과 신神의 관계성 이해

자연과 생명에 대한 이해를 밝히고 서남동은 기독교의 신론적 논의의 맥락에서 자연과 신의 관계성에 대해 논한다. 맥쿼리John Macquarrie의 신과 세계의 관계성 유형 곧 유기체적 유형organic model과 군주적 유형

49 위의 논문.
50 위의 논문, 93.

monarchical model을 소개하면서, 전자의 관점이 오늘날 생태 신학과 윤리를 전개하는 데 필요한 접근이라는 평가를 내린다. 군주적 유형이 신과 자연의 관계를 지배와 섭리의 관점에서 이해·해명하는 방향을 강화할 수밖에 없다는 점을 밝힌다. 기독교 유신론을 부정하고 범신론적 접근을 취하라는 것이 아님을 분명히 하면서, 서남동은 "이 시대에는 신적 존재는 범신론적인 이해의 방향에서 보다 더 힘있게 체험할 수 있는 것 같다."고 제안한다.[51]

유기체적 유형에서 신은 계속해서 창조하시는데, 이 세계 가운데 있는 악과 지속적으로 투쟁하고 또 악을 극복하면서 새로운 창조의 결과를 산출하는 분이다. 특별히 이러한 신론적 이해는 자연을 좀 더 긍정적으로 인식하는 데 유익하다. "피조물은 신이 그 자유의지로 창작 완료해서 제조일시를 찍고 그것이 인간의 관리에 맡겨진 재산목록이 아니라, 지금도 진행 중인 신의 활동이라고 볼 때, 자연은 그대로 예전적인 것이 된다."[52] 아울러 "기독교 신앙에서 보는 '신의 창조'는 완료되어서 인간에게 맡겨졌다고 생각하는 것보다도, 지금도 계속해서 신은 창조하시기에 자연과 우주는 진화하고 있다."고 보는 것이 생태적 위기 앞에서 기독교가 마땅히 취해야 할 입장이 아닌가 하는 화이트Lynn White Jr.의 제안을 적극적으로 수용하면서, 유목적적인 '발전하는 우주' 이해와 '몸과 마음'의 관계 유비로서의 신-자연 관계성 이해를 전개한다. "우리가 아는 우주는 그 외곽에 또 무엇이 있는 것도 아니고, 또 외곽이 있는 것도 아닌데도 한정된 우주다. 그러면서도 그것은 목적지향적인 "발전하는 우주"라고 한다. 그리고 또 그것은 하나의 유기체라고 보여

51 위의 논문, 94.
52 위의 논문.

지며 그 "내면기구", "정신적 극", "느낌"을 가지고 있다고 말할 수밖에 없는 것 같다. 우리가 아는 신은 이런 우주에 덧셈加算되는 무엇이 아니다. 우주에 신을 가산한다고 해서 우주의 중량이나 부피가 증가하는 것은 아니다. 그렇다면 우주와 신의 관계를 이해하는 우리가 알 수 있는 가장 좋은 은유는 "몸과 마음" 혹은 "몸과 그 사람"의 관계라고 하겠다. 이것은 다분히 범신론적 신이해 같이 들린다. 그러나 반드시 그렇지만은 않다. 몸이 곧 마음인 것은 아니다. 마음이 몸의 주인이라고 우리는 생각한다. 마음은 몸 안에 있다고 생각되기도 하지만, 그 몸을 초월하는 것이 마음이다."[53] 여기서 서남동은 인간과 자연, 이 둘만이 아니라 신과 인간과 자연이 하나의 생태계로서 유기체적 전체를 이룬다는 점을 밝힌다. 서남동은 이러한 유기체적 통전성을 유비적으로 표현하는데, 그에 따르면 "신은 우주의 마음이고 우주는 신의 몸"과 같다.[54]

2. 생태학적 윤리의 모색

1) 통전적 생태 인식

서남동은 기독교의 생태학적 인식에 대한 철저한 재고가 필요하다는 점을 지적하면서, 동양종교로부터 배울 것, 동방교회의 신학과 종합을 시도할 것, 현대과학의 발견과 통합할 것, 그리고 성서에 대한 생

53 위의 논문, 94-95.

54 위의 논문, 95. 서남동은 현상과 존재를 구분하며, 자연과 신의 존재론적 유비를 말한다. "과학의 법칙이 자연을 창조한 것이 아니다. … 자연의 현상은 법칙을 말하지만 자연의 존재는 신을 가리킨다" [서남동, "신의 존재에 대한 자연신학," 『서남동 신학의 이삭줍기』, 429].

태적 재해석을 모색할 것을 요청한다. 먼저 동양종교이다. 동양종교 전통은 '인간과 자연과의 유기적인 관계'나 '우주와 인간의 일체감'을 강조해 왔다는 점을 밝히면서, 서남동은 "동양종교의 범신론적 경향과 고대종교의 물활론Animism적인 견해를 기독교는 재고하는 기회를 가져야 할 것"이라고 제안한다.[55]

다음으로 동방교회의 신학이다. 서방교회와 달리, 동방교회의 신학은 자연을 '신의 얼굴의 성상'으로 이해하는데 이러한 신학적 이해에 근거하여 동방교회의 신자들은 자연을 안식처로 받아들인다는 점, 성만찬의 경우도 동방교회는 그 성례전 전체를 '극적 재연'으로 이해했다는 점 등을 들면서, "이러한 自然觀[자연관], 禮奠觀[예전관]이 東方教會[동방교회]로 하여금 汎禮奠主義[범예전주의]Pansacramentalism를 취하게 하였다."고 평가한다.[56] 그러면서 서남동은 동방교회의 신학이 기독교가 생태계 위기 극복의 근본적인 길로서의 자연과의 화해의 가능성을 모색하는 데 매우 중요한 기여를 할 수 있을 것이라고 강조한다.[57]

또한 과학의 새로운 발견들과의 통전에 대해 논한다. 특별히 과학이 자연과 생물혹은 생명을 어떻게 이해하는지에 대해 초점을 두고 논의를 전개한다. 서남동의 생명 이해는 과학의 발견에 크게 의존하고 있음을 알 수 있다. 앞에서 본 대로, 과학적 지식과 관점을 존중하면서 서남동은 인간뿐 아니라 모든 실체적 존재들은 마음과 느낌을 보유하며 이 점에서 인간과 생명세계의 다른 모든 실체들은 존재론적으로 동등하다는 인식을 드러내는데, 이러한 인식이야말로 생태계 위기를 극복하기

55 서남동, "생태학적 윤리를 지향하여," 『기독교사상』 16-5 (1972), 134.

56 위의 논문, 135.

57 위의 논문.

위해 견지해야 할 결정적 관점이 될 것이라고 역설한다.[58]

마지막으로 성서를 생태학적 관점에서 새롭게 해석하고자 한다. 서남동은 성서를 인간중심적 관점보다는 하나님의 세계내재에 초점을 두는 생태적 관점에서 새롭게 읽고자 시도한다. 특히 창세기 1장, 시편 104편, 창세기 9장 4절, 호세아 4장 1-5절, 로마서 8장 18-26절 등을 주목한다. 창조주 하나님과 피조된 세계 사이의 차이나 구분을 확대재생산하는 읽기보다는 세계 안에 계시고 세계와 더불어 고통하시는 한편 또 즐거워하시면서 구원을 완성해 가시는 하나님 그리고 하나님과 세계의 사귐에 방점을 두고 성서를 읽고자 하는 것이다.[59]

2) 민중신학적 전개

허호익에 따르면, 서남동의 생태신학의 독특성은 민중신학과의 연계성에 있다. 생태신학과 민중신학의 통전을 두드러지게 전개하고 있다는 것이다. 생태적 위기와 민중의 고난의 문제를 연결하고 또 민중신학적 구원론과 전통적 구속론을 융합하면서, 생태신학과 민중신학의 융합의 토대를 마련한다.[60] 환경오염 등 생태계 위기의 현실이 선진국에서 개발도상국으로 '전가'되고 있으며 선진국을 포함하여 부유한 이

58 위의 논문, 135-36.

59 위의 논문, 137-41. 성서해석의 생태적 전환에 대한 서남동의 강조는 형이상학적 신관에 대한 비평적 성찰과 연관이 있다고 볼 수 있다. "지금까지 우리는 형이상학적으로 신을 생각해 왔다. 신의 존재와 신의 본성(Nature)을 구분하고, 또 그랬기 때문에 신의 존재를 어떤 형이상학적인 공간에 설정해 놓고, 그것을 신의 초월이라 오인하고, 그 다음에 신은 어떠한 분이라고 - 사상이니 신성이니 하는 일반적인 개념 - 가장 훌륭한 이념들을 열거하여 그것들을 신의 본성이라고 규정했다. 그랬기에 또 그것은 그것대로 사변적인 신학에 시종(始終)하고 말았다. … 먼저 신이 존재하고 그 다음에 신적 계시가 뒤따르는 것이 아니라, 성서적인 관점에 의하면, 신은 그 계시의 행위적인 존재라는 말이다" [서남동, "한국교회의 신학적 비전,"『서남동 신학의 이삭줍기』, 109].

60 허호익, "죽재 서남동의 통전적 자연신학,"『한국기독교신학논총』 9-1 (1992), 196-201.

들이 사는 지역보다 가난한 이들이 사는 지역이 생태환경 위기로부터 오는 고통을 더욱 크게 받는다는 점을 지적하면서, 서남동은 생태적 차원에서 사회적 약자들이 정치적·경제적 기득권자들에게 '희생(의 제물)'이 되고 있다고 주장한다.[61] 다만 이러한 희생(의 제물)됨의 의미를 신학적으로 재해석하면서, 새로운 정치사회적·역사적 질서를 위한 변혁적 희생의 의미를 제안한다. "고문당한 자와 살육되는 자는 더욱 직접적인 '속죄 양'이다. 매양 새 질서의 출현을 위해서는 속죄양의 희생이 필요하다. 구질서의 죄가 메워지고 구시대의 악을 흡수하게 하는 속죄양이 있어야 한다. 그래야 새 질서를 담당하는 자들이 선별된다. 그리고 그 속죄양을 망각의 광야로 추방해 버리는 것이다."[62]

여기서 서남동은 다양한 양태로 드러나고 있는 생명세계의 파괴의 현실을 온몸으로 받아 고통하고 있는 인간과 동료 생명들, 6·25라는 동족상잔의 비극, 세계대전들로 극단의 고통에 내몰린 세계의 동료 시민들 그리고 불의한 구조와 제도의 폭력으로 인해 극단의 고통과 죽음으로 희생당한 이웃들이 살아가는 세계 곧 '생명이 유린당하는 세계'를 살리시는 예수 그리스도의 구원의 의미를 '통전적으로' 제시하고 있

61 서남동, "세계의 생명과 그리스도," 죽재서남동기념사업회 편, 『민중신학의 탐구』(서울: 동연, 2018), 448.

62 위의 논문, 449. 이 지점에서 서남동은 타이센(Gerd Theissen)의 속죄양됨에 대한 정치사회적 해석을 중요하게 참고하면서 민중신학의 생태적 전개를 위한 신학적 단초를 모색한다. "'예수운동'이 당시의 사회적 모순과 위기를 해소시키려고 시도했다는 것은 다름이 아니라, 그 사회적 모순에 의해서 살해된 예수는 자기 자신 속에 모든 모순을 흡수해버리는 속죄양이라는, 그리스도론적 상징으로 승화시켰다는 것이다. 여기서는 모든 죄악을 짊어진 속죄양을 망각의 광야로 추방해 버리는 것이 아니라 그를 속죄의 메시아로 내걸고 계속해서 자기네(예수운동의 집단 곧 처음교회)를 그 속죄양과 연대하며 동일시했다는 것이다. 그래서 희생된 제물이 도리어 사제의 자리에 서게 되고 피고가 관사가 되고 무력한 자가 세계의 주권자가 되고 배척·추방된 자가 공동체의 중심이 된다. 그러한 속죄양과의 계속적인 자기동일화는 실로 엄청난 것이고 놀라운 것이고 무류한 것이라고 타이센은 관찰한다. 이렇게 해서 예수의 삶은, 죽임을 그 안에 흡수해버리는 삶 - 죽임을 흡수한 삶이기 때문에 부활의 삶이다. 죽임의 흡수는 속죄양이 됨으로써만 되어지는 것이다. 이런 의미에서 예수 그리스도는 세계의 생명인 것이다. 참 생명은 세상의 죽임(불의)을 흡수해 버리는 생명이다" [위의 논문, 450].

다고 허호익은 풀이한다.[63] "자연의 죽음과 인간의 죽음을 한 생명의 시듦과 죽임으로 파악한 것이다. 비로소 민중신학에 함축되어 있는 '정의·평화'라는 주제와 생태학적 신학에 내재되어 있는 '창조질서의 보전'이라는 주제가 하나로 통전되어 제시된 것이다."[64]

다만 속죄양됨을 통한 새로운 질서의 도래라는 관점에서 사회적 약자 혹은 민중의 희생과 죽음은 피해와 고통에 대한 수동적 수용에 머무는 것이 아니라 그러한 질서의 실현과 발전적 전개의 주체로서의 능동적인 책임적 응답도 내포한다는 점을 밝혀 두어야 하겠다. 민중이 생태계의 위기를 극복하고 더욱 풍성한 생명세계로 변화시키는 데 있어 적극적이며 유효한 주체가 된다는 말이다. 무엇보다도 생태계 위기의 여러 원인들을 파악하고 그 원인들에 대해 적절하게 대응함으로써 새로운 질서의 주체로서의 책임을 수행할 것인데, 개인적 차원뿐 아니라 정치경제적·체제적·구조적 차원에 대해서도 주목한다는 점에서 민중신학적 해방의 중점을 탐지할 수 있다. 김경재는 서남동의 생태윤리에 대해 평가하면서, 생태 복원과 증진을 위한 윤리적 응답과 민중신학의 해방 실천의 상관성에 주목한다. "민중신학적 관점에서 볼 때, 신자유주의적 경제체제의 전 지구적 확산이 생태학적 재앙의 제1차적 희생자들이 지구촌의 '민중들'이라는" 인식 그리고 생태적 관점에서의 새로운 질서를 위해 민중이 선도적으로 또 적극적으로 실천해야 한다는 인식은 서남동에게 고유한 것임을 김경재는 분명히 한다.[65] 특별히 후자의 관점에서 정치사회적·구조적 접근의 필요성을 강조하는데, "생태윤리

63 허호익, "죽재 서남동의 통전적 자연신학," 200.

64 위의 논문.

65 김경재, "서남동의 생태학적 윤리에 대한 소고," 죽재서남동기념사업회 편, 『서남동과 오늘의 민중신학』 (서울: 동연, 2009), 47.

학적 실천이 정치사회적 변동과 비폭력적 투쟁을 동반하지 않으면 지극히 어려운 일"이 될 것이라는 점을 밝힌다.[66] 요컨대, 서남동은 민중신학과 생태신학이 본질적으로 또 역사적으로 도무지 떼어낼 수 없는 긴밀한 연관관계로 이어져 있음을 역설하고 있는데, "생태학적 신학에서 민중신학으로 중심 이동한 서남동에게서 다시금 이 양자가 통전되어 나타나[고]" 있는 것이다.[67]

IV. 비교와 종합적 평가 및 공동의 기반 모색

1. 비교와 평가

1) 생명의 이해

앞에서 살핀 대로, 슈바이처는 생명의 본질을 의지 곧 살려는 의지에서 찾는다. 이 의지는 인간의 생명을 규정하는 요소일 뿐 아니라 다

66 위의 논문.

67 허호익, "죽재 서남동의 통전적 자연신학," 201. 아울러 김희헌은 서남동의 민중신학과 생태신학의 연계를 전통신학의 이원론적 입장 곧 하나님과 세계 그리고 인간과 세계의 이분법적 분리를 정상적인 것으로 보는 입장에 대한 비판적 성찰과 연관해서 풀이한다. "전통 신학이 전제한 철학적 유신론은 신과 세계(역사/인간)를 이원론적으로 분리하여, 민중을 구원의 대상으로 처리하고, 구원이 탈역사적인 지평에서 이루어지는 것으로 해석했다. 죽재는 그러한 철학적 유신론은 이제 신학적 기능을 다했다고 봤다. 대신 이제는 사건적 실재관에 기초하여 이원론을 극복할 수 있는 유기체적인 세계관이 기독교 신학에 필요하다는 것이다. 그 신학적 세계관은 신과 세계가 서로 분리되지 않고 '합류'하는 것을 증언할 수 있는 범재신론이요, 그 합류의 지점은 민중의 고난과 부활이다" [김희헌, 『서남동의 철학: 민중신학에 이르다』(서울: 이화여자대학교출판부, 2013), 96].

른 모든 생명체들의 생명의 본질을 규정함에 있어서도 근본적인 요소가 된다. 이 살려는 의지는 모든 살아 있는 존재들의 생명에 공통적인 본질로서 생명이 생명 되게 하는 근원적인 요소가 되는 것이며, 생명의 본질을 규정할 뿐 아니라 생명의 가치를 형성하는 결정적인 변수가 된다. 생명경외의 근거는 바로 모든 생명체들이 내재적으로 보유하고 있는 살려는 의지이다.

살고자 하는 욕구가 작동하고 있고 그 욕구를 표출하며 살고자 하는데, 이 살고자 하는 생生의 과정에서 다른 생명의 살려는 의지와 충돌할 수밖에 없는 것이 생명의 질서이다. 내가 살기 위해 다른 생명의 상실이라는 결과에 이를 수 있고 또 그럴 수밖에 없다는 것이다. 생명을 유지하기 위해 다른 생명에 위해를 가하는 것을 생명의 질서로 이해한다면, 이러한 이해는 살려는 의지 때문에 경외의 대상이 될 만큼 생명이 고귀하다는 생명경외의 사상과 모순되는 것이 아닌가? 이 질문에 대해 슈바이처는 어떻게 응답하는가? 살려는 의지에 근거한 생명경외의 큰 틀에서 생명에 대한 부정과 긍정 사이의 역동을 성찰하고 다른 생명에 대한 긍정 쪽으로 무게중심을 이동시키면서, 슈바이처는 궁극적으로 생명들의 관계와 전체 생명의 질서는 생명 보존과 확대재생산의 강화로 귀결될 것이라고 강조한다. 자기 생명의 유지를 위해 다른 생명의 약화나 상실이 불가피하게 발생할 수밖에 없지만 다른 생명에 대한 부정에의 역동뿐 아니라 생명 긍정과 경외에의 역동이 작동하고 있으며 더 나아가 다른 생명의 희생을 불러일으키는 불가피한 의도와 행동보다 다른 생명의 살려는 의지를 보존하고 존중하고자 하는 의지와 역동이 더 우세하다는 생각을 견지하고 있는 것이다. 그러기에 자기 생명을 위한 다른 생명의 부정혹은 희생을 불러일으키는 행위는 본능적으로 무제한적이지 않다. 특히 인간은 모든 생명체들에 내재하는 살려는 의지에 대한 지각과 인정에 근거하여 윤리적으로 성찰함으로써, 다른 생명들을 존중하고 전체 생명세계를 보존하고자 힘쓰게 된다는 것이다. 다만 슈바이처의 생태관이 유기체적·생명중심적 특성을 띠는 것은 분명하지만 여전히 인간중심적 요소가 남아 있다는 평가도 있음을 다시금 밝혀두어야 하겠다. 인간을 포함한 모든 생명들이 살려는 의지를 가지고 있고 또 그것이 생명경외의 결정적인 근거가 되지만 경외감을 느낄 수 있고 체험할 수 있는 존재는 인간이라는 점에서 인간과 다른 생명들 사이에 차이가 있다고 보는 것이다.[68]

『주역』의 생명관에서 확인했듯이, 유교의 생명 이해는 유기체적이며 생명창출적이다. 생생 곧 생명이 생명을 산출한다는 생명세계의 질서에서 하나의 생명은 다른 생명을 존재케 한다는 의미에서 생명창출적이며, 생명창출의 관점에서 생명들이 서로 연결되어 있고 생명세계를 이루는 무수히 많은 생명들이 연결되어 전체 생명에 참여한다는 의미에서 유기체적이다. 아울러 생명의 유기체적 연계성과 생명의 창출혹은 재생산에 대한 『주역』의 선명한 인식은 자연 생명과 인문 생명 사이의 관계성이라는 관점에서 논의되는 것이 필요하다. 생명이 다른 생명을 창출하고 다른 생명의 보존과 성장에 기여하는 방향으로 생명이 작용한다는 점을 도덕적으로 해석함을 통해 자연 생명과 인문 생명의 연관을 구축할 수 있게 된다. 다른 생명을 창출하고 살리고 확장해 가도록 이타적으로 참여하는 것은 다름 아닌 유교의 핵심적 덕목 곧 인의 구현이라고 보는 것이다. 그러므로 유교는 자연 안에 내재하는 생명의 질서

68 Jürgen Moltmann, *Ethik der Hoffnung*, 곽혜원 역, 『희망의 윤리』(서울: 대한기독교서회, 2012), 255-56.

로부터 도덕의 원리를 끌어내고 있다고 평가할 수 있고 또 역으로 규범적 도덕적 원리를 생명세계에 적용하여 그 세계를 구성하는 생명체들 혹은 구성원들이 서로 돌보고 협력하여 공존과 조화의 세계를 이루어가야 한다는 점을 견지한다고 볼 수 있다.

생명에 의한 생명의 창출 그리고 생명들 간의 공존과 연속성이 생태관의 핵심을 구성한다는 점에서 슈바이처보다 좀 더 뚜렷하게 유기체적이라고 평가할 수 있을 것이다. 특별히 '인간중심'과 같은 개념에 내포된 위계적 관점을 뛰어넘어 생명들에게 동등한 가치를 부여하고 수평적 관계성을 강조한다는 점을 주목해야 할 것이다. 다만 자연 생명과 인문 생명의 일치에 대한 유교적 인식은 생명을 살리고 다른 생명과 연대하는 생태적 삶에 대한 도덕적 해석과 적용의 강화로 이어질 수 있다는 점에서 도덕적 주체로서의 인간에 대한 특별한 가치 인식을 주장할 여지가 있다고 필자는 생각한다.

서남동의 생명 이해의 중요한 특징 중 하나는 생명을 생태적 관점에서 본다는 것이다. 생명을 개별자로서 보고 접근하는 방식을 배제하는 것은 아니지만 동시에 생명의 그물망 혹은 생태계이라는 큰 틀을 존중하면서 생명을 이해하고자 하는 것이다. 개별 생명들이 '기계적 결합'을 통해 전체로서의 세계를 이루는 것이 아니라 '유기체적으로' 서로 연결되고 공존하면서 전체를 구성하는데, 부분들이 결합하여 상호작용하고 서로 영향을 주고받으면서 지속적으로 새로운 생명의 변화를 일으킨다는 점에서 서남동에게 생명은 목적론적으로 성장하고 변화하는 실재인 것이다. 슈바이처와 유교 그리고 서남동의 생태관은 공히 유기체적이지만 서남동의 경우 생태계의 존재들 사이의 연속성과 상호의존성을 상대적으로 더 강한 정도로 강조한다고 평가할 수 있다. 이러한 유기체적 인식은 생명의 진화에 대한 서남동의 생각에서 더욱 두드러지게 드러난다고 할 것인데, 특정한 종에 속하는 개체들뿐 아니라 다양한 종들 사이에서도 긴밀한 유기체적 연관성이 존재하고 발생한다고 본다는 점에서 그렇다. 다만 유기체적 인식의 강화는 생명세계 전체에 더 큰 비중을 설정하여 개체 생명혹은 존재의 개별자로서의 가치나 의미에 정당하고 적절한 관심을 두지 못하는 결과에 이를 수 있다는 점을 밝혀 두고자 한다.

또한 서남동의 생명 이해에서 특기할 만한 점은 모든 생물이 생명의 근본 요소로서 심소를 보유한다고 보는 것이다. 생명이 생명 되게 하는 기초적이면서 결정적인 요소로서 심소를 모든 생물이 가지고 있다는 점에서 모든 존재들을 생명으로 묶는 동질성의 기반이 되며, 이 점은 모든 생명들을 위계적인 관점이 아니라 동등한 관점에서 보게 하는 중요한 가치론적 토대가 된다. 인간만이 마음이나 느낌을 특수하게 간직하는 것이 아니라 생명의 최소 단위나 식물에게서도 인간에게 고유한 것으로 여겼던 그러한 존재론적 요소를 발견할 수 있다고 역설함으로써 서남동은 생명 이해의 지평을 인간을 넘어 동물과 식물에까지, 그리고 심지어는 심소를 품고 있는 물질에까지 확장한다. 이 지점에서 생명을 생명 되게 하는 가장 중요하고도 근본적인 공통의 요소를 상정함으로써 모든 생명에 대한 동등한 가치 인식과 존중의 토대를 닦았다는 평가를 받을 수도 있을 것이다. 다만 서남동은 물질과 생명 그리고 정신으로 이어지는 목적론적 진보를 상정함으로 불가피하게 발전의 정도나 양상의 관점에서 가치의 경중을 따질 수밖에 없는 결과에 이를 수 있지 않느냐는 비평적 질문을 받을 수 있다는 점을 지적해 두어야 하겠다.

2) 인간과 자연의 관계성

인간과 자연의 관계성에 대한 슈바이처의 견해는 무엇보다도 생명경외론의 관점에서 탐색할 필요가 있다. 앞에서 본 대로, 모든 생명체들은 살려는 의지를 공통의 토대로 하여 통일성을 확보한다. 여기서 의지의 통일성으로부터 생명의 존재론적 통일성으로 이어지는 어떤 '연관'을 찾을 수 있다. 이 통일성은 다른 생명에 대한 존중과 배려를 통해 형성·강화되는 생명들 사이의 연대성을 세워감으로써 구체적으로 구현된다는 것이 슈바이처의 생각이다. 생명경외론은 생명세계를 구성하는 생명체들의 연대성을 향한 의지와 역동을 중시한다는 점을 밝혔다. 곧 자기 생명을 위해 다른 생명에 위해를 가함으로써 분열적 양상이 생명세계 안에서 현실화될 수 있고 또 그럴 수밖에 없다는 점을 감안하더라도, 그러한 분열적 양상이 생명세계의 완전한 해체나 파멸에 이르지 않는 이유는 생명체들이 내재적으로 보유하는 살려는 의지와 생명 간 연대에 대한 본능적 지향이 더 강하게 작용할 수 있고 또 그렇게 되고 있기 때문이다. 생명은 본질적으로 살려는 의지를 적절하게 구현하고 생명으로서 존재론적 잠재성을 충분히 구현함으로써 자기 자신과 조화를 이룰 뿐 아니라 다른 생명들과 조화로운 공존의 관계를 이루는 생명의 이상을 향해 전진해 간다. 다시 말해, 생명경외의 근본적인 근거가 되는 살려는 의지는 근원적으로 자기 생명과의 조화를 지향할 뿐 아니라 다른 생명들과의 조화와 공존을 지속적으로 추구하여 결국 전체 생명세계의 평화에 이바지하는 방향으로 작용하게 된다는 것이다. 슈바이처는 생명긍정의 역동이 생명부정의 역동보다 강하여 생명세계의 보존에 이를 수 있다는 낙관적 전망을 가지는 한편 생명경외를 근본으로 하여 조화와 공존의 생명세계를 지향하는 것을 본성적 질서로 보고 그 질서로부터 긍정적인 규범적 방향성을 도출한다고 평가할 수 있는데, 이러한 낙관적 생태인식에 대해 생태계 위기의 현실인식에 터한 비평적 평가가 있을 수 있다는 점을 밝혀 두어야 하겠다. '질서'에서 '규범'으로의 전환에 대한 일방향적 강조가 자연주의적 결정론으로 이어져 치열한 규범적 반성을 통한 생태 실천의 추구와 진전에 걸림돌로 작용할 수 있다는 것이다. 이런 맥락에서 생태적 규범의 정립과 책무의식의 강화 그리고 구체적 실천에의 소명에 대한 강조에 더 큰 비중을 둘 필요가 있을 것이다.

또한 윤리적 신비주의의 관점에서도 인간과 자연의 관계성을 논할 수 있다. 앞에서 살핀 대로, 슈바이처의 윤리적 신비주의는 인간과 자연의 합일 그리고 생명들 간의 조화를 지향하는 의지적·실천적 역동을 본질적인 것으로 인식하고 추구하는 특성을 뚜렷하게 내포한다. 자연과 인간의 합일을 강조한다는 의미에서 신비주의인데, 슈바이처의 신비주의는 의지의 선택과 합리적 사유를 통해 형성되기에 윤리적이라는 규정을 얻게 됨을 보았다. 살려는 의지를 지각하고 또 사유하면서 살려는 의지와 생명에 대한 더 깊은 체험으로 들어가며, 이 체험은 다시 다른 생명들과 더불어 구성하는 전체 생명세계혹은 공동체에 대한 본성적·의지적 지향과 합리적 사유를 통한 새로운 생명 체험으로 이어지게 된다. 바꾸어 말하면, 살려는 의지는 자기 생명에 대한 지각과 인식과 성찰을 심화할 뿐 아니라 다른 생명에 대한 이해와 경험에 대한 자연스러운 본성적 지향과 추구를 통해 전체 생명세계에 대한 보편적 인식과 체험을 강화한다. 다만 슈바이처는 생명경외를 인식하고 체험할 수 있는 인간이 생명세계 가운데 발생하는 갈등과 자기 분열을 극복하고 치유하는 역할을 수행해야 한다고 강조하는데, 이 점은 그의 생태관에 잠재되어 있는 인간중심적 요소라고 평가할 수 있다.

앞에서 본 대로, 유교의 생명 이해는 유기체적인데, 자연을 구성하는 부분들이 서로 연결되어 전체를 구성한다는 관념을 두드러지게 보유하고 있기 때문이다. 자연과 인간 그리고 자연을 구성하는 주체들 사이의 관계는 유기체적으로 엮여 있기에, 개별 생명들이 함께 형성하는 전체 생명세계의 보존과 성장을 위해서 유기체적 특징을 본성적으로 받아들이는 것이 필요하다는 것이다. 유교적 생태인식의 틀 안에서 전체 생명세계의 유기체적 관계성을 진지하게 수용한다면, 한편으로 인간은 자연 안의 다른 생명들과 함께 일구어 가는 전체 생명세계에 대해 인간중심적으로 혹은 인간본위적으로 접근하여 자연을 도구화하거나 우열의 구도에서 착취해서는 안 될 것이며 다른 한편으로 다른 생명들의 창출과 보존과 확장을 위해 이바지하고자 힘쓰고 그리하여 결국 전체 생명세계를 조화와 공존의 세계로 만들어가야 할 것이다.

이러한 유기체적 특징은 음양의 상호작용에 대한 강조에서도 선명하게 드러난다. 특히 음양 원리에 대한 순환론적 해석에서 확인했듯이, 생명창출의 원리인 음과 양의 상호작용을 통해 생명이 시작되고 전개되는데 이 생명의 과정에서 음과 양은 위계적 관계질서가 아닌 수평적·유기체적 관계질서 안에서 존재하고 또 작용하며 그 작용의 방식에 있어서도 어느 한 쪽이 주도하거나 선도하는 것이 아니라 동시적으로 생명의 원리로서 작동한다는 점은 자연과 인간의 관계성에 대한 유교 이해의 핵심을 반영한다고 평가할 수 있다. 다만 음양에 대한 순환론적 해석이 경계하고자 하는 위계적·결정론적 해석으로 퇴락할 가능성이 상존한다는 점을 신중하게 고려하면서 생생과 음양의 원리를 중시하는 유교의 생태관이 조화와 상생과 공존의 생명세계를 지속적으로 지향하는 방향성을 견지해야 할 것이다. 아울러 앞에서도 언급한 바와 같이, 자연적 질서와 도덕적 질서를 동일시하는 유교적 생태인식이 도덕적 자의식과 실천을 인간 존재에게만 제한한다는 의미에서 인간·우위적혹은 인간중심적 신념으로 귀결될 수 있다는 비평적 평가에 귀 기울일 필요가 있을 것이다.

서남동은 자연과 인간을 따로 떼어 생각하지 않는다. 자연과 인간이 통전적으로 혹은 유기체적으로 긴밀하게 연결되어 존재한다고 보는 것이다. 이것이 바로 인간과 자연의 존재론적 본질이다. 우리가 본 대로, 서남동은 인간중심적으로 생명과 세계를 이해하는 것을 지양하는 대신, 자연과 인간을 일체적으로 보고자 한다. 이러한 인식은 그의 신학을 통해 더욱 강화된다고 평가할 수 있다. 자연과 인간의 통전적·일체론적 관계 형성을 신론적으로 확장하여, 서남동은 자연과 인간과 하나님의 유기체적 합일을 주장하는 데까지 이른다. 신과 세계의 '유기체적' 관계성 유형을 제시한 맥쿼리의 신학이나 인간을 포함한 전체 창조세계를 성례전적으로 이해한 동방교회의 신학이 서남동의 이러한 신론적 유기체적 이해의 중요한 근거가 되었다는 점을 밝혀 두어야 하겠다.[69] 하나님과 세계의 관계를 마음과 몸의 유비로 이해하고 해명하려고 한다는 점에서 둘 사이의 구분을 완전히 철폐하는 것은 아니지만 그럼에도 둘 사이의 거리 설정을 경계하는 기조를 중시하기에 범신론적

69 생태적 관점이 서남동의 신론과 기독론에 유의미한 영향을 미쳤다는 점을 주목할 필요가 있다. "생태학적 전망, 총체적 과정(holistic process)에서 보면 신의 존재도 초월적 타자가 되기보다는 우주적 유기체다. 성육신한 신, 그리스도에 관해서 자기중심적, 이기적 욕심으로 물들인 지금까지의 신학이, 그리스도를 인간의 구주로만 국한한 데 대해서 생태학적 신학은 그를 우주의 완성(consummation)으로 보려는 것이다" [서남동, "생태학적 신학 서설," 445].

구도로 기울 여지가 있다고 본다. 신과 세계의 일체적 이해가 세계의 존재론적 가치를 고양하는 데 기여할 수 있겠지만 세계의 신격화에 귀결될 수 있다는 점 또한 주목해야 할 것이다. 세계의 존재들을 경외의 대상으로 존중함에도 불구하고 창조자와 세계의 구분을 견지하는 슈바이처와 마주할 필요가 있을 것이다. 세계의 신격화를 경계한다면 세계의 가치를 충분히 그리고 정당하게 인정·옹호할 수 있는 생태적 틀로서 기능할 수 있을 것이다.

2. 공동의 기반 진술

살려는 의지, 음양의 상호작용, 심소 등 슈바이처와 유교와 서남동은 공히 생명을 생명 되게 하고 그래서 생명을 가치 있는 그 무엇으로 존중하도록 하는 근본적인 요소를 상정한다. 이 요소들은 크게 보아 존재론적 본성을 반영하는 것으로서, 인간이든, 다른 생명체이든, 아니면 개별자들의 공동체이든, 외부의 어떤 개입에 의해 원천적으로 또 영속적으로 제거될 수 없는 내재적 요소라는 점을 주목해야 할 것이다. 생명을 구성하는 이러한 본질적 요소들을 공통적으로 보유하고 있다는 사실은 자기 생명뿐 아니라 다른 생명들도 존중해야 한다는 당위적 인식의 토대가 된다. 이 점에서 슈바이처는 그 존중의 강도에 있어서 살려는 의지를 경외의 근거로 봄으로써 가장 높은 수준의 존중을 주장하고, 유교는 음양론이나 자연 생명과 인문 생명의 관계성 이해에서 드러나는 대로 생명의 창출과 생명세계의 보존·유지를 관계론적 관점에서 해석하고 전개하고자 하는 경향성을 강하게 띠고 있으며, 서남동은 생명을 생명 되게 하는 근본적인 요소인 심소를 모든 존재들이 보유하고 있다는 점을 견지함으로써 존중해야 할 생명의 대상을 물리적 영역까지 포괄하는 생태적 보편성을 두드러지게 드러낸다.

슈바이처, 유교, 그리고 서남동은 모두 자연과 인간의 관계를 유기체적으로 이해하려고 하는 특징을 갖고 있다고 볼 수 있다. 살려는 의지는 자기 생명뿐 아니라 다른 생명들, 더 나아가 전체 생명세계를 살리고자 하는 의지를 본성적으로 내포하고 있으며, 그러한 의지가 발현됨으로써 생명의 유기체적 특성은 구체화되는 것이다. 인간이 만물의 영장으로서 다른 생명들을 지배하거나 수단화하기보다는 인을 실천하여 그 생명들과 전체 생명세계를 살리고 또 더욱 풍성하게 해야 한다는 인문 생명적 신념 그리고 생명은 생명을 낳고 살찌우며 음양의 순환적 원리가 전체 생명세계 안에도 작동하여 생명과 생명이 어우러져 서로를 살리는 생명의 작용을 충실하게 구현함으로써 전체로서의 생명세계를 조화로운 공존의 세계로 만들어가야 한다는 음양론적 이해 등을 고려할 때, 유교 역시 생명과 생명들 간의 관계성에 관한 유기체적 이해를 두드러지게 보유하고 있다고 평가할 수 있다. 서남동은 심소와 같이 생명들 간의 공통성을 뒷받침할 수 있는 요소에 주목하고 또 그것에 이론적 강조점을 두고 전개함으로써, 인간을 포함한 세계의 존재들 사이의 연속성이나 유기체적 연결됨을 뚜렷하게 드러내고자 힘쓸 뿐 아니라 더 나아가 그러한 노력의 정점에서 생명들의 일체성을 확고하게 구축하고자 한다.

V. 맺는말

이상의 탐구와 논의에 근거하여 규범적·실천적 방향성을 제안하고자 한다. 생태계 위기 극복과 생태적 회복을 위해 이바지할 수 있기를 바란다. 첫째, 생명존중에 대한 확고한 규범적 인식과 실천에 관한 것이다. 우리가 본 대로, 생명의 시작과 과정, 생존과 변화의 방식, 생명의 관계론적 특성 등의 관점에서 개별 생명이나 동일 생명군이 갖는 고유성혹은 독특성이 있다는 점을 인정하더라도, 모든 생명들은 생명으로서 생명 되게 하고 그 어떤 계측의 단위로도 수량화할 수 없는 엄청난 가치의 존재로 받아들이게 하는 생명의 내재적인 요소를 보유하고 있다. 이것이 근본적이고 본질적이며 또 가장 중요하다. 앞에서 본 대로, 이 요소는 슈바이처에게 살려는 의지이고 유교특히 『주역』에 있어 음양의 순환적 생명 원리이며 서남동에게 심소이다. 모든 생명에 공통적이고 차이가 없으며 영속적이다. 신학적으로 말하면, 모든 생명을 존재하게 하는 하나님의 창조에 의해 근본적으로 주어진 바라고 할 것이다. '한 생명이 천하보다 귀하다'는 성경의 증언은 소중하다. 여기서 생명은 인간 생명뿐 아니라 하나님이 창조하신 모든 생명을 포괄한다는 의미에서 생태적 관점에서 '확장적으로' 해석될 수 있을 것인데, 기독교회와 신자들은 생명에 대한 이러한 성서적 가치 인식이 신앙 공동체뿐 아니라 정치사회 공동체 안에서도 뿌리 깊이 자리할 수 있도록 힘써야 할 것이다. 생명존중의 가치관이 사회적 삶과 공동체와 문화 그리고 정책이나 제도에까지 실제적으로 또 충분히 작동할 수 있도록 공적으로 참여해야 한다는 것이다.

둘째, 생태계의 유기체적 연결됨에 관한 것이다. 동서양을 막론하고, 모든 생명들혹은 존재들이 연결되어 있다는 생각은 인류의 생태 인식 안에 깊은 자국을 지니고 있다고 할 수 있다. 이것은 단순히 관념이나 해석의 문제가 아니라 실재에 대한 인식론적 반영이라고 보는 것이 더 진실에 가깝다고 하겠다. 생명들이 유기체적으로 연결되어 있고 또 그렇게 연결되어 전체로서의 생명세계를 형성한다는 실재론적 인식의 틀에서 생명과 생명들의 세계를 볼 때, 개별 생명은 다른 생명들과의 관계성 속에서 생존할 수 있으며 적절한 생명의 과정을 거쳐 갈 수 있다는 점, 생명은 본질상 개체적 차원에서 머무는 것이 아니라 개별 생명들이 함께 참여하고 상호작용하면서 이루어가는 총체적혹은 일체적 실재라는 점 등을 중요하게 추론할 수 있다. 특별히 생태적 연결됨은 본질적으로 세계의 존재들 사이의 필연적인 상호의존성을 내포한다. 어떤 존재들가 다른 존재들에 일방향적으로 의존할 수 있고 또 그렇게 해야 한다는 것이 아니라 생태적 의존성은 상호적이라는 점을 분명히 하고자 하는 것이다. 인간도 생태적 연결됨을 본질로 하는 세계의 한 부분이라는 점을 인식하면서 부분으로서 다른 부분에 의존할 수밖에 없는 존재로서 겸허함을 견지하고 부분으로서 전체에 어떻게 기여할 수 있는지에 대한 숙고와 그러한 숙고에 부합하는 책임적 실천에 힘써야 할 것이다.

셋째, 두 번째와 연결되는 것으로, 전체와 전체 안에서의 연결됨을 중시하지만 동시에 전체를 이루는 개별자에 대한 관심도 소홀히 해서는 안 될 것이다. 생태적 삶은 생명세계 전체에 대한 고려와 책임적 실천을 중요하게 내포하지만 개체의 의미는 전체를 통해서만 확보하고 향유할 수 있다는 전체주의적 기조와는 분명하게 구분되어야 할 것이다. 부분들이 모여 전체를 이루지만 부분은 단순히 전체를 이루는 부품이나 도구로 여겨지거나 다루어져서는 안 된다는 말이다. 교회를 그리스도의 몸으로 유비한 성서적 증언고전 12-14장에 비추어 생명세계의 연결됨을 성찰하는 것은 유익하다. 몸은 동등한 가치를 지닌 지체들로 이루어지며 그 지체들이 하나도 빠짐없이 온전히 작용할 때 몸이 건강하게 세워질 수 있듯이, 전체로서의 생명세계를 이루기 위해 모든 생명들은 필요하고 그 생명들 사이에 존재론적·가치론적 우열은 없으며 각자의 생명을 충실하게 영위해 갈 때 생명세계가 온전히 작동할 수 있게 된다. 모든 생명들은 하나의 그물망으로 연결되어 있기에, 생명 작용의 결과들은 전체와 부분들 모두에게 영향을 끼쳐 한 부분이 긍정이나 부정의 경험을 하게 되면 다른 부분들과 전체가 그 경험의 영향을 긍정적으로 혹은 부정적으로 받게 되는 것이다. 여기서 초점은 전체나 부분 중 하나가 아니라 둘 다이지만 고린도전서의 증언은 부분이 전체에 대해 도구적 지위나 의미만을 가지는 것이 아니라 전체에 중요한 영향을 미치는 결정적 주체라는 점을 역설하고 있다. 개체로서의 부분이 전체를 떠나 존재할 수 없지만 동시에 전체로서의 생명세계를 건실하게 보존하고 전개해 나가기 위해 하나하나의 개체는 더없이 소중한 가치의 존재라는 점을 확고히 해야 할 것이다. 이런 맥락에서 인간이 아닌 다른 생명세계의 존재를 인간을 위한 도구로만 보아서는 안 될 것이고 그 자체로 존재론적 의미가 있고 목적이 있는 주체로 받아들여야 할 것이다.

제 3 장

생태적 사랑의 모색

이 장은 다음의 문헌을 수정·보완한 것이다. 이창호, "생태적 사랑의 모색,"『기독교사회윤리』 49 (2021), 139-69.

생명세계의 온전한 질서가 보존·유지되지 못하고 오히려 다양한 형태의 붕괴의 증후들이 선명하게 목격되고 있는 엄연한 생태적 위기의 현실 앞에서, 기독교회와 신자들은 이러한 위기에 대해 절박하게 또 실효성 있게 응답해야 한다는 것은 윤리적으로 볼 때 정언적 명령이라고 해도 지나친 말이 아닐 것이다. 더욱이 하나님이 지으신 세계와 그 세계 안에 있는 모든 존재들의 가치와 지위를 존중하고 그러한 존중을 이타적 행위를 통해 구체적으로 구현하는 것은 자명한 신앙적·신학적 진실이라고 할 수 있다.

이러한 신학적·윤리적 진실과 당위적 명령을 마땅히 받아들여야 할 바로 인식하면서, 본 장에서 필자는 생태적 사랑의 모색이라는 과제를 수행함으로써 생태적 위기에 응답하고자 한다. 다시 말해, 피조세계와 세계 안의 동료 존재들에 대한 존중은 규범적 당위이기에 모든 인간은 가장 근본적이고 중요한 가치이자 기준으로 받아들여야 한다는 점을 밝히면서, 사랑의 윤리를 생태적 맥락에서 전개하고자 하는 것이다. 이를 통해 생태적 사랑의 규범적·실천적 가능성을 모색하고 그 발전적 전개의 기반을 마련하고자 한다. 사랑의 윤리의 생태적 확장이라는 의미에서 기독교 사랑의 윤리 담론의 심화에 이바지할 것으로 기대한다.

먼저 생태적 사랑의 신학적 정당성을 아웃카Gene Outka와 몰트만Jürgen Moltmann을 중심으로 논구할 것이다. 아웃카는 이 세계의 모든 존재들을 사랑으로 섭리하시는 하나님의 보편적 사랑론을 제시함으로 생태적 사랑에 대한 신학적 정당화의 근본적 토대를 제공한다는 점에서 그리고 몰트만은 사랑에 대한 아웃카의 생태적 정당화를 창조신학적으로, 삼위일체론적으로 또 종말론적으로 심화한다는 점에서 필자의 연구에 적합하다. 이어서 아웃카의 '동등배려'의 개념을 활용하여 기독교 사랑 이해의 생태적 확장을 모색하고 내쉬James A. Nash의 생태적 사랑론과의 비평적 대화를 통해 생태적 사랑에 관한 논의의 지평을 확장하고자 하는데, 후자는 생태적 사랑을 나름대로 이론화하여 전개한 대표적인 학자들 중 하나이기에 필자가 모색하는 비평적 대화에 의미 있는 기여를 할 것으로 판단한다. 특히 인간을 사랑하는 것과 인간이 아닌 생태계의 다른 생명들을 사랑하는 것 사이의 같음과 다름을 논구하며 생태적 사랑의 독특성을 탐색할 것이다. 생태적 사랑 실천의 성숙을 위한 신학적·윤리적 제안을 함으로써 본 장을 맺을 것이다.

Ⅰ. 생태적 사랑의 당위성에 대한 신학적 근거

하나님을 사랑함과 타자로서의 이웃을 사랑함은 본질적으로 공통분모를 가진다고 할 수 있는데, 하나님을 사랑하는 것은 하나님이 사랑하시는 대상을 사랑하는 것과 동일시할 수 있다는 의미에서 그렇다. 이런 맥락에서 하나님이 사랑하시는 대상을 사랑하지 않는다면 하나님을 사랑하는 것이 아니라고 말할 수 있으며, 역으로 하나님이 사랑하시는 대상을 진심으로 사랑하는 이들의 하나님 사랑은 진정성이 있는 것으로 간주될 수 있다는 결론에 이를 수 있다. 그렇다면 하나님이 사랑하시는 대상은 누구인가? 아웃카는 '신중심적 틀'theocentric frame이라는 개념으로 하나님 사랑의 대상 범위에 대해 논하는데, 이 개념에 따르면 하나님은 '모두'를 사랑하시며 인간종으로 말한다면 인간의 얼굴을 하고 있는 존재는 그 어떤 조건설정이나 차별이 없이 보편적으로 사랑하신다.[1] 그렇다면 하나님이 사랑하시는 대상은 인간에만 제한되는가? 하나님은 인간만을 사랑하시는가? 하나님은 인간뿐 아니라 창조하신 만물을 사랑하신다는 신학적 진실로부터 아웃카의 신중심적 틀을 해석한다면, 하나님은 모든 인간뿐 아니라 창조하신 다른 모든 존재들도 사랑하신다는 의미에서 하나님의 사랑은 생태적 보편성을 본질적으로 내포한다. 하나님이 창조하신 모든 것을 사랑하신다면, 우리도 그 사랑을 모범으로 하여 모든 것을 사랑하는 것이 마땅하다고 할 것이다. 특별히 하나님의 사랑을 우리의 생태적 사랑 실천의 모범으로 삼는다면, 예수 그리스도께서 가르치시고 구현하신 사랑의 이상 곧 타자를 위한 온전한 자기희생적 사랑을 생태적 사랑의 규범적 본질로 존중해야 할 것이며 바로 '이 사랑'으로 하나님이 창조하신 세계와 그 세계 안의 모든 존재들을 사랑해야 할 것이다.

앞에서 잠깐 언급한 대로, 하나님이 창조하신 세계와 세계 안의 모든 존재들을 사랑의 대상으로 삼아야 한다는 보편적인 생태적 사랑에 대한 아웃카의 토대적 정당화를 신학적으로 심화하는 데 있어 몰트만은 적합하고 유효한데, 왜냐하면 창조와 섭리론, 삼위일체론, 종말론 등의 관점에서 생태적 사랑에 대한 신학적 정당화를 발전적으로 전개하기 때문이다.[2] 하나님과 세계 사이의 동일시와 이 둘 사이의 극단적

1 Gene Outka, "Universal Love and Impartiality," in *The Love Commandment: Essays in Christian Ethics and Philosophy*, eds. Edmund N. Santurri and William Werpehowski (Washington, D.C.: Georgetown University Press, 1992), 1-3.

2 몰트만의 사랑의 윤리를 신학적으로 논구함에 있어 기독론적 접근도 필요함을 밝힌다. 특별히 복

분리혹은 단절를 모두 경계하면서, 몰트만은 '코이노니아'사귐 개념을 중심으로 하나님의 세계내적 임재에 대한 자신의 견해를 피력한다. 몰트만은 신적 생명을 삼위일체 하나님의 안과 밖을 향한 사랑으로 보는 것이 적절하다고 강조하는데, 하나님은 이 사랑으로 창조하신 세계와 그 안에 있는 피조물들과 더불어 사귐의 관계를 이루어 가길 열망하시고 또 그 열망을 구현해 가신다.[3] 하나님은 이 사랑의 사귐 안에서 세계와 피조물들에게 당신의 사랑을 표현하시고 또 경험케 하실 뿐 아니라 신적 사랑의 '의지와 본성'에 동참할 수 있는 여지를 열어 두신다. 사귐의 구도를 견지함으로써 하나님과 세계의 혼합이나 동일시의 가능성을 차단하고자 하는 몰트만은 의지와 본성의 관점에서 하나님의 '몫'을 피조물과 공유하신다는 점을 밝히면서 단순한 피조물됨에 머물지 않고 주체적으로 하나님과의 사랑의 사귐과 하나님의 사랑의 역사에 동참하는 피조물로서의 정체성을 제안하고 있는 것이다.[4] 특별히 온 생명세계를 향한 하나님의 이 사랑은 성령의 새롭게 하시는 역사 가운데 피조세계 안의 모든 존재들을 연결한다시 104:30. 성령님은 이 세계 가운데 임하셔서, 인간을 포함한 모든 피조물을 돌보시고 지탱하시고 때론 함께 고통

음서에 드러난 예수 그리스도의 윤리적 가르침과 실천을 주목할 필요가 있다. 산상수훈을 윤리적으로 풀이하면서, 몰트만은 예수 그리스도는 비폭력 무저항의 사랑으로 폭력을 극복하고 평화를 완수하는 것을 이상적인 규범적 지향으로 제시한다는 점을 강조한다 [Jürgen Moltmann, *Der Weg Jesu Christi: Christologie in messianischen Dimensionen*, 김균진, 김명용 역, 『예수그리스도의 길: 메시아적 차원의 그리스도론』(서울: 대한기독교서회, 1990), 188-95]. 또한 정치사회적 차원에서의 사랑의 실천이라는 관점에서 예수 그리스도는 인간이 정치적으로, 사회적으로, 종교적으로, 혹은 문화적으로 설정해 놓은 임의적인 차이나 차별적 구분을 뛰어넘어 모든 인간을 보편적으로 포괄하는 사랑의 삶을 선명하게 드러내시고 또 그러한 삶을 살아낼 것을 강력하게 권고하신다는 점을 몰트만은 지적한다 [Jürgen Moltmann, *Der gekreuzigte Gott: das Kreuz Christi als Grund und Kritik christlicher Theologie*, 김균진 역, 『십자가에 달리신 하나님: 그리스도교적 신학의 근거와 비판으로서의 예수의 십자가』(서울: 한국신학연구소, 1979), 150-51].

3 Jürgen Moltmann, *Gott in der Schöpfung: Ökologische Schöpfungslehre*, 김균진 역, 『창조 안에 계신 하느님: 생태학적 창조론』(서울: 한국신학연구소, 1986), 131-32.

4 위의 책, 133.

하시면서 구원으로 이끌어 가신다. 성령님이 하나로 묶고 계시기에, 이 세계의 모든 존재들은 생명의 공동체로서 서로 연결되어 있으며 생명의 운명을 함께 나눈다.

아울러 하나님이 창조하신 생명세계 전체를 향한 하나님의 사랑에 대한 몰트만의 이해를 종말론적 구원의 관점에서 논하는 것은 유익하다. 예수 그리스도의 십자가와 부활을 통해 결정적으로 드러난 하나님의 전능하신 능력으로 영원한 생명에 이르는 구원의 길이 열리고, 그 구원의 능력은 피안적 '마지막 날'에야 현실화되는 것이 아니라 생명의 영이신 성령의 역사를 통해 지금 여기에서 죽음에 종노릇하는 데서 해방되기를 갈망하는롬 8:21 모든 피조물들 가운데 생명의 능력으로 나타난다. 예수 그리스도의 삶과 십자가와 부활 가운데 예기적으로 선취된 하나님 나라의 완성은 성령의 현재적 임재와 역사 가운데 새 창조를 불러일으키는데, 이 창조는 온 세계를 새 하늘과 새 땅의 궁극적 완성으로 이끌어가는 종말론적 구원의 역사인 것이다.[5] 하나님 나라의 궁극적 완성을 지향하는 새로운 창조는 태초의 창조의 결과로서의 온 세계와 모든 존재들을 포괄한다는 의미에서 총체적이며 우주적이다.[6] 세계에 대한 하나님의 사랑 혹은 하나님과 세계 사이의 사랑의 관점에서 말한다면, 하나님은 창조하신 세계 그리고 그 안에 존재하는 모든 피조물들을 깊은 공감으로 사랑하실 뿐 아니라 신적 '코이노니아'에 초청하여 친밀한 사랑의 관계를 맺어가시되 인간만이 아니라 인간을 포함한 우주 안의 모든 존재를 그 사랑과 사귐의 대상으로 삼으신다. 다시 말해,

5 Jürgen Moltmann, *Das Kommen Gottes: Christliche Eschatologie*, trans. Margaret Kohl, *The Coming of God: Christian Eschatology* (Minneapolis: Fortress Press, 1996), 25-26.

6 Jürgen Moltmann, 『창조 안에 계신 하느님』, 121-25.

대상의 관점에서 하나님의 사랑은 보편적인데, 여기서 보편성은 인간과 다른 모든 피조물을 포괄함을 의미한다. 하나님의 사랑이 인간 사랑의 모범이 됨은 규범적으로 자명한 것이다. 따라서 생명세계 전체를 포함하는 하나님 사랑의 보편적 대상 범위를 따라 인간의 사랑도 인간을 넘어서서 피조세계 안의 모든 존재를 향해야 하며 하나님의 사랑의 방식에 상응하여 깊은 공감으로 친밀한 사귐을 추구하는 사랑을 일관성 있게 실천해야 한다는 것이 몰트만의 확고한 규범적 인식이다.[7]

Ⅱ. 동등배려와 생태적 적용

아웃카는 사랑 혹은 인간 아가페human agape를 '동등배려'equal regard라고 정의한다.[8] 여기에서는 동등배려로서의 사랑에 대한 아웃카의 이해를 진술하고 그의 기독교 사랑론을 생태적으로 전개하고자 한다. 대상 이해에 있어서 모두를 포괄한다는 의미에서의 '보편성'과 대가나 반응을 바라지 않고 대상을 위한 지속적이고 실제적인 이타적 실천을 요구한다는 의미에서의 '일방향성'을 규범적 중심으로 설정하는 아웃카의 아가페론이 인간이 아닌 다른 존재들에 대한 사랑의 윤리를 전개하는 데 있어, 곧 인간을 대상으로 하는 사랑의 윤리를 생태적으로 확장

7 Jürgen Moltmann, *Der Geist des Lebens: Eine ganzheitliche Pneumatologie*, 김균진 역, 『생명의 영: 총체적 성령론』(서울: 대한기독교서회, 1992), 291-355.

8 Gene Outka, *Agape: An Ethical Analysis* (New Haven and London: Yale University Press, 1972), 9.

하는 데 있어 유효하고 적절하다고 필자는 판단한다. 대상에 대한 평가와 연관된 '동등' 개념 그리고 사랑의 주체의 헌신과 연관된 '배려' 개념으로[9] 나누어, 각각의 개념을 설명하고 또 생태적 사랑의 관점에서 논술하고자 한다.

1. 동등의 관점과 생태적 사랑

동등배려로서의 사랑은 대상에 대한 자격 심사를 뛰어넘어 사랑하는 사랑이다.[10] 사랑의 조건을 설정하고 그 조건에 맞추어 대상을 평가하여 사랑의 유무, 사랑의 강도, 사랑의 연속성 등을 결정하는 것이 아니라는 말이다. 자격 심사를 뛰어넘어 사랑한다는 동등배려의 기준은 생태적으로 적용할 때도 적합하고 또 유효하다. 사랑의 의도와 행위를 위한 그 어떤 조건도 설정하지 않고 사랑 자체가 사랑의 이유가 되기 때문에, 생명세계의 모든 존재들이 사랑의 대상이 될 수 있으며 또 그렇게 되어야 한다는 규범적 기준을 끌어낼 수 있다. 모든 존재를 사랑하되 차별 없이 사랑해야 한다는 규범적 내용 또한 생태적으로 적용할 수 있을 것이다.

어떤 가치 인식을 가지고 사랑할 수 있고 또 사랑해야 하는가? 사랑의 대상으로서 인간에 대한 가치 인식을 생태적으로도 그대로 적

9 Gene Outka, "Agapeistic Ethics," in *Companion to Philosophy of Religion*, eds. Philip Quinn and Charles Taliaferro (Oxford: Blackwell, 1997), 483.

10 아웃카는 모든 인간이 갖는 동등한 가치 인식을 내포하는 개념을 강화하기 위해 '자격 심사를 뛰어넘는 배려'(unqualified regard)를 아가페에 대한 정의로 채택하는 것을 고려하기도 했다는 점을 밝힌 바 있다. Gene Outka, "Comment on 'Love in Contemporary Christian Ethics'," *Journal of Religious Ethics* 26-2 (1998), 438.

용할 수 있는가? 이러한 질문들은 인간이 아닌 다른 존재들을 도무지 축소할 수 없을 만큼 꽉 찬 가치의 존재로 또 다른 어떤 존재에 환원되거나 환치될 수 없는 독보적 가치의 존재로서 가치 인식하고[11] 사랑할 수 있으며 또 그렇게 해야 하는지에 대한 물음인 것이다. 이 물음에 대해 긍정으로 응답할 수 있는 근거는 충분하고 확고하다. 인간을 이러한 가치 인식으로 사랑해야 하는 근거는 신학적이다.[12] 아웃카의 비판가들의 주장처럼 인간의 보편적 가치에 대한 칸트주의적 인식이 주된 근거가 아니라 창조와 구원을 통해 선명하게 또 확고하게 드러난 하나님의 사랑이 그러한 가치 평가와 인식의 근거가 된다는 점에서 신학적이다.

창조론적 관점에서 창조세계 안의 모든 존재들은 그 가치에 있어 동등하다. 창조자 하나님은 온 우주와 그 안에 존재하는 만물을 창조하셨다. 하나님은 우주와 다른 피조물들을 신적 창조의 결과들 중 하나인 인간을 위한 자원이나 생존의 터전으로서 곧 인간 생존의 수단적 근거로 창조하신 것이 아니라 모든 피조물을 그 자체로 목적인 존재로 창조하신 것이다. 몰트만이 역설하는 대로, 창조의 완성혹은 절정은 여섯째 날 인간의 창조에 있는 것이 아니라 일곱째 날 안식에 있다. 곧 하나님이 만물 안에서, 만물과 함께 이루시고 누리시는 안식에 있다는 말이다.[13] 이를 인간 편에서 진술한다면, 만물과 더불어 하나님께 드리는 예배와 그 예배 안에서 누리는 안식이 창조의 절정인 것이다. 안식이 창조의 완성이 된다는 신학적 진실로부터 우리는 하나님은 창조하신 피조물 가운데 존재론적·가치론적 우열혹은 차이을 설정하시거나 허용하시지

11 Gene Outka, “Agapeistic Ethics,” 482-84.

12 위의 논문, 487-88.

13 Jürgen Moltmann, 『창조 안에 계신 하느님』, 326-30.

않는다는 점, 모든 피조물들은 다양한 생명의 양식樣式을 보유하고 각 생명에 고유한 잠재성을 발현함으로써 하나님의 창조와 구원의 사역에 참여하며 궁극적으로 하나님 안에서 또 하나님과 함께 참된 안식과 사귐을 추구하게 된다는 점 등을 추론할 수 있다.

구원론적 섭리의 관점에서도 신적 창조의 결과들 사이에 차이는 없다. 하나님은 창조 이후 섭리적 사랑으로 인간만을 돌보시지 않는다. 하나님의 섭리적 사랑의 대상은 창조하신 '모두'를 포괄한다. 하나님의 섭리에 담긴 열정과 헌신의 관점에서 인간을 비롯하여 어떤 특정한 대상에 대한 특혜나 편애는 존재하지 않는다. 하나님은 창조하신 존재들을 각각에게 부여하신 생명의 계획과 잠재성을 온전히 실현하는 방향으로 지속적으로, 변함없이 그리고 차별 없는 사랑으로 돌보시고 인도하신다. 아울러 하나님의 궁극적 구원의 대상은 개별 존재로서 인간의 영혼만이 아니다. 영혼만이 아니라 육체를 포함하여 전인을 구원하시며, 인간만이 아니라 지으신 모든 것을 구원의 대상으로 포함하신다. 로마서의 증언대로, 피조물들은 해방을 위한 갈급함 속에 있다롬 8:18-22. 하나님은 그러한 갈망에 응답하시고 그들도 새 하늘과 새 땅으로 인도하시며 종말론적 완성에 응답하는 찬양의 주체가 되게 하신다. 하나님의 구원 앞에서 차별은 있을 수 없기에, 구원론적 관점에서 인간중심적 배타성은 허용될 수 없는 것이다.

이렇듯 하나님 앞에서, 하나님의 창조와 섭리와 구원의 역사 앞에서 모든 피조물들은 동등하다. 생명의 방식이나 역할 등의 관점에서 다름이 있을지 모르나, 그 가치에 있어서는 우열 혹은 차이가 없으며 그러기에 그들 가운데 위계적 질서를 설정하는 것은 타당치 않다. 이러한 가치 인식에 근거하여 사랑의 윤리를 논한다면, 모든 피조물들을 '보편적으로' 사랑해야 하며 사랑하되 '차별 없이' 그렇게 해야 한다는 점은 자연스러운 규범적 귀결이 될 것이다.

2. 배려의 관점과 생태적 사랑

앞에서 잠깐 언급한 대로, 배려에 담긴 중요한 규범적 의미는 일방향성이다. 사랑의 대상의 대가나 반응에 상관없이, 그 대상을 일관성 있게 또 지속적으로 사랑해야 한다는 것이다.[14] 사랑의 이유는 사랑의 대상의 조건이나 자격에 대한 평가도 아니며 그 대상으로부터 오는 대가나 반응도 아니다. 무언가 반대급부가 있기에 혹은 반대급부를 적극적으로 기대하거나 필요로 하기에 사랑한다면, 그것은 사랑이 아니라 이해타산적 계산의 행위라고 보아야 한다는 것이 아웃카의 생각이다. 동등배려의 일방향성을 인간이 아닌 다른 존재들과의 사랑에 적용할 수 있는가? 충분히 가능하다. 예를 들어, 반려동물과 사랑의 관계를 형성할 수 있다. 반려동물을 사랑의 대상으로 삼아 사랑할 수 있다는 것이다. 수많은 증언을 통해 돌봄이나 사랑의 대상인 반려동물이 인간 행위자가 보이는 반응과는 동일하지 않다고 하더라도 인간의 행위에 대해 반응을 보일 수 있고 또 그렇게 한다는 사실을 확인할 수 있다. 반려동물을 사랑하고 그 사랑에 대한 반응을 기대할 수 있냐는 질문에 대해 긍정으로 답할 수 있을 것이다. 이를 역으로 생각한다면, 반응에 상관없이 일방향적으로 돌보고 사랑할 수 있는 가능성이 있으며 또 규범적으

14 Gene Outka, *Agape*, 16-20.

로 그러한 일방향성을 규율할 수도 있는 근거를 반려동물의 반응성에서 찾을 수 있다. 반응에 상관없이 대상을 지속적으로 또 일관성 있게 사랑해야 한다는 것이 '일방향성'의 규범적 본질이기 때문이다.

그렇다면 사랑의 궁극적 결실로서 친밀한 사귐 혹은 상호적 관계 형성을 생태적 사랑에도 적용할 수 있는가? 그 가능성을 전적으로 배제할 수는 없을 것이다. 반려동물의 예에서 본 대로, 반응이 있을 수 있고 사랑의 개시와 그것에 대한 반응 그리고 재반응이 이어지면서 인간과 동물 사이에 일종의 상호적 관계가 형성될 수 있으며, 그 관계의 심화를 경험할 수 있을 것이다. 다만 사랑의 대상이 누구이냐에 따라 상황이 다를 수 있다는 점은 지적해 두어야 하겠다. 생명의 종류에 따라 반응의 유무나 양태가 다를 수 있기 때문에, 본성적으로 반응을 보이지 않는 생명체와는 상호적 관계를 형성하지 못할 수도 있을 것이다. 이런 경우에 사랑의 궁극적 결실로서 상호적 관계가 형성되지 못했기에, 불완전한 사랑이라고 단정할 수 있는가? 그렇게 단정할 수 없는 주요한 반론은 인간의 사랑에서도 한계적 상황으로 인해 상호적 사랑의 관계가 형성될 수 없는 경우가 있는데 이를 적절하게 고려해야 한다는 주장이다. 자기희생적 이타성의 규범에 응답하여 헌신적으로 대상을 사랑하지만, 그 대상이 한계상황에 처해 있기 때문에 응답할 수도 없고 어떤 관계성을 형성할 수도 없는 경우들이 있을 수 있다는 말이다.

또한 배려는 대상의 필요나 복지 그리고 최선을 찾고, 찾았으면 온 힘을 다해 충족시키고자 하는 헌신을 규범적으로 내포한다. 이같은 행위자의 헌신은 생태적 사랑에서도 규범적으로 유효한가? 규범적 적용의 가능성을 얼마든지 찾을 수 있다고 본다. 다시, 반려동물과의 사랑의 관계를 예로 생각해 본다면, 반려동물에게 본성적인 혹은 나름대로의 필요나 복지의 요건들이 있고 또 생명체로서 향유해야 할 최선의 조건도 존재하며 그러기에 사랑의 행위자는 그러한 필요나 복지 그리고 최선에 주목하여 그것을 충족시켜 주기 위해 노력하는 구체적인 사례를 우리는 어렵지 않게 찾을 수 있다. 행위자의 동기가 그러한 이타적 헌신에 대한 당위적 인식에 근거한 것이든, 사랑의 대상으로서의 반려동물에 대한 자연스러운 정서적 지향끌림에 근거한 것이든, 인간을 대상으로 했을 때와 비교하여 그 헌신의 진정성이나 강도에 있어서 큰 차이 없이 사랑의 행위가 전개되는 증언을 우리는 얼마든지 찾을 수 있다는 말이다.

III. 내쉬의 생태적 사랑론 그리고 '생태적 동등배려'론과의 비평적 대화

1. 내쉬의 생태적 사랑 이해

1) 생태적 사랑의 조건

인격 상호 간의 사랑 그리고 인간과 다른 피조물 사이의 사랑 사이에는 유사점도 있지만 차이점도 엄존한다는 것을 전제하면서 내쉬는 생태적 사랑의 조건을 크게 세 가지로 제시한다. 첫째, 인간들 사이의 사랑은 서로를 동등한 주체로 여기는 것을 전제하지만 인간과 다른 피조물들의 관계에서는 그러한 동등한 지위를 부여하는 것이 적절치 않다고 주장한다. 특별히 둘 사이에 넘어설 수 없는 신학적·도덕적 구분이 있다는 것이다.[15] "인간만이 하나님의 관심과 가치판단에 응답할 수 있고, 생태계를 방어하는 기능을 수행할 수 있으며, 세계의 물품 소비를 신중하게 억제할 수 있는 창조적인 잠재력을 갖고 있다. 우리 인간만이 창조적인 약탈자이다. 이런 사실에 비추어 볼 때, 인간을 다른 피조물과 도덕적인 면에서 동급으로 취급하는 것은 합당한 것 같지 않다."[16]

둘째, 기독교 사랑의 규범적 요체를 이타적 자기희생이라고 본다면, 이러한 사랑의 규범을 자연과의 관계에 적용하는 것은 적절치 않다고 내쉬는 판단한다. 그는 예수 그리스도의 자기희생은 분명한 목적을 갖고 있다고 강조하는데, 그 목적은 자신의 십자가의 희생을 통해 하나님과 인간 사이의 깨어진 관계를 회복하고자 하신 것이다. 이 점을 생태적 사랑에 적용하여, 인간이 다른 피조물들을 위해 지고지순한 자기희생의 사랑을 실천한다면 그 사랑은 무엇을 위함인가? 예수 그리스도의 자기희생적인 이타적 사랑이 인간을 대상으로 할 때 설정한 목적과 동일하게, 자연과의 관계 형성과 둘 사이의 관계회복을 목적으로 할 수 있는지에 대해 내쉬는 신중한 입장을 취한다.[17]

셋째, 기독교 사랑은 규범적 판단을 본질적으로 내포하기에, 인간들 사이의 상호적 사랑에 적용하는 같은 방식으로 생태적 상황에 접근하는 것에 대해서 신중한 검토가 필요하다고 내쉬는 주장한다. 예를 들어, 근본적으로 "'용서'는 옳은 것과 그른 것을 판단하고, 선이나 악을

15 James A. Nash, *Loving Nature: Ecological Integrity and Christian Responsibility*, 이문균 역, 『기독교 생태윤리: 생태계 보전과 기독교의 책임』(서울: 한국장로교출판사, 1991), 234-35.

16 위의 책, 235.

17 위의 책, 236-37.

행하고, 회개하고 받아주며, 악을 악으로 갚거나 선으로 대하는 등 도덕적인 능력을 지닌 행위자 사이의 상호관계에서만 적절성을 [갖기]" 때문이다.[18]

이러한 조건들을 고려한다면 생태적 상황에서는 인간 상호 간 사랑의 상황보다는 "덜 엄격하게 해석되고 적용될 수 있다."는 점을 내쉬는 강조한다.[19] 다시 말해, 인간 상호 간의 사랑 그리고 인간과 생태계의 다른 존재들 사이의 사랑, 이 두 가지 사랑이 규범적으로 또 실천적으로 같을 수도 있고 또 다를 수도 있다는 점을 인식할 필요가 있다는 것이며, 특별히 다름의 관점에서 동일한 규범적 내용이 적용된다 하더라도 그 구현의 방식이나 정도는 차이가 있을 수 있다는 점을 내쉬는 밝히고 있는 것이다.

2) 기독교 사랑의 중요 관념들과 생태적 사랑의 실천

내쉬는 실천적 관점에서 기독교 사랑의 몇 가지 핵심적 관념들을 생태적 상황에 적용하여 설명한다.[20] 첫째, '은혜 베풂'이다. 은혜를 베푸는 것으로서의 사랑은 남의 일을 돌보는 것빌 2:4이며 서로 섬기는 것갈 5:13이다. 또한 굶주리고 헐벗고 병들고 부당하게 갇힌 자를 돌봄으로써 그리스도를 사랑하는 것마 25:31-46이다. 다른 피조물들에게 은혜를 베푼다면 인간은 어떻게 그 사랑을 실천할 수 있겠는가? 내쉬는 '친절

18 위의 책, 237.

19 위의 책, 238.

20 내쉬는 기독교의 생태적 개혁을 모색함에 있어 그 근본은 기독교 사랑에 대한 심도 있는 탐구여야 한다고 역설한다는 점을 이 지점에서 밝혀 두어야 하겠다 [James A. Nash, "The Bible vs. Biodiversity: the Case against Moral Argument from Scripture," *Journal for the Study of Religion, Nature and Culture* 3-2 (2009), 235].

하게' 대할 것을 권한다. 예를 들어, 딱따구리의 거주 공간과 식량 확보를 위해 죽은 나무의 밑동을 그대로 남겨둔다거나 여우 굴을 찾는 빈도를 낮춤으로써 여우들의 생존의 질서를 교란하지 않는다.[21] 이렇듯 "공기, 물, 토양, 성층권의 오염을 방지하거나 종들이 그들의 서식처에서 그 안정성과 다양성을 보존하도록 돕는 행위에서 구체적으로 나타난다."[22]

둘째, '타자 존중'이다. 사랑은 무례히 행하지 않으며고전 13:5 몸의 다른 지체들과 더불어 기쁨과 아픔을 공감한다고전 12:26. 생태환경에 대한 타자 존중을 어떻게 실천할 것인가? 내쉬는 무엇보다도 모든 형태의 인간중심주의와 싸워야 한다는 점을 지적한다. 지구 삼림을 단순히 건축이나 가구 제작을 위한 목재감으로만 본다거나 문명의 손길이 닿지 않은 천연의 자원을 인간의 개발 이전에는 아무 가치가 없는 존재로 판단하는 것 등에 내재되어 있는 인간중심적 가치관에 도전해야 한다는 것이다.[23] 타자 존중은 "자연계가 인간의 간섭에 의한 혜택과 상관없이 스스로 적응하고 상호작용하는 것을 만족하게 여긴다. 그러나 인간이 살아가는 데 반드시 필요한 것을 채우고, 인간에 의해 초래된 자연의 손상을 치료하기 위해 필요한 경우에는 생태계에 개입할 수밖에 없음을 받아들인다. 타자 존중은 피조세계의 진통을 함께 느끼고 괴로워하지만, 자연환경과 그 안에서 살아가는 갖가지 동식물을 돕는 길은 일반

21 James A. Nash, 『기독교 생태윤리』, 239-40.

22 위의 책, 240.

23 위의 책, 241-43. 이런 맥락에서 '모든' 윤리는 생태윤리여야 한다는 내쉬의 주장을 주목할 만하다. 모든 삶의 영역과 그 영역에서의 윤리적 이슈나 의제들이 생명세계(생태계)와 어떤 방식으로든 연결되어 있기에, 생태적 혹은 생태윤리적 관점을 견지하면서 그 모든 영역과 이슈·의제들에 접근해야 한다는 것이 내쉬의 생각인 것이다. 이러한 생각은 인간중심주의에 대한 강한 도전이라고 할 것이다 [James A. Nash, "Toward the Ecological Reformation of Christianity," *Interpretation* 50-1 (1996), 10].

적으로 말해서 인간이 개선하고, 아름답게 가꾸고, 길들이려고 노력하지 않는 것임을 안다."[24]

셋째, '수용성'이다. 타자와 자아를 받아들이는 것이다. 사랑의 대상의 행복한 삶을 소망한다. 뿐만 아니라 행복한 실존을 위해 자기 자신도 타자에게 수용되어야 함을 인정한다. 다시 말해, 존재 상호 간의 의존의 필연성을 받아들이는 것이다.[25] 인간과 다른 피조물들 사이의 관계에서 수용성은 '자기 충족성'과 대립한다. "오존층을 감소시키고, 살충제를 무분별하게 사용하며, 온대림과 열대우림을 파괴하고 마구 멸종시키는 것을 보면, 마치 우리는 지구의 다른 부분에 전혀 의존하지 않고 사는 듯하다. 수용성은 인간과 지구의 다른 종들이 본질적으로 상호의존적으로 연결되어 있음을 인정하며, 우리와 지구의 다른 요소 사이에는 친족관계가 성립된다는 사실을 받아들인다."[26]

넷째, '겸손'이다. 생태적 관계에서 겸손은 인간의 유한함과 부족함을 인정하는 것이다. 인간은 창조자가 아니며 하나님의 창조의 신비와 능력을 보유한 존재가 결코 아님을 받아들이는 것이다. 그러기에 겸손은 인간의 문명적 능력이 본질적으로 내포하는 피조물로서의 한계를 부인하는 '오만, 교만'과 '대칭'되며, 인간의 분명한 한계를 망각하게 하는 '승리주의를 치유하는 해독제'이다. 또한 겸손은 "가치를 무시하고, 자연이 지닌 잠재력의 한계를 무리하게 압박하는 과도한 생산과 소비[를] 바로잡는 치료제가 된다. 그러므로 겸손은 소박함과 검소함, 그리고 방종을 제어하는 절제와 서로 통한다고 말할 수 있다."[27]

24 James A. Nash, 『기독교 생태윤리』, 243.
25 위의 책.
26 위의 책, 243-44.
27 위의 책, 245.

다섯째, '이해'이다. 이해로서의 사랑은 모든 것을 다해 하나님을 사랑하는 것이며눅 10:27, 하나님이 사랑하시는 대상을 그렇게 사랑하는 것이다. 아는 만큼 혹은 이해하는 만큼 사랑할 수 있다. 대상을 더 깊이 이해하면 할수록 그 대상을 향한 사랑은 그만큼 깊어질 것이다. 진심으로 사랑한다면, 대상에 대해 더 깊이 알고 싶어 한다. 대상의 모든 것을 알고 싶어 한다. 이해라는 측면은 생태적 관계에 더욱 절실하게 적용되어야 한다고 내쉬는 강조한다.[28] "생태계에 대하여 인간이 갖고 있는 지식의 대부분은 단편적인 것이고 서로 연관성이 없[는데] 종들의 숫자조차 제대로 알려져 있지 않으며, 수없이 많은 먹이사슬의 상호작용 속에서 이 종들이 어떻게 상호의존하고 있는지에 대해서는 더욱 아는 것이 적다. 이런 상황 속에서 일어나는 하나의 위험은 무지와 태만이 결합된 인간의 행동이다. 즉, 아직 알려져 있지 않은 '쐐기돌'과 같은 역할을 하는 종을 살충제를 이용하여 죽일 수 있는데, 그런 행동은 생태계에서 생존하기 위하여 직접 간접으로 의존하고 있는 많은 종에게 결정적인 피해를 줄 수 있다. 그렇게 되면 생태계 전체가 무너질 수 있다. 그런 무지한 행동이 역사 속에서 고대나 현대를 막론하고 공통적으로 일어난다."[29]

여섯째, '사귐'이다. 사귐으로서의 사랑은 사랑의 주체들을 조화롭게 묶어 주는 것이며골 3:14, 성령의 하나 되게 하시는 역사 가운데 평화의 줄로 묶여 공동체를 이루는 것이다. 사귐은 "분리를 해결하는 것이요, 관계 속에서 온전함과 충만함을 추구하는 것이요, 사랑의 묶는 힘

28 위의 책, 247-48.
29 위의 책, 248-49.

을 보여 주는 마지막 표지"이다.[30] 사귐으로 성취된 사랑의 관계 안에서 하나로 묶임에도 불구하고 개성과 독특성이 보존되기를 바라며 온전한 연합의 관계 속에서 서로가 서로에게 사랑받는 존재가 되기를 소망한다. "하나님의 통치는 사귐 혹은 화해의 온전한 실현이기 때문에 사귐은 궁극적으로 구원이라고 할 수 있다."[31] 특별히 내쉬는 생태계 위기의 맥락에서 인간과 자연의 관계성을 논하면서 이 둘은 "정교하게 연결되어 있다"는 점을 강조하는데, 이러한 '연결됨'을 고려할 때 인간이 초래한 위기는 인간종에게만 부정적 영향을 끼치는 것이 아니라 생태계의 다른 구성원들에게도 큰 고통과 위협으로 다가올 수밖에 없다는 점을 분명하게 인식할 필요가 있다고 역설한다.[32]

기독교 사랑의 본성과 생태적 실천을 연계한 내쉬의 논의에서 탐색할 수 있는 규범적 통찰을 요약적으로 정리해 보자. 우리는 이 세계 안에서 인간과 공존하는 모든 존재들을 인간을 위한 수단이 아니라 목적 자체로 존중하며 그들을 동등한 사랑의 대상으로 삼아 돌보고 섬기는 책임적인 삶을 살아야 할 것이다. 이러한 책임적인 삶을 위해 인간은 동료 생명들을 정확하게 또 더 깊이 이해하기 위해 힘써야 할 것이며 인간이 아닌 다른 존재들이 없이 인간은 존재할 수 없고 온전한 잠재성의 실현과 행복에 이를 수 없다는 상호의존성을 겸손하게 인정해야 할 것이다. 생태적 사랑을 실천하고자 하는 기독교회와 신자들은, 하나님과 인간 그리고 인간과 인간 사이의 사랑과 마찬가지로, 친밀한 사귐과 공동체 형성을 궁극적 목적결실으로 설정하고 모든 존재들을 묶어 하나

30 위의 책, 250.

31 위의 책.

32 James A. Nash, "Ethical Concerns for the Global-Warming Debate," *The Christian Century* 109-25 (1992), 774.

의 충만한 생명의 공동체를 일구어 가시는 성령님의 사랑의 역사에 동참해야 할 것이다.

3) 생물의 권리

권리는 인간의 전유물이 아니다. 모든 '생명들'을 창조하신 하나님은 창조하신 모든 것을 목적으로 귀하게 여기신다. 다시 말해, 모든 생명체들에게 하나님은 가치를 부여하고 계신 것이다. 그러므로 인간을 위한 수단적 의미만을 가지고 있는 것이 아니라 수단 그 이상 곧 목적 자체로서 받아들여야 한다. 내쉬는 이 점을 다음과 같이 설명한다. "인간이 아닌 유기체동물과 식물는 다른 것들의 목적을 위한 수단 이상의 존재이다: 그들은 자신들을 목적으로 갖고 있다. 그렇다면 모든 것을 사랑하는 하나님의 생명체 중심적인 가치에 충실하고 다른 피조물을 생물학적 친족으로 대우하는 모든 도덕 행위자는 능동성을 지닌 모든 종種들을 존중해야 한다. 슈바이처에 따르면 '살려는 의지'는 '생명에 대한 경외'를 불러일으킨다."[33]

생물의 권리라 하면 구체적으로 무엇을 의미하는가? 내쉬는 생물의 권리장전을 통해 하나님의 피조물로서 마땅히 보장받고 향유해야 할 기본적인 생물의 권리들을 제시한다.[34] 크게 여덟 가지 항목을 포함하는데, "존재하기 위하여 자연의 경쟁에 참여하는 권리",[35] "개체 생물

33 James A. Nash, 『기독교 생태윤리』, 281.

34 위의 책, 290-95.

35 여기서 내쉬는 인간의 도덕적 기준이나 관점에 따라 자연의 질서를 판단하지 말고 다른 생명들의 생존의 질서를 그들의 편에서 이해할 필요가 있다는 점을 밝히고 있다. "종들의 복리와 그 개체들의 수가 최대한 확보되는데 대하여 도덕적인 관심을 보이는 최선의 길은 인간의 보호나 간섭 없이 종들과 그 개체들이 상호작용하며, 생존을 위한 투쟁에 적응해 나가도록 하는 것이다. 이것은 '잔

이 자신의 생태적 기능을 수행하기 위하여 기본적인 필요와 기회를 만족스럽게 가질 수 있는 권리",[36] "건강하고 온전한 서식처를 가질 권리", "자신과 같은 종류를 재생산할 수 있는 권리", "인간에 의해 멸종되지 않고 자유롭게 발전될 수 있는 잠재력을 충분히 발휘할 수 있는 권리", "인간의 잔인하고 악독하고 경솔한 사용으로부터 해방될 권리", "인간의 행위에 의해 붕괴된 자연이 본래 상태의 모습으로 회복되도록, 인간의 개입을 통하여 보상받을 수 있는 권리",[37] "종의 생명력 유지에 필요한 자원을 공정하게 분배받을 수 있는 권리" 등이다.[38]

이러한 권리들은 인간이 아닌 다른 생물들에게는 자명한 것이어서, 그들과 함께 생명 공동체를 이루고 살아가는 인간은 생물의 권리가 최대한 보장될 수 있도록 힘써야 하는 도덕적 의무가 있다고 내쉬는 주장한다.[39] 특별히 그 권리를 철회하거나 제한해야 할 상황이 발생한다면 도덕적 이유를 명백하게 또 정당하게 제시하되 '분별력'과 '균형감

혹한' 육식동물을 도덕적인 면에서 비난한다거나 생태계를 길들여서 '온순하고 부드러운' 질서로 바꾸려고 하지 않는 자세, 즉 자연의 거칠고 혼란스러워 보이는 질서를 받아들임을 의미한다" [위의 책, 292].

36 자연 존중은 우선적으로 개별 생명들이 생존을 위해 필요로 하는 '존재방식의 체계와 생존의 근거가 되는 원천'을 적절하게 보존할 수 있도록 힘쓰는 데 있다고 내쉬는 강조한다 [위의 책, 292-93].

37 자연의 복원을 위해 인간의 개입이 요구된다고 주장하면서, 내쉬는 몇 가지 구체적인 보기를 제시한다. "복구를 위한 활동으로 우리는 오염된 강과 만(灣)을 깨끗하게 만들고, 인공부화를 통해 희귀한 맹금류를 번식시키며, 헐벗은 광산을 복구하고, 소택지의 물을 조절하며, 캘리포니아 떡갈나무 덤불과 같은 어떤 생태계의 경우, 자연이 활력을 유지하도록 자극을 주기 위해 불을 적절히 이용하는 것을 그 예로 들 수 있다" [위의 책, 294].

38 이 항목은 "어떻게 하면 자연에 따른 존속기간이 끝날 때까지 그들과 같은 종류를 보존하는 데 필요한 자원을 종들에게 공정하게 지속적으로 나누어 주느냐"에 관한 것이며, 기본적으로 은신처 확보와 유지가 요구된다. 구체적인 방안으로 "습지나 어떤 서식지에서 '그물 손실 방지'(no net loss) 관념을 활용하는 것"을 생각할 수 있다 [위의 책, 294-95].

39 이같은 주장과 연관하여, 생태적 공공선(ecological common good)의 개념을 주목할 만하다. 내쉬는 개체들의 권리라는 관점뿐 아니라 특정 종 혹은 모든 생물종들의 권리라는 관점을 존중하면서 생물의 권리를 논할 필요가 있다고 강조하면서, 생명체라면 모두가 본래적으로 보유하고 있는 '살아 움직이고 싶은 욕구'를 보장해 주기 위해 생물종들에게 기본적으로 필요한 생명체계를 보존하기 위해 힘써야 한다고 역설한다 [James A. Nash, "Biotic Rights and Human Ecological Responsibilities," *The Annual of the Society of Christian Ethics* (1993), 161].

각'을 견지하며 그렇게 해야 한다고 강조한다.[40] "균형감각은 우리에게 다른 피조물과 그 서식처에 손상을 주는 것이 정당화되는 경우를 면밀히 살펴보도록 조언해 준다. … 분별력의 원칙은 파괴적인 행위가 일반화되고 분산되기보다는 의도한 목표에만 초점이 맞추어져서 '주변의 죄 없는 것들'이 해를 받지 않고, 의도하지 않았던 부수적인 손상이 발생하지 않도록 조심해야 함을 가르친다."[41] 이런 맥락에서 자명한 생물의 권리들을 제한할 수 있는 이유들혹은 근거들을 정당하게 또 타당성 있게 정립하는 것은 필요한 윤리적 과업이 될 것이다. 내쉬는 몇 가지 이유들을 제시하는데, 생물의 권리를 적절히 옹호하고 또 실제적으로 보장하는 생태적 실천에 유익하다. 그 이유들로 내쉬는, "인간의 기본적인 필요의 충족음식, 옷, 집, 의약품", "귀중한 인간의 가치 실현인간의 창조성 실현, 운송, 교역 등을 통한 문화생활 – 그러나 검약과 유지 가능성을 염두에 두어야 한다", "자기 방어활동 — 곡식을 파괴하는 해충, 해로운 박테리아, 도시의 쥐, 집요하게 달려드는 모기를 물리치기 위한 대책", "지나치게 번성하는 종의 숫자 조절 — 특히, 환경을 유지하는 능력을 초과하는 생태학적 외래종의 정복을 방지하기 위한 대책", "자연의 경쟁에서 밀리고 약탈자의 공격으로 멸종 위기에 있는 희귀하고 연약한 종이나 아종亞種을 보호하기 위한 특별한 조치", "생태학적으로 필수적인 종의 보호, 여기에는 먹이사슬의 생존 가능성을 유지하기 위하여 필요한 토양의 특정한 미생물" 등을 포함시킨다.[42]

40 James A. Nash, 『기독교 생태윤리』, 295-96.
41 위의 책, 297.
42 위의 책, 296-97.

2. '생태적 동등배려'론과의 비평적 대화 탐색

권리는 인간의 전유물이 아니며 다른 생명들에게도 적용되고 또 보장되어야 하기 때문에 단순히 수단적 지위로가 아니라 수단 이상의 지위 곧 목적의 지위를 정당하게 점할 수 있는 존재로 받아들여야 한다고 내쉬는 주장하는데, 이러한 존재론적 지위에 관한 인식은 근본적으로 하나님의 창조 그리고 신적 창조와 연동된 하나님의 피조물에 대한 가치 인식에 그 뿌리가 있다. 특히 슈바이처의 사상을 존중하면서, 내쉬가 살려는 의지를 생명경외의 공통적 근거로 확인한 점을 주목할 필요가 있다. 이런 맥락에서 모든 생명들은 사랑의 대상이 될 수 있는 것이다.

또한 기독교 사랑의 본질을 정리하고 그 사랑을 생태적으로 적용하려는 시도를 진지하게 수행한다는 점을 고려할 때, 내쉬는 자연 사랑을 정당한 도덕적 명령으로 이해하고 있다고 평가할 수 있다. 우리가 본 대로, '타자 존중'의 생태적 적용을 통해서 내쉬는 자연과 그 안에서 존재하는 생명들을 단순히 인간의 목적을 위한 수단이나 자원으로 보는 인간중심적 관점을 경계하고 인간뿐 아니라 모든 생명들이 목적으로 존중되어야 한다는 신념을 피력한다. 이러한 신념을 동등배려의 관점에서 논한다면, 인간뿐 아니라 다른 피조물들도 목적 자체로 정당한 사랑의 대상이 되어야 한다는 점을 추론할 수 있을 것이다. 자연과 자연의 존재들을 목적으로 존중하며 그들에 대해서 사랑의 도덕적 명령을 수행하는 것이 마땅하기에, 생태적 사랑의 구체적 실천을 위해 대상에게 유익을 끼치고자 적극적으로 자기 자신을 헌신하는 이타적 돌봄과 섬김이 요구되며 스스로를 낮추어 사랑의 대상에 다가서고 기꺼이 사랑하고자 하는 겸손의 자세가 필요한 것이다. 마음가짐이나 자세를 갖추는 것으로 그쳐서는 안 되고 대상의 생존에 이바지하는 사랑의 실천이 되기 위해서 대상에 대한 이해를 높이고자 하는 노력은 자연스럽게 동반되어야 할 도덕적 과업인 것이다. 다만 기독교 사랑에 대한 내쉬의 생태적 해석과 적용은 인간이 아닌 자연의 다른 생명들을 사랑의 대상으로 포함하지만 개별 생명체의 생존, 전체 생태계의 보존과 유지 등을 주된 가치로 삼는 생태적 틀을 강하게 전제한다고 볼 수 있다. 다시 말해, 생태적 사랑은 개별 생명체들이 본성적으로 주어진 생명의 가능성을 충분히 실현하고 그 생명체들이 함께 형성해가는 전체 생명세계를 조화롭게 보존·유지하는 데 의미 있게 기여할 때 참된 사랑으로 여겨질 수 있다는 것이다. 이 점에서 동등배려의 대상 이해 곧 하나님의 창조와 구원의 사랑에 근거하여 자격 심사를 뛰어넘어 모든 존재를 도무지 축소할 수 없을 만큼 꽉 찬 가치의 존재로 또 다른 어떤 것에도 환원혹은 환치될 수 없는 독보적 가치를 보유한 존재로 사랑하라는 명령을 내포하는 사랑의 대상 이해와는 궤를 같이 한다고 볼 수는 없다. 내쉬의 생태적 사랑은 대상에 대한 가치 인식보다는 개별적·전체적 생명과 생태 질서의 보존·신장이라는 목적 구현에 더 큰 비중을 설정하고 있다는 것이다. 또한 생태계를 형성하는 구성원들이 유기체적으로 연결되어 있고 생명의 과정의 전개라는 관점에서 서로 영향을 주고받을 수밖에 없다는 인식에 터하여, 인간의 행위가 전체 생태계에 또 역으로 생태계의 개별 구성원이나 전체 생명세계가 인간종에게 긍정이든 부정이든 영향을 미칠 수 있기 때문에 인간의 생태적 사랑은 자기사랑의 동기와 목적을 내포하고 있다는 평가를 덧붙여야 하겠다.

인간과 인간이 아닌 다른 피조물들이 '동등한' 사랑의 대상이 될 수 있는지에 대해서는 신중한 접근이 필요할 것으로 보이는데, 특별히 내쉬는 신학적·도덕적 관점에서 구분을 설정하는 듯하다. 창조자 하나님은 창조하신 모든 존재들에 고유한 생명의 질서를 부여하셨고 그 질서에 상응하여 생명의 잠재성과 계획을 충분히 실현하기를 원하시며, 그러한 방향에서 애정 어린 섭리의 역사를 이루어 가신다. 다만 내쉬는 인간과 인간이 아닌 피조물들 사이에 생명의 목적이나 계획 혹은 역할의 관점에서 차이를 두는 것으로 판단되는데, 도덕 행위자로서 규범적으로 판단하고 실행하는 필요성과 역량에 관한 논의를 '인간론적으로' 제한하는 것이 그러한 판단의 중요한 근거라고 할 수 있다. 구원론적 관점에서도 인간과 다른 피조물들 사이의 구분이 탐지된다. 예수 그리스도의 구원의 역사는 우선적으로 인간을 대상으로 한 것이며 인간과의 관계 회복이 구원의 목적이라는 점을 강조하면서, 자연에 대한 하나님의 사랑을 구원론적으로 확장하는 것을 내쉬는 경계한다고 평가할 수 있다.

내쉬의 생태적 사랑은 규범적으로 일방향성을 포함하는가? 기독교 사랑의 특징을 '은혜 베풂'으로 규정하고 이 개념을 생태적으로 적용할 수 있는 여지를 분명하게 열어 둔다는 점에서, '은혜 베풂'에 내포된 이타적 희생과 섬김이 생태적으로 구현될 때 대가나 반응을 바라지 않는 일방향적 사랑의 실천으로 귀결될 수밖에 없다고 평가할 수 있다. 다만 앞에서 본 대로, 개별 생명의 생존과 전체 생태계의 보존·신장에 기여하는 행위를 초점으로 해서 생태적 사랑을 논한다는 점에서, 내쉬의 이해는 사랑의 행위가 가져다줄 반대급부에 대한 고려를 완전히 배제한다고 볼 수는 없다. 아울러 생물의 자명한 권리를 옹호하면서도 그 권리가 제한될 수 있는 이유를 신중하게 탐색하고 인간에게 생길 수 있는 생태적 해악을 최소화하거나 방지하고자 하는 노력을 정당화한다는 점도 반대급부의 고려의 맥락에서 주목해야 할 지점이라고 생각한다.

대상의 필요나 복지 그리고 최선을 고려하는 '배려'의 관점에서 내쉬는 충실하게 생태적 사랑을 실천하고자 한다. 앞에서 살펴본 것처럼, 개별 생명과 전체 생명세계에게 부여된 질서와 잠재력을 최대한 발휘해야 한다는 명확한 방향성을 견지하며 생태적 사랑을 전개하고자 한다는 점에서, 대상의 최선을 이해하고 그 실현에 기여하려는 '배려'의 규범적 중점을 반영하고 있다고 할 수 있다.

Ⅳ. 맺는말

생태적 사랑에 관한 지금까지의 논의를 참고하면서 몇 가지 신학적·윤리적 제안을 하고자 하는데, 이 제안들이 생태적 사랑 실천의 성숙에 의미 있는 기여를 할 수 있기를 바란다. 첫째, 사랑 자체이신 하나님의 존재와 활동을 모범으로 삼아 동료 존재들에 대한 사랑에 힘쓸 것을 제안하고자 한다. 삼위일체론의 주요 주제 중 하나는 내재적 삼위일체immanent trinity와 경륜적 삼위일체economic trinity의 관계성이라는 주제이다. 전자는 삼위의 '안'을 향한*ad intra* '아드 인트라' 그리고 후자는 '밖'을 향한*ad extra* '아드 엑스트라' 삼위일체 하나님의 존재와 사역을 다룬다. 전자의 관점에서 삼위 하나님은 상호침투하는 사랑으로 완전한 사랑의 일치를 이룬다. 내재적 삼위일체 하나님은 경륜적 삼위일체 하나님과 동일한 분이시다. 그러므로 하나님의 '밖'을 향한 존재와 활동은 '안'을 향한 존재와 활동에 상응한다. 여기서 창조하신 인간과 역사와 세계를 향한 삼위일체 하나님의 존재와 활동의 내용은 다름 아닌 '사랑'이다. 자기 자신을 온전히 내어 주는 사랑이며 온전한 사귐을 추구하는 사랑이다. 창조자 하나님은 이 사랑으로 지으신 세계를 돌보시고 다스리시고 궁극적 완성을 향해 이끌어 가신다. 이 사랑으로 '완전하신' 하나님은 "그 해를 악인과 선인에게 비추시며 비를 의로운 자와 불의한 자에게 내려" 주시는 분이다[마 5:45].

하나님은 초월하실 뿐 아니라 내재[임재]하시는 신적 존재라는 것은 기독교의 근본적인 신학적 신념이다. 하나님이 피조세계에 임재하시는 까닭은 무엇인가? 여러 가지로 답할 수 있겠으나, 무엇보다도 창조하신 세계를 섭리하시기 위해서이다. 하나님이 친히 창조하신 인생과 세계와 역사를 지탱하고 보존하고 궁극적 완성으로 이끌어 가시기 위해 임재하시는 것이다. 요한복음 3장의 증언대로, 온 세상을 '이처럼 사랑'하시기에 임하시고 섭리하시는 것이다. 이 사랑을 받은 우리는 어떻게 하나님을 사랑할 수 있을까? 사랑의 대상이 소중히 여기는 것을 우리도 소중히 여기고 사랑하는 것이 가장 우선적인 사랑의 길일 것이다. 하나님은 지으신 세계를 소중히 여기신다. 그러므로 하나님을 사랑하고자 하는 우리는 하나님이 창조하시고 소중히 여기시는 이 세계를 사랑함을 통해서 하나님을 사랑할 수 있고 또 그렇게 해야 하는 것이다.

둘째, 세계 그리고 세계 안의 존재들과의 바른 관계 형성에 관한 것이다. 우리가 사랑해야 할 세계를 어떻게 바라보고 또 사랑할 것인가? 무엇보다도 세계와 그 세계 안에 존재하는 생명들을 섬김의 대상으로 인식하고 사랑을 실천해야 할 것이다. 창세기 1장에서 하나님은 땅을 정복하고 모든 생물을 다스리라고 명령하신다[28절]. 정복하라는 명령을 적절치 못하게 해석해 온 역사를 기독교는 가지고 있음을 부정할 수 없을 것이다. 이 명령은 인간 본위로 혹은 인간 마음대로 해도 된다는 '허용'을 내포하는 것이 아님은 분명하다. 인간의 뜻을 따라 일방적으로 개발하고 때론 착취해도 된다는 의미가 아니라는 말이다. 개발하고 이용하고 인간의 영역을 넓혀간다는 의미에서의 정복이 아니라, 다스림 혹은 리더십의 개념을 더 강하게 내포한다고 할 것이다. 그렇다면 어떤 다스림이고 어떤 리더십인가? 창세기 2장 창조 이야기의 관점에서 읽으면 섬기는 리더십이다. 창세기 2장 15절에 따르면, 경작하고 돌보아야 한다. 여기서 '경작한다'는 말을 받는 히브리어 동사는 '아바드' עבד 로, '섬기다, 예배하다, 종으로 일하다' 등의 뜻이 있음을 주목해야 한다. 인간은 피조세계와 다른 피조물에 대해 섬김과 돌봄의 리더십을 발휘해야 하는 것이다. 또한 전체 피조세계의 주권은 하나님께 있다는 신학적 진실로부터 생각한다면, 인간의 다스림은 청지기적 다스림이다. 궁극적 주권자이신 하나님을 대신하여 하나님의 뜻대로 다스리는 것이어야 한다는 말이다.

인간은 하나님이 창조하신 다른 존재들을 동역자로 여기고 또 실제적으로 동역을 구현해야 한다. 시편 119편은 하나님은 말씀으로 만물을 세우시고 만물이 하나님의 종이 되었다고 증언한다[89-91절]. 만물이 하나님의 종이다. 인간만이 하나님의 종이 아니라 만물이 하나님의 종인 것이다. 그러므로 인간은 만물과 함께 하나님께 종이 되고 하나님의 뜻을 이루는 동역자가 되어야 하는 것이다. 이 세계 가운데 하나님 나라를 일구어가기 위해 합력하여 선을 이루도록 함께 부름 받은 존재들임을 잊지 말아야 할 것이다. 그러므로 하나님 나라의 궁극적 완성을 소망·지향하며 동료 인간뿐 아니라 인간이 아닌 다른 동료 존재들과 더불어 하나님의 뜻을 받드는 소명의 공동체를 이루어야 할 것이다.

셋째, 사랑의 궁극적 결실로서의 '코이노니아'혹은 친밀한 사귐를 온 세계와 세계 안의 모든 존재로 확장하기 위해 힘쓸 것을 제안한다. 앞에서 살핀 대로, 생명의 영이신 성령께서 하나님이 창조하신 모든 존재들을 하나의 그물망으로 연결하여 생명의 공동체를 형성·유지해 가신다. 특별히 성령이 일구어 가시는 공동체를 성경은 가족의 유비로 설명함에 유의해야 한다. 예수 그리스도는 부활의 첫 열매이며 하나님의 가족의 으뜸이라고 증언한다롬 8장; 고전 15장. 그 뒤를 따라 구원받은 인간도 하나님의 아들딸 곧 하나님의 가족이 된다. 마지막 날에 있을 구원의 완성 곧 궁극적 구원을 애타게 기다린다. 다만 인간만이 기다리는 것이 아니다. 인간과 더불어 살아가는 모든 존재들도 구원을 기다린다. 부활의 영광을 애타게 기다린다. 구원의 첫 열매 되신 예수 그리스도를 따라, 그들도 구원의 완성을 함께 기다리는 것이다. 구원받고 함께 하나님의 가족이 되기를 간절히 바란다는 사실에 대한 증언인 것이다롬 8:21. 그러므로 생태적 사랑의 삶을 살고자 하는 이들은 모든 존재들의 궁극적 구원을 위해 일하시는 하나님의 구원 역사에 충실하게 동참할 뿐 아니라 가족으로 부르신 하나님의 뜻을 받들어 전체 생명세계의 모든 존재들자매형제들과 더불어 친밀한 사귐을 적극적으로 추구하는 생태적 실천과 삶을 기독교 신앙의 핵심으로 수용해야 할 것이다.

제 4 장

기후위기에 대한 신학적·윤리적 응답

이 장은 다음의 문헌을 수정·보완한 것이다. 이창호, "기후위기에 대한 신학적 응답: 맥페이그와 노스코트를 중심으로," 『장신논단』 55-1 (2023), 117-54.

지구온난화로 대표되는 기후위기의 심각성은 아무리 강조해도 지나치지 않다. 여러 가지 위기의 징후들은 우리의 일상적 삶에도 가까이 다가서 있다. 해수면 상승으로 지도에서 사라진 섬들을 어렵지 않게 찾을 수 있고 세계적으로 유명한 도시들 중 일부는 가까운 미래에 침수될 위험에 처해 있다. 생태계에 지대한 영향을 끼쳐 생물종의 멸종이라는 비극을 상당한 정도로 직면할 수 있다는 예상도 결코 쉽게 넘길 수 없다. 산업혁명 이전을 기점으로 1.5도 오르는 것이 지구온난화의 임계점으로 받아들여지고 있는데, 2015년에만 해도 2026년경 임계점에 도달할 확률을 0%로 예상했지만 최근 세계기상기구WMO 연례보고서에 따르면 2022년부터 2026년까지 5년간 1.5도를 넘길 확률이 50%에 가깝다고 한다.[1] 임계점을 넘어서면 생태계가 회복 불능의 상태에 빠지게 될 것이라는 진단에 대해 경각심을 갖고 경청해야 할 것이다.

기후위기에 대해 온 인류가 뜻을 모아 절박하게 대응해야 한다는 것은 당위적 명령이 되고 있다고 해도 과언이 아니다. 하나님을 전체 세계의 창조자로 고백하는 기독교회와 신자들은 누구보다도 생태계 파괴의 현실 앞에서 위기극복과 생명세계의 복원·증진을 위한 책무의식을 확고히 하고 구체적인 실천에 매진해야 할 것이다. 기후위기에 대한 책임적 대응을 절체절명의 사명으로 받아들여야 한다는 말이다.

본 장에서 필자는 기후위기에 대한 기독교적 응답을 모색하고자 한다. 특별히 기후위기의 심층적 원인과 대안에 대해 신학적으로 또 윤

1 이근영, "5년 내 산업화 이전보다 지구온도 1.5도 상승 확률 50%," 『한겨레』, https://www.hani.co.kr/arti/society/environment/1042220.html, [게시 2022.5.10.].

리적으로 논구하고자 하며 이를 위해 체계적인 이론적·실천적 논의와 탐구를 전개한 두 신학자에 주목할 것인데, 맥페이그Sallie McFague와 노스코트Michael S. Northcott이다. 전자는 기후위기에 대한 강력하고 신속한 대응을 촉구하며, 기후위기에 일조하는 '인습적' 신학에서의 근본적 전환을 주장한다. 이는 인간론, 신론, 교회론 등을 중심으로 신학적 대안을 탐색하고 제안하는 점에서 중요하다. 후자는 지구온난화의 심층적 원인을 분석하고, 기후위기 대응을 위한 신학적·윤리적 기초를 구축하는 데 의미 있는 성과를 내고 있다. 이런 점에서 이 두 신학자의 논의와 탐구는 기독교가 기후위기에 신학적이며 윤리적으로 응답하는 데 있어 깊이 있는 담론의 토대로서 적절하고 유효하다고 볼 수 있다.

필자가 하고자 하는 바는 크게 두 가지다. 먼저 맥페이그를 중심으로 기후위기에 대한 경각심과 기본적인 대응 자세에 대해 논할 것이다. 맥페이그는 지구온난화의 현실과 결과를 인식할 뿐 아니라 체감해야 함을 강조하며 실질적인 행동을 촉구한다. 다음으로 기후위기의 심층적인 원인과 그것에 대한 신학적·윤리적 응답을 탐구하고 서술하는 것이다. 맥페이그와 노스코트의 주요 주장들을 종합적으로 살필 것인데, 이를 위해 둘 사이의 비평적 대화도 포함시킬 것이며 기후위기에 응답하는 기독교 신학과 윤리를 심화된 형태로 전개할 것이다. 주요 논점은 자연법적 신학과 윤리에 대한 논의를 중심으로 한 규범적 방향성 모색, 기계주의적 세계관 비평과 세계의 존재론적 특성에 대한 신학적 기초 탐색, 신자유주의 경제에 대한 신학적·윤리적 비판과 대안적 교회론 모색 등이다. 규범적·실천적 방향성에 대한 결론적 제안을 함으로써 본 장을 맺고자 한다.

Ⅰ. 기후위기 인식과 경고 그리고 기본적인 대응 자세

1. "기후변화의 현실을 부인하지 말라"

인류의 여러 가지 심각한 문제들을 인간의 힘으로, 특히 과학기술의 힘으로 극복했던 과거를 기억하며 지구온난화 문제도 충분히 극복할 수 있다고 주장하는 이들도 있지만 이 문제는 근본적으로 다르다는 것이 맥페이그의 생각이다. "만일 온도가 21세기에 계속해서 점차적으로 상승해서, 사람들과 동식물들이 적응할 시간을 준다면, 온실가스를 점차적으로 줄여나가는 것이 적절한 행동일 것이다. 그러나 지금 현실은 그렇지 못하다. IPCC[Intergovernmental Panel on Climate Change] 제4차 보고서에 따르면, 산업혁명 이후 지구의 온도 상승률이 이미 전대미문의 높은 수치이다. 지구의 온도 상승이 이미 상당한 차원에 도달하여, 양성 피드백positive feedback 효과를 내고 있을 정도로 불안한 현상이 벌어지고 있다."[2] 맥페이그는 '양성 피드백 효과'에 대한 러브록James Lovelock의 서술을 인용하여 위험성을 이해하도록 도움을 준다.

> 지구온난화 문제가 그토록 심각하고 급박한 문제인 것은 지구 체계인 가이아Gaia가 양성 피드백의 악순환 고리에 사로잡혔기 때문이다. 지구의 온도가 높아지면, 온실가스에 의해서든 북극의 빙하나 아마

2 Sallie McFague, *A New Climate for Theology: God, the World, and Global Warming*, 김준우 역, 『기후 변화와 신학의 재구성』(고양: 한국기독교연구소, 2008), 19-20.

존 삼림이 사라지기 때문이든 간에, 온도가 더욱 높아지게 되고, 그 영향은 단순히 적응할 만한 것 이상이 된다. 마치 우리가 몸을 덥히려고 불을 피웠다가 방심하면 연료를 쌓아놓았기 때문에 불이 가구에 옮겨붙어 통제할 수 없게 되는 것과 같다. 일단 이런 일이 벌어지면 이를 끌 수 있는 시간적 여유가 없다. 지구온난화 역시 불처럼 에 가속도가 붙게 되어, 여유부릴 시간이 없다.[3]

맥페이그는 양성 피드백의 강화가 북극 빙하를 더욱 빠른 속도로 녹이는 결과로 이어지는 것에 대한 과학자들의 우려를 전한다. 빙하는 '태양 빛을 반사하여' 지구온난화의 급격한 진도를 완충하는 역할을 하는 반면, 바닷물은 '태양열'을 흡수하는데 그 열로 빙하가 녹으면 바닷물의 양이 늘고 연쇄적으로 지구의 온도는 높아질 것이며 또 해수 온도의 증가는 해빙을 강화해 해수면이 높아지는 결과를 낳게 된다는 것이다. 2007년 IPCC 보고서가 예측한 속도보다 더 빠르게 진행되고 있다는 것이 현실이기에 이러한 위기 상황의 도래도 촉진되고 있다는 주장이 설득력을 얻고 있는 것이다. 맥페이그의 인용이 이를 단적으로 드러낸다. "바다와 육지가 지구온난화에 반응하는 것처럼 보이지만 실제로는 지구온난화를 증가시키는 방식으로 반응한다는 것이 양성 피드백이다. 좋은 소식이 아니다."[4]

지구온난화는 부인할 수 없는 사실이며 이미 시작된 온난화의

3 Tim Flannery, *The Weather Makers: How We Are Changing the Climate and What It Means for Life on Earth* (New York: HarperCollins, 2005), 166, Sallie McFague, 『기후 변화와 신학의 재구성』, 20에서 재인용.

4 Proceedings of the National Academy of Science(과학 아카데미 회보)에 대한 Corinne Le Quere의 코멘트, Sallie McFague, 『기후 변화와 신학의 재구성』, 21에서 재인용.

추세는 더욱 강화될 수밖에 없다는 점을 분명하게 인정하고 받아들일 것을 촉구하면서, 맥페이그는 그렇게 인정하고 받아들인다면 불가피하게 행동하게 될 것이라고 강조한다. "기후변화는 간단히 말해서 21세기의 가장 중요한 문제이다. … 기후변화는 우리 시대의 모두가 한마음으로 대처해야 할 가장 중요한 문제이며, 실제로 우리 시대의 "제2차 세계대전"이다. 전 세계적으로 정신을 바꾸고 행동을 바꾸는 운동으로 발전해야 하는 최대의 위협인 것이다."[5]

2. "기후변화의 영향에 대한 우리의 취약성을 내면화하라"

맥페이그는 기후변화가 가져다줄 치명적 영향을 알리는 대표적인 '경고음' 두 가지를 소개하는데, 하나는 기후의 불안정성이고 다른 하나는 지구 얼음의 급격한 해빙이다. 지구온난화는 기후의 급격하고도 예상이 불가능한 변화를 초래한다. 맥페이그는 이를 "우리가 상상할 수 있는 가장 충격적인 경고 중 하나"로 보는데, 그 이유는 인간의 모든 삶의 영역과 그 안에서 진행되는 모든 생명의 활동이 안정적인 기후 체계를 당연하게 여기고 구성되기 때문이다. 지구온난화가 초래할 기후의 불안정성은 인류가 누려온 '편안한 일상생활'을 빼앗아가게 될 것이라는 우려인 것이다.[6]

또한 엄청난 속도와 규모로 진행되는 지구 얼음의 해빙도 결코 간과해서는 안 될 경고음이다. 예를 들어, 시베리아 '영구동토'의 해빙

5 Sallie McFague, 『기후 변화와 신학의 재구성』, 24.
6 위의 책, 27.

은 심각하다. 이 지역은 700억 톤 정도의 탄소를 품고 있으며 그 양은 지구가 매년 배출하는 탄소량의 10배에 해당하는 양이라고 한다. 영구동토가 억제하고 있던 탄소가 지표 위 대기로 쏟아져 나온다면 어떤 일이 벌어질지에 대해, 맥페이그는 단적으로 '생태학적 산사태'라는 표현을 쓰며 그 심각성을 알린다.[7] "기후는 예측할 수 없는 것이 되었으며, 온도가 급상승하고 있으며, 빙하들이 통제할 수 없을 정도로 녹아내리며, 우리의 미래에는 여러 끔찍한 사건들이 벌어질 가능성이 매우 높다면, 우리는 어떻게 "우리가 이제까지 알아왔던 생활"에 의지할 수 있겠는가? 우리는 더 이상 기후에 의지할 수 없게 되었다는 진실을 직시해야만 한다."[8]

3. "기후변화의 결과를 직시하라"

결과를 직시할 것을 역설하면서 맥페이그는 정의의 관점에서 이를 더욱 강조한다. 지구온난화에 가장 크게 기여한 국가들은 제1세계에 속한 국가들이 다수라는 것은 부정할 수 없는 사실이다. 그런데 지구온난화가 초래한 고통과 위험에 가장 강한 정도로 노출되고 또 앞으로도 그럴 가능성이 높은 사람들과 국가들은 누구인가? 이 물음에 대한 답도 분명하다. 가난한 사람들과 가난한 국가들이다. 이런 점을 고려할 때 더더욱 결과를 직시하고 제1세계나 자국 중심의 관점이 아니라 가난한 이들과 국가들을 포괄적으로 고려하는 광범위한 관심과 관점을 가지고

7 위의 책.
8 위의 책, 28.

대응책을 적극적으로 또 민첩하게 모색해야 한다는 것이 맥페이그의 생각이다.[9] "제1세계는 자신들을 위해서만이 아니라 타인들, 특히 가장 가난하고 취약해서 우리의 방탕한 소비주의로 인해 가장 고통을 겪게 될 사람들을 위해서 "결과를 직시"해야만 한다. 기후변화 시나리오는 다른 상황들과 비슷해서 부자와 가난한 사람들이 매우 다른 삶의 가능성과 결과를 맞이하게 된다. … 우리가 인간을 철저하게 공동체적인 관점에서 새롭게 이해하지 않는다면, 우리는 또다시 속임수에 빠지게 될 것이다. 즉 개인의 단기적인 이익을 추구하면서 장기적인 관점과 기본적인 상호연결성과 상호의존성의 진실을 무시하는 것은 속임수에 지나지 않는다는 말이다."[10]

4. "행동할 방법을 찾아라"

IPCC 보고서에서 분명히 제안한 대로, 지구온난화에 대한 구체적 대응은 공과 사를 망라하여 모든 영역과 자원을 총동원하는 방식이 되어야 한다고 맥페이그는 강조한다. 개인, 기업, 국가, 사회를 구성하는 모든 부분들과 구성원들이 경쟁하거나 다툴 것이 아니라 공동의 목적을 위해 협력해야 한다는 것이다. 온실가스를 줄이는 기업에게 세금 혜택을 주고 기업은 에너지 효율이 높은 제품을 생산하며 개인은 생활 방식을 바꿈으로써 그렇게 할 수 있다. 이렇듯 모든 차원과 영역에서 지구온난화에 대응하는 협업이 이루어져야 한다는 당위적 명령의 중요성

9 위의 책, 33-35.
10 위의 책, 35.

을 역설하면서, 맥페이그는 그 심층의 동기에 주목한다. 기업과 국가의 차원에서 무언가 극복과 해결의 실천 방안을 강구하는 것도 절실하지만 우리 자신이 변하지 않는다면 그러한 노력은 온전한 결실을 맺을 수 없다는 말이다. 우리 자신이 가장 강력한 적이 될 수 있다는 점을 반드시 기억하고 스스로를 변화시키는 싸움을 치열하게 벌여야 한다고 강조한다.[11] 무엇보다도 자발적으로 우리의 관점과 세계관과 삶의 방식을 바꾸기 위해서 힘써야 하겠지만 외부적 통제와 강제가 없다면 개인적 차원의 동기부여와 변화를 충분히 일으킬 수 있을지에 대해 의문부호를 찍는 한편, 맥페이그는 개인과 정치의 연관성을 주목하면서 몬비오트George Monbiot를 적절하게 인용하여 독자들의 이해를 돕는다. "우리가 섬기는 신, 우리의 입맛에 맞는 신이 초래한 기후변화의 파괴를 억제할 수 있는 것은 오직 정부의 규제 조치, 그 정말로 인기 없는 규제들 뿐이라고 말하게 된 것이 유감스럽다. 우리가 정부를 설득해서 정부가 우리의 사는 방식을 강제로 바꾸도록 만들지 않는다면, 인간이 만든 지구온난화는 제지하지 못할 것이다."[12] 여기에 순환이 있다. 정치사회 공동체를 구성하는 개인들이 정치와 행정이 온전히 구현될 수 있도록 견제하고 참여해야 하지만 동시에 국회의원과 같은 공적 일꾼들을 바로 선출하여 그들이 우리의 욕망이나 약점, 잘못된 삶의 방식 등을 제어하고 교정할 수 있는 '필요한 규제 조치'를 마련할 수 있도록 해야 한다는 점에서 그렇다.[13] "따라서 개인의 변화와 공공의 규제 사이에 춤을 추는 것이 필요하며, 개인과 정치가 서로 번갈아 가면서 그 춤을 이끌도록 해

11 위의 책, 37-41.

12 George Monbiot, *Heat: How to Stop the Planet Burning* (London: Penguin, 2007), xxi, Sallie McFague, 『기후 변화와 신학의 재구성』, 41에서 재인용.

13 Sallie McFague, 『기후 변화와 신학의 재구성』, 41.

야 한다. 우리는 지금 개인과 정치 모두의 측면에서 심각한 작업을 수행해야 할 시대를 맞이하고 있다. 우리는 지구 위에서 인간의 위치에 대한 우리의 생각을 진지하게 검토해야 하며, 마치 세계대전을 맞이해서 우리의 생활방식을 완전히 바꿔야 하듯이 우리의 모든 자원을 동원해야만 한다."[14]

지구온난화로 대표되는 기후위기에 대해 면밀하게 검토·인식하고 지성적 인식을 넘어 위기를 전인적으로 체감하고 수용할 것을 역설하면서, 맥페이그는 세계의 모든 시민들과 다양한 형태의 정치사회 공동체들이 개인적·공동체적 '절박성'을 가지고 가용한 모든 수단과 자원을 동원하여 구체적으로 실천할 것을 강력히 권고하고 있는 것이다. 이제 맥페이그의 위기 진단과 대응 자세에 대한 권고를 존중하면서 기후위기에 대한 신학적·윤리적 응답혹은 기후위기 대응 신학과 윤리을 모색하고자 하는데, 노스코트와 맥페이그의 기후위기 신학과 윤리를 중심으로 그렇게 할 것이다.

14 위의 책, 43.

Ⅱ. 기후위기와 신학적·윤리적 응답

1. 기후위기 대응을 위한 규범적 방향성과 자연법적 신학과 윤리 모색

1) 도덕적 '옳음'과 생태적 예언

노스코트가 기후위기의 심각성을 알리고 또 어떻게 극복할 것인지에 대해서 건설적으로 제안하고 있는 점도 주목해야 하지만 위기 인식과 대응의 필요성이 신학적으로 또 윤리적으로 어떤 의미가 있는지에 대해 충실하게 논한 점을 긍정적으로 평가해야 할 것이다. 특별히 윤리적 접근의 관점에서 공리주의적 접근뿐 아니라 의무론적 접근도 중시한다는 점을 밝혀 두어야 하겠다. 왜 심각한 위기에 이르게 되었는지를 밝히고 그러한 부정적 과정을 뒤집어 무엇을 또 어떻게 할 것인지에 대해 탐구·성찰하고 대안을 제시하고자 하는 노력은 공리주의적·결과주의적 접근이라고 할 수 있는데, 노스코트는 여기에 머물지 않고 무엇이 '옳은' 판단이고 행동인지에 대해서도 관심을 둔다는 점에서 의무론적 접근도 취하고 있다고 할 수 있다. 우리는 지구온난화의 심각성을 분명하게 인지하고 구체적인 실천을 통해 위기극복에 기여하고자 하는 구체적인 노력들을 그의 주장에서 어렵지 않게 찾을 수 있다. 쓰지 않는 전구를 끄기, 난방 온도를 적절하게 조절하기, 자동차로 가기보다 할 수 있는 대로 걷거나 자전거를 타기, 휴일은 집에서 가까운 곳에서 보내기,

로컬 푸드를 애용하기 등의 구체적인 실천사항들을 예시로 들어 상술하면서,[15] 노스코트는 이러한 구체적인 실천들이 탄소방출을 줄일 수 있기 때문에 '좋은' 것이기도 하지만 그것들이 "*본질적으로*intrinsically 옳기 때문에" 지속적으로 수행되어야 한다고 강조한다.[16] 이러한 실천들은 그 자체로 옳은 것이기에 그렇게 행하는 것이 의무 곧 마땅히 해야 할 바가 된다는 것이다. 지구온난화의 원인이 되는 삶의 방식이나 문화를 반성하고 기후위기 극복을 위해 순기능적으로 실천하고 살아내는 것은 규범적으로 옳은 것이라는 말이다.

노스코트는 '최초의 생태 예언자'로 여겨질 수 있는 예레미야의 시대와 오늘날 우리 시대 사이의 유비를 탐색한다.[17] 예레미야가 증언하는 대로, 이스라엘 멸망의 핵심적 원인들 중 하나는 하나님이 주신 율법에 대한 불순종, 특별히 안식일 계명에 대한 불순종에 있다. 안식일 계명은 하나님의 창조 원리를 선명하게 내포하는데, 특별히 '도덕적 제한들' 곧 생태적 한계설정을 분명하게 지시한다.[18] 경제적 부와 권력의 확보·증진을 위해 자연을 철저하게 수단화하여 무제한적으로 사용하지 말아야 한다는 것이 창조에 담긴 하나님의 뜻인데, 이를 어기고 피조세계와 동료 존재들을 부당하게 착취하고 있다는 것이다. "이스라엘의 땅이 정복당하고 또 오염된 이유는 당대의 이스라엘 왕조와 상인 계급이 땅에 대해 과도한 생태적 비용을 요구했기 때문이다."[19] 예레미야에 따르면, 여호와 하나님이 이스라엘과 맺은 언약은 '우주적 언약'인데, 이

15 Michael S. Northcott, *A Moral Climate: The Ethics of Global Warming* (New York: Orbis, 2007), 188-266.

16 위의 책, 273.

17 위의 책, 12.

18 위의 책, 11.

19 위의 책.

언약의 틀 안에서 "하나님이 지으신 세계에 대한 인간의 개입은 지속적으로 작용하는 하나님의 창조의 힘을 인정해야 한다."[20]

노스코트는 예레미야를 통해 들려지는 생태적 담론을 오늘날의 상황에 적용한다. 예레미야의 생태적 예언이 현재 인류가 겪고 있는 기후위기를 이해하고 설명하는 데 있어 '강력한 내러티브'의 틀을 제공한다는 점을 밝히면서, 노스코트는 "산업 자본주의가 생산해 내는 과도한 온실 가스는 현대가 신처럼 받드는 세속적 이성, 기술의 힘 그리고 부의 축적에 대한 헌신의 결과"라고 강조한다.[21] 자연에 대한 도구화와 물질적·경제적 확장을 위한 무분별한 개입으로 생명세계가 심대한 위기를 맞이하게 되었다는 점을 인지하면서 '경제'에 경도된 인간의 문명이 생태계의 질서를 존중하는 규범적 방향성을 견지해야 할 것을 역설한다.[22]

2) 자연법적 신학과 윤리

노스코트는 구약성경이 인간과 자연 사이의 관계성 그리고 하나님과 세계나 세계의 존재들 사이의 관계성에 대한 뚜렷한 관점을 내포하고 있다는 점을 밝히면서, 이러한 '관계성'에 대한 성서적 논지는 현대의 '윤리적 개인주의나 주관주의'와는 분명히 다르다고 주장한다.[23] 구약성경은 자연 질서에서 '도덕적 가치들과 목적들'을 탐지할 수 있고

20 위의 책, 12.
21 위의 책, 14.
22 위의 책.
23 Michael S. Northcott, *The Environment and Christian Ethics* (Cambridge, UK: Cambridge University Press, 1996), 164.

또 그것들에 근거하여 도덕적 삶을 구축해 나가야 한다는 신념을 내포하며 기독교의 자연법 이론 역시 하나님이 창조하신 '우주'를 통해서 자연과 인간이 추구해야 할 목적과 관계성에 대한 규범적 방향성을 찾을 수 있고 또 그렇게 해야 한다는 점을 견지한다고 노스코트는 지적한다.[24] 다만 범신론자들이 주장하는 바와 달리 자연 질서는 하나님과 존재론적으로 동일하지 않다는 것이 성서적 인식이라는 점을 밝히는데, 오히려 그것은 "하나님의 지혜와 선하심과 질서 잡으시는 손길을 반영한다고 할 것이다."[25] "히브리 전통에서 하나님이 창조하신 자연 질서는 하나님의 존재와 지혜와 선하심을 반영하지만 비이원론적 종교들이 믿는 대로, 자연 질서가 하나님과 일원론적으로 일치한다는 것을 의미하지 않는다. 창조 질서에 대한 히브리적 개념과 자연법에 대한 기독교적 전통에서, 창조의 질서와 선성은 하나님의 존재를 *반영하며* 그리하여 인간 삶의 도덕적 목적이나 선과 연관이 되는 도덕적 의미를 가지는 것으로 확정된다."[26]

창조세계는 하나님의 '존재와 지혜와 선하심'을 반영한다는 신념은 성서적으로 뒷받침되는 신학적 신념이라는 것이 노스코트의 생각인데, 창조세계 곧 자연을 통해 하나님의 뜻과 계획이 드러난다는 점에서 기독교 생태신학은 자연법적이라는 이해인 것이다. 자연법 사상의 핵심은 자연세계나 인간 본성을 이성적으로 관찰하고 숙고하면 거기에서 자연적인 질서를 찾을 수 있고 그것을 마땅히 따라야 하는 기준으로

24 위의 책.

25 위의 책, 165.

26 위의 책. 노스코트는 성경은 '자연에 대한 인간적 형성'에 큰 영향을 끼친다는 점을 견지하면서, 그러한 형성이 '생태적으로' 유의미하게 이루어지기 위해 성경은 '도덕적 근원'으로서 작용해야 함을 강조한다 [Michael S. Northcott, "Loving Scripture and Nature," *Journal for the Study of Religion, Nature and Culture* 3-2 (2009), 252].

채택해야 한다는 것이다. 기독교 신학의 역사에서 자연법 이론을 가장 두드러지게 전개한 대표적인 신학자는 아퀴나스Thomas Aquinas이며, 노스코트 역시 아퀴나스를 주목한다.[27] 아퀴나스에 따르면, 자연법은 영원법에의 참여이며[28] 영원법은 세계에 대한 하나님의 보편적 섭리이자 계획이라고 할 수 있다.[29] 영원법에의 참여라는 개념은 영원법의 부분으로 참여한다는 의미를 갖는데, 특별히 이 참여는 목적론적 지향을 내포한다. 자연법을 따라 실천하고 살아감으로 하나님의 목적을 구현하게 된다는 점에서 또 하나님을 향하여 닮아가고자 하는 본성적 지향을 실현한다는 점에서 그렇다.[30] 여기서 세계를 영원법으로혹은 보편적 섭리로 다스리시는 하나님에 대한 신념은 신적 무소부재의 교리와 직결되는데, 노스코트는 하나님의 무소부재를 범신론으로 이해해서는 안 된다는 것이 아퀴나스의 생각이라는 점을 지적한다. 하나님이 모든 존재 안에 계신다는 신학적 명제는 만물이 하나님이 만물 가운데 두신 의도와 목적을 이루고자 하는 목적론적 움직임을 본성적으로 갖는다는 의미로 풀이해야 한다는 것이다.[31]

노스코트가 밝히는 대로, 아퀴나스에 따르면 '하나님'과 '진리'를 알 수 있는 통로는 자연법과 성경이다.[32] 자연법과 성경을 통해 알 수

27 Michael S. Northcott, *The Environment and Christian Ethics*, 226-48.

28 Thomas Aquinas, *Summa Theologiae*, I-II.91.2. "하나님 섭리 안에 있는 모든 것은 영원법이 규율이 되고 또 척도가 되어 움직이기 때문에, 만물은 어떤 형태로든 영원법에 참여한다. 영원법은 만물에 새겨져 있는데, 각각 어떤 행위나 목적을 향한 기질적 이끌림에 반응함을 통해서다. 이성적 피조물들은 다른 피조물들보다 좀 더 우수한 형태로 신적 섭리 안에 존재한다. … 그들은 영원한 이성에 참여하는데, 자신들에게 적절한 행위나 목적들을 향해 본능적으로 지향함을 통해서이다. 이러한 이성적 피조물의 영원법에의 참여를 우리는 자연법이라 일컫는다."

29 위의 책, I-II.93.1.

30 Bernard J. Wuellner, *Dictionary of Scholastic Philosophy* (Milwaukee: Bruce Pub. Co., 1956), 88.

31 Michael S. Northcott, *The Environment and Christian Ethics*, 227.

32 위의 책, 228.

있는 하나님의 뜻은 같은가? 기본적으로 차이가 없다. 자연법을 통해 십계명과 사랑의 이중 계명의 의미를 파악할 수 있다는 아퀴나스의 주장이 이를 뒷받침한다.[33] 그렇다면 하나님은 왜 이 두 가지 계시의 통로를 주신 것인가? 성경은 자연법에 대한 보완이라는 것이 아퀴나스의 대답이다. 이성의 오작용이나 작용중지 때문에 혹은 감정의 왜곡이나 정욕에 사로잡혀 자연법에 대한 온전한 이해에 이르지 못할 때 성경이 필요하다는 것이다.[34]

이 두 가지 통로는 인식론적 관점에서 이성과 믿음의 차이로 설명할 수 있을 것이다. 자연법은 이성을 통해 인지하며 성경은 믿음을 전제한다. 믿는 이들은 성경을 하나님 말씀으로 수용하며 그 말씀에서 하나님과 진리를 알아가게 되는 것이다. 노스코트는 믿음을 통한 성령의 임재에 대한 아퀴나스의 신학적 신념을 언급하는데, 신자들 가운데 임재하시고 역사하시는 성령님은 인간의 능력으로 일구어낼 수 없는 초월적 덕 곧 믿음, 소망, 사랑의 덕을 '주입'을 통해 얻게 하신다는 것이다.[35] 아퀴나스가 성경이 자연법을 보완하는 역할을 한다는 점을 명확히 하면서, 이 둘 사이의 연속성을 강조하는 점을 주목해야 한다. 자연법적 진실과 성서적 진실의 관계를 차이보다는 일치에 방점을 두고 이해하는 것이다.

노스코트는 아퀴나스의 자연법 사상이 '자연적 악'을 하나님 섭리의 '일부'로 보면서 악의 문제를 평가절하하는 등의 약점이 있지만,[36] 그럼에도 기독교 생태신학과 윤리를 모색하는 데 있어 중요하고도 유

33 Thomas Aquinas, *Summa Theologiae*, I-II. 100. 3, 11.

34 위의 책, I-II. 99. 2; I-II. 94. 6.

35 Michael S. Northcott, *The Environment and Christian Ethics*, 228.

36 위의 책, 231.

효한 '개념적 기반'이 된다고 강조한다. "자연법적 윤리는 자연 질서는 도덕적 질서라는 점, … 이 질서는 인간 사회와 도덕성을 위해 결정적이라는 점, 인간적 선들은 비인간적 세계의 선들과 상호의존적이라는 점, 이 질서는 양심과 이성의 힘에 의해 개별 인간 안에 내재하고 드러난다는 점 그리고 자연 질서에 근거한 도덕성은 인간의 모든 문화에서 발견된다는 점을 확정한다."[37] '자연 질서'를 통해 인간과 인간 공동체가 추구해야 할 규범적 방향성을 찾을 수 있다는 점에서 노스코트는 자연법적 윤리를 전개한다고 볼 수 있으며 이 점에서 아퀴나스와 연속성을 가진다고 평가할 수 있다. 창조세계에서 인간이 자연과 자연의 존재들과 어떤 관계성을 형성해야 하는지, 자연에 대한 인간의 책임은 무엇인지 등에 관한 윤리적 기준을 찾을 수 있고 또 그렇게 해야 한다는 것이다. 아퀴나스와 마찬가지로 신학적·규범적 진실의 원천으로서의 자연법과 성경의 관계를 가깝게 설정하지만 아퀴나스에 견주어 성경에 좀 더 비중을 둔다고 볼 수 있다. 기후위기의 관점에서 말한다면 노스코트는 자연법에 대한 위반을 위기의 심층적 원인으로 보며 극복의 길 역시 생태적 규범의 원천으로서의 자연법에 대한 존중과 실천에서 찾아야 한다는 점을 견지한다.

3) 창조론과 구원론의 연계

현대 기독교 신학의 담론에서 생태신학이 역동적으로 전개되고 있다는 점을 밝히면서 노스코트는 생태신학의 유형들 중 하나로 '생태

37 위의 책, 232.

중심적' 접근을 제시하는데, 대표적 학자 중 하나로 맥페이그를 든다.[38] 노스코트에 따르면, 이 접근은 분명히 강점을 가진다. 무엇보다도 인간과 인간이 아닌 다른 존재들 사이의 관계를 위계나 주종의 질서로 여기지 않고 연대와 협력과 공존의 관계로 본다는 점에 주목한다. 맥페이그는 세계를 '하나님의 몸'으로 규정하는데, 이 개념을 통해 하나님과 세계 사이의 거리는 상당한 정도로 근접하게 된다.[39] 맥페이그는 이 개념이 유비적 개념이기에 하나님을 완전히 육화하는 것은 아니라는 점을 분명히 하지만 그럼에도 "하나님의 내재와 초월은 세계 안에 몸을 입고 오심에서 가장 잘 이해될 수 있다."고 생각한다는 점을 노스코트는 지적한다.[40] 하나님은 '몸으로 구현된 우주의 영' the embodied spirit of the universe 이신 것이다.[41] 그러나 비평적 평가도 빼놓지 않는다. 통합이나 일치 혹은 조화로운 공존을 강조함으로써 인간과 비인간 존재들 사이의 경계를 전적으로 지워버리는 것이 아닌지에 대한 우려를 표한다. 노스코트는 맥페이그의 '하나님의 몸으로서의 세계' 개념은 '범신론적·일원론적 체계'로 기울 위험이 있다고 평가한다.[42] 노스코트는 맥페이그와 같은 생태중심적 접근의 옹호자들이 자연 안에서의 목적이라는 개념을 거부한다고 보는데, 이들은 '창조의 질서'가 손상되었다고 여기기 때문이다. 그러나 노스코트는 '물질적 실재와 최종적 목적 사이의 분리'는 "세계를 더 이상 도덕적으로 질서 잡힌 실재로 여기지 않게 되는 결과에 이

38 위의 책, 157-61.
39 맥페이그의 '하나님의 몸으로서의 세계' 이해에 대해 1장에서도 다루었는데, 참고하길 바란다.
40 Michael S. Northcott, *The Environment and Christian Ethics*, 158.
41 Sallie McFague, *The Body of God: An Ecological Theology* (Minneapolis: Fortress, 1993), 150.
42 Michael S. Northcott, *The Environment and Christian Ethics*, 158.

른다."고 우려한다.[43]

생태계의 위기와 그 위기 속에서 동료 존재들이 겪고 있는 고통에 있어 인간이 중요한 원인 제공자가 된다는 점을 분명히 하면서, 노스코트는 모든 생명들의 고통과 좌절은 하나님의 개입을 통해 변화될 것이라고 강조한다. 여기서 하나님의 개입은 예수 그리스도의 구원론적 역사를 핵심으로 한다. "하나님과 인간, 인간과 인간, 인간과 비인간, 비인간과 비인간 사이의 관계적 소외는 … 창조의 질서의 복원에 의해 변화되고 구속을 입게 될 것"인데, 이러한 변화와 구속은 바로 예수 그리스도의 성육신과 십자가와 부활을 통해서이다.[44] 또한 생태적 삶의 복원은 "구속을 입은 피조세계라는 교리의 복원과 피조세계의 창조자이자 구원자이신 하나님에 대한 예배의 복원을 요구한다."[45]

여기서 창조론과 구원론의 연계가 탐지된다. 예수 그리스도는 인간 영혼의 구주일 뿐 아니라 자연으로 대표되는 전체 세계의 주主이시다. 노스코트는 자연의 주로서의 그리스도에 대한 교리와 자연법 해석을 결부시킨다. 자연법에 대한 기독론적 논의와 해석이라 할 것이다. 자연법을 그리스도의 구속적 현존과 연결시킴으로써 자연법 논의를 기독론적으로 또 구원론적으로 확장한다. 창조와 구원의 연계의 맥락에서 살피는 것이 유익한데, 이레네우스적 '창조-구원 종합'에 대한 노스코트의 논의를 주목할 만하다. "신약성경에 뿌리는 두고 있는 이레네우스적 창조-구원 종합은 … 새로운 우주론과 윤리로 드러나는데 이 우주론과 윤리는 그리스도를 인간과 비인간을 포괄하여 모든 실재의 핵심에

43 위의 책, 160-61.
44 위의 책, 199-200.
45 위의 책, 222.

두며 인간과 우주를 위한 하나님의 창조적·구속적 의지와 긴밀하게 연결되어 있다."[46] 특별히 창조와 구원의 종합에 대한 이러한 신학적 신념은 피조세계와 물질에 대한 영지주의적 부정과 대결하는데, '그리스도의 부활'과 '신자들의 몸의 부활'에 대한 믿음 그리고 '그리스도의 창조적·구속적 사역의 목적'인 종말론적 '새 창조'에 대한 믿음에 근거하여 기독교 신앙은 "세계와 인간 몸의 근본적인 선성 그리고 인간과 자연, 육체와 영혼을 포괄하는 총체적 구원과 회복의 가능성"을 역설할 수밖에 없다는 것이 노스코트의 생각이다.[47]

맥페이그의 하나님의 몸으로서의 세계 이해가 '범신론적·일원론적 체계'와 동일시될 수 있다는 점을 우려하는 노스코트는 맥페이그의 생태신학의 틀 안에서 피조세계를 창조자와 구원자이신 하나님과 동일하게 봄으로써 세계의 구원에의 열망을 제거하고 구원을 창조에 종속시키는 결과에 이를 수 있다는 비평적 입장을 가진다고 볼 수 있다. 노스코트의 비평은 타당하고 정당한가? 무엇보다도 맥페이그는 하나님과 세계의 관계성을 공존과 상호작용에 방점을 두고 이해하지만 그렇다고 범신론적 동일시는 자신의 것이 아님을 분명히 한다. 세계를 하나님의 몸으로 봄으로써 세계와 하나님의 관계를 긴밀한 연관 속에 둔다고 해도 범신론적 일치까지 밀어붙이지는 않는다는 말이다. "하나님이 계시지 않는 곳은 없다. 그러면 이것은 범신론인가? 우리는 지금 하나님과 세계가 동일하다고 말하는 것인가? 아니다. 하나님과 세계는 동일

46 위의 책, 210.

47 위의 책. 노스코트는 아퀴나스는 이레네우스와 같은 고대 교부들의 우주적·생태적 구원론을 계승한 반면, '아퀴나스 이후 대부분의 서구 신학자들'은 구원의 논의를 인간중심적으로 곧 '구원을 인간 영혼에 배타적으로 제한하는' 방향에서 전개하게 되었다고 밝힌다 [Michael S. Northcott, "Planetary Moral Economy and Creaturely Redemption in Laudato Si'," *Theological Studies* 77-4 (2016), 899].

하지 않다. 하지만 우리가 제창하는 것은 우리에게 이 둘을 구별하기 위한 '이중적 시각'이 필요하다는 점이다. '이중적 시각'이란 하나님이 무언가 혹은 누군가를 통해서 중개된 형태로 현존한다는 것을 의미한다."[48]

또한 노스코트처럼, 맥페이그도 기본적으로 창조론과 구원론의 연계를 중시하며, 특히 성육신의 관점에서 창조를 바라보는 것을 통해 이를 실현한다. 맥페이그는 창조와 성육신의 유사성을 강조한다. 신자들은 예수 그리스도를 '렌즈와 모델'로 삼아 하나님과 세계와 자신들을 '해석'한다고 주장하면서, 그들에게 창조론과 성육신론은 다르지 않다는 점을 견지한다.[49] "창조와 성육신 모두에서 하느님은 만물의 원천이며, **그분 안에서** 우리가 태어나며 거듭난다. 이런 관점에서는 세계가 단지 물질이며 하느님은 영이신 것이 아니다. 오히려, 하느님과 세계 사이에는 연속성비록 동일성은 아니지만이 있다. 세계는 하느님의 "육신"의 육신이다. 나사렛 예수라는 한 사람 안에서 우리의 육신을 입은 하느님은 언제나 그렇게 해오셨다. 하느님은 이차적으로가 아니라 일차적으로 성육신이시다. 그러므로 창조를 이해하기 위해 적합한 그리스도교적 모델은 세계를 하느님의 몸으로 이해하는 모델이다."[50] 여기서 맥페이그는 하나님의 몸으로서의 세계 이해는 성육신 신학에 부합되는 모델이며 기후위기 시대에 기독교 창조론을 전개함에 있어 '적합한 모델'임을 강조한다.[51]

48 Sallie McFague, *Life Abundant: Rethinking Theology and Economy for a Planet in Peril*, 장윤재, 장양미 역, 『풍성한 생명: 지구의 위기 앞에 다시 생각하는 신학과 경제』(서울: 이화여자대학교출판부, 2008), 226-27.

49 Sallie McFague, 『기후 변화와 신학의 재구성』, 112.

50 위의 책.

51 위의 책.

세계를 하느님의 몸으로 보는 모델은 그리스도교의 성육신 전통과 연속성이 있을 뿐만 아니라, 우리 시대에 적합한 모델이다. 왜냐하면 이 모델은 우리로 하여금 이웃들에게 초점을 맞추도록 격려하기 때문이다. 이 모델은 창조의 교리를 일차적으로 하느님의 능력에 관한 것으로 이해하지 않고, 하느님의 사랑에 관한 것으로 이해한다. 즉 우리가 하느님의 몸 안에서, 그리고 하느님의 몸을 위해서, 어떻게 모두 어울려서 살아갈 수 있는가에 관한 것으로 이해한다. 이 모델은 가까이 있는 것, 이웃, 지구에 주목하며, 하느님을 나중에 천당에서 만나는 것이 아니라 지금 여기에서 만나는 것에 주의를 기울인다. 우리는 세계 안에서, 특히 세계의 육신 안에서, 하느님을 만난다. 즉 굶주린 이들을 먹이고 병든 이들을 치유하며, 온실가스를 줄이는 데서 하느님을 만나는 것이다.[52]

맥페이그에 따르면, '창조에 대한 성육신적 이해'는 하나님이 창조하신 존재들과 그들이 이루어가는 생명세계를 더욱 건실하게 세워가기 위해 힘쓰는 모든 일들은 '육체적'이기에 평가절하해서도 안 되고 또 그럴 수도 없다는 분명한 인식을 내포한다. 하나님의 몸인 세계가 기후위기로 고통하고 있다면 세계를 그 고통으로부터 해방시키기 위해 혼신을 다하는 것은 신자들이 마땅히 받아들여야 하는 도덕적 책무이며 그러한 책무를 실행함으로써 세계와 세계의 동료 존재들을 사랑하게 되며 또 그 사랑의 실천에서 세계 안에 계신 하나님을 만나게 된다

52 위의 책, 113.

는 것이다.[53]

4) 요약과 종합적 평가

기후위기 극복을 위한 노력은 인간과 인간 공동체에 '좋은' 것이며 유익한 것이라는 점에서 공리주의적이고 목적론적이다. 우리가 본 대로, 노스코트는 이러한 윤리적 특성을 인정하면서도 동시에 기후위기 극복을 위한 인류의 노력은 의무론적 특성이 있음을 강조한다. 결과나 유익에 대한 고려를 넘어서 그 자체로 '옳기' 때문에 그렇게 해야 한다는 것이다. 기후위기의 원인을 진단하는 데 있어서도 노스코트는 의무론적 기조를 중시한다. 심층적으로 원인은 마땅히 해야 할 바로서 '옳은' 윤리적 기준을 따르지 않은 것이다. 성서적으로 말하면 창조 안에서 탐지되는 하나님의 뜻과 계획을 내포하는 '율법'을 따르지 않은 것이며 좀 더 일반적인 개념으로 말한다면 자연법을 위반했기 때문이다. 우리가 본 대로, 극복의 길은 자연법 존중과 실천에 있다. 기후위기에 대응하는 규범적 방향성을 자연법에서 찾아야 한다는 말이다.

그렇다면 자연법은 완전한가? 다른 규범의 원천이나 규범적 방향성을 모색하는 다른 접근은 없는 것인가? 이 질문들에 대해 창조론과 구원론의 연계의 관점에서 답을 찾을 필요가 있을 것이다. 자연법적 질서로부터 어떻게 살고 실천하는 것이 옳고 좋은지에 대한 기준을 찾을 수 있지만 그것이 최종적인혹은 궁극적인 것은 아니다. 창조의 지평뿐 아니라 구원의 지평을 보아야 한다는 것이다. 노스코트는 예수 그리스도의

53 위의 책.

십자가와 부활을 통한 구원 곧 하나님 나라의 완성의 빛에서 자연법적 질서는 검토되어야 한다는 점을, 그리고 맥페이그는 성육신의 빛에서 창조와 창조의 결과인 세계를 온전히 이해할 수 있다는 점을 견지한다. 다시 말해, 노스코트는 하나님 나라의 관점을 그리고 맥페이그는 성육신의 관점을 존중하며 창조와 피조세계에 대한 기독론적·구원론적 검토와 성찰을 전개하고 있다는 것이다.

2. 인간과 창조세계의 존재론적 특성과 기독교적 응답

1) 근대의 기계주의적 세계관의 극복

노스코트는 기후위기의 심층적 원인으로 근대의 기계주의적 세계관이 지배적 영향을 끼친 점을 든다. 생태계 위기의 관점에서 이 세계관은 무엇이 문제인가? 무엇보다도 인간과 인간 공동체의 목적을 물적 자산의 확대와 향유에 둔다는 점이다. 이 점과 연동하여, 자연은 인간의 물질적 성장과 향유를 위한 도구에 지나지 않는다는 인식이 더욱 강화된다. 인간과 자연의 관계는 동료로서 연대·협력하고 공존하는 관계가 아니라 우열이나 주종의 구도에서 자연이 인간의 목적을 위해 봉사하거나 이용되는 관계로 경도될 수밖에 없게 된 것이다. 근대의 기계주의적 세계관은 공동체나 전체에 관심을 두기보다는 개별자 혹은 개인에 비중을 설정한다는 점 또한 노스코트는 지적한다.[54]

54 Michael S. Northcott, *The Environment and Christian Ethics*, 57-76.

근대적 세계관이 문제의 심층적 원인이라면 해결의 방향과 방식은 근대 이전에서 찾아야 하는 것인가? 세계관과 문화 혹은 삶의 방식의 관점에서 근대 이전 인류의 삶은 생태적이었는가? 노스코트는 근대 이전 유럽에서 '땅과 노동'은 '하나님의 창조 규례' God's creation ordinance 의 일부분으로 여겨졌으며 그것과 연관된 '도덕적 기준'들의 규율을 받는 것을 당연한 것으로 받아들였다는 점, "땅은 절대적으로 인간이 아니라 하나님께 속한 것이기에 자연은 수도원 농부들에게 자산이 아니라 선물의 의미가 있었다."는 점 등을 밝히면서, 근대의 기계주의적 세계관과 삶의 방식의 출현이 창조세계에 대한 생태적 존중을 침해하는 결과에 이르게 되었다고 주장한다.[55] 또한 '중세의 전통적인 종교적 세계관'은 인간이 자연과 자연의 존재들에게 '과도하게 인공적으로 개입하는 것'에 대해서 신중한 입장을 견지했다는 점을 지적하면서, 기독교 신앙이 자연을 지키고 보존하는 데 이바지했다고 강조한다.[56] 이로써 보건대, 노스코트는 중세 혹은 근대 이전으로의 회귀를 절대화하는 것은 아니지만 분명히 현대에 되살릴만한 부분들이 없지 않다고 보는 듯하다. 심층적 차원에서 말한다면, 근대의 문제는 인류가 채택해 온 구체적 삶의 방식과도 연관이 있지만 근본적으로 하나님이 창조세계 안에 두신 뜻과 계획 혹은 자연법 에 위배되는 방향성과 삶의 방식으로 기울게 된 것이라는 것이 노스코트의 생각이다.

맥페이그 역시 개별자를 전체를 이루는 부분 혹은 기계를 구성하는 부품 정도로 여기는 기계주의적 세계관에 대해 비판적이다. 하나님의 몸으로서의 세계 이해는 기계주의적 세계 이해에 대한 반제 反題 와

55 위의 책, 77.
56 위의 책, 84.

다름 아니다. 기계주의적 세계 이해가 지배적 영향력을 발휘하게 된다면, "우리는 세계의 부분들을 단지 외적으로만 관계를 맺고 있는 것으로 생각하고, 마치 자동차처럼 고장난 부속품을 새로운 부속품으로 갈아 끼울 수 있으며, 그래도 지구 전체에는 별다른 영향을 미치지 않는 것처럼 생각하게 마련이다."[57] 맥페이그는 이러한 세계 이해에 사로잡혀 있기에, 기후위기 속에 살면서도 지구의 구성원들이 '지구온난화의 의미'에 무지하며 온난화를 심화시키는 행위와 문화와 제도의 심각성에 둔감하게 된다고 한탄한다. 대안은 당연히 뒤집는 것이다.[58] 세계를 부속품들로 끼워 맞춰 이루는 기계적 실체로 볼 것이 아니라 '몸'으로 보는 것이다. '기계 속의 개인'이 아니라 '지구의 몸과 더불어 살아가는 몸들'bodies living with the body of the earth로 여기며 살아가자는 것이다.[59] "몸을 척도로 삼고, 몸을 세계와 우리 자신을 보는 렌즈로 삼을 때, 모든 것이 달라진다. 그것은 인간들이 몸으로서 다른 몸들과 지구의 몸에 의존해 있으며, 무한할 정도로 놀랍고 상상할 수 없으며 위태로운 방식으로 상호관계를 맺고 있으며 상호의존되어 있다는 것을 뜻한다."[60]

2) 생태적 존재론과 삼위일체 신학

노스코트는 세계에 대한 기계주의적 이해에 경도될 때 구체적인 상황과 관계 속에서 실존하는 인간의 존재론적 특성을 소홀히 하는 결과에 이를 수 있다는 점을 밝히면서, 이러한 특성을 인정하고 관계 속

57 Sallie McFague, 『기후 변화와 신학의 재구성』, 208.
58 위의 책.
59 위의 책, 209.
60 위의 책, 211.

에서 상호의존적 존재로 살아가야 함을 역설한다.[61] 인간과 인간 사이의 관계성뿐 아니라 인간과 인간이 아닌 다른 존재들 사이의 상호성과 공존을 중시하는 방향으로 세계를 바라보며 인간의 삶을 구성하고 영위할 필요가 있다는 것이다. 노스코트는 기독교 공동체의 본성에 대한 신학적 성찰을 통해 이를 뒷받침한다. 기독교 전통에서 진실과 진실의 공유는 "특수한 공간에 자리하고 있는 예배 공동체로부터 오는 것"이다.[62] 이러한 특수한 지역 공동체들은 그리스도의 몸과 연결되어 하나의 큰 몸의 일부로 참여한다는 점에 주목하면서, 노스코트는 그리스도의 몸 안에서 다양한 공동체들이 하나 됨을 이루며 이 하나 됨은 '지역이나 문화 혹은 시간'의 제한에 종속되지 않는다는 점을 밝힌다. 시간과 공간과 문화의 관점에서 다양성을 존중하면서 그러한 다양성을 넘어 상생과 공존의 공동체를 지향하는 존재론적 본성에 대해서 말하고 있는 것이다.[63] 기후위기의 실제적 원인으로서의 '세계적 차원의 시장 제국'은 이러한 인간과 인간 공동체의 존재론적 본성과는 확연하게 이질적이며 그 본성을 강력하게 거부한다. 이 시장 제국은 세계의 구성 주체들을 멀리 떨어뜨리는 구조를 선호한다. 이 구조 내에서, "인간을 포함한 생태 공동체와 안정적인 기후는 개인과 기업의 물적 축적과 무분별한 사회적 소비를 위해 희생될 수밖에 없다."라고 노스코트는 주장한다.[64] 다양성 안에서의 연결됨과 공존과 연대라는 본성을 소홀히 여기는 '경제'는 생태적으로 '책임적' 방향성과 양태를 내포할 가능성이 희박하다는 것이 노스코트의 진단이다.

61 Michael S. Northcott, *A Moral Climate*, 182.
62 위의 책.
63 위의 책.
64 위의 책, 182-83.

앞에서 언급한 대로, 노스코트에 따르면 구약성경은 창조세계는 인간과 비인간 사이의 관계성의 모델을 중요하게 내포한다는 점을 증언한다. 노스코트는 세계와 세계의 모든 존재들은 삼위일체 하나님의 창조의 결실이며 삼위일체 하나님이 창조하신 모든 존재들 곧 인간을 포함하여 모든 피조물은 그 기원과 목적에 있어 통일성을 이룬다고 강조한다.[65] 삼위일체적 생태신학을 전개한다고 평가할 수 있는데, 삼위일체적이라 함은 삼위 간 사귐과의 유비를 가지면서 하나님과 세계 그리고 세계의 존재들 사이의 '사귐'을 생태적 원리로 견지하고자 한다는 점에서 그렇다.

바울서신과 요한서신은 예수 그리스도의 공생애와 십자가와 부활의 우주적 의미를 중시한다고 밝히면서, 노스코트는 신약성경은 물질적 창조에 대한 영지주의적 부정에 비판적이라는 점을 분명히 한다.[66] 특별히 이러한 신약성경의 신학적 신념과 뚜렷한 연관을 가지면서 하나님의 창조를 긍정한 이레네우스Irenaeus of Lyon의 성육신적 삼위일체 신학에 주목한다. 이레네우스는 물질은 '근본적으로 악하다'는 생각을 거부하며 오히려 물질은 하나님이 창조하신 결과이기에 선하다는 인식을 드러낸다. '물질세계 안에 있는 악으로의 경향성이나 부조화'는 "물질적 몸을 입고 오신 성자 하나님의 성육신과 십자가와 부활을 통해 속죄 받고 구원 얻게 될 것이다."[67]

건톤Colin Gunton의 해석을 참고하면서 노스코트는 하나님과 피조세계 사이의 관계성에 대한 신념은 이레네우스의 삼위일체 신학에 의

65 Michael S. Northcott, *The Environment and Christian Ethics*, 266.
66 위의 책, 207.
67 위의 책, 208.

해 강화된다는 점을 밝힌다.[68] '창조를 위한 하나님의 의지'는 성부와 성자와 성령의 '동반자됨' partnership 을 통해 '정립된다'. "영원하신 하나님은 보이지 않고 비물질적이지만 로고스와 소피아로서 이 영원한 초월적 하나님은 창조 때 하나이신 분으로 살아 있는 몸의 성육하신 아들 안에서 보이신다. 피조물은 창조/구원의 경륜 안에서 성자를 통하여 보이지 않는 하나님과 연결되며, 로고스와 소피아를 통하여 하나님은 만물을 함께 붙드시고 지탱하시고 또 돌보시면서 그들의 목적을 향해 이끌어 가신다."[69] 예수 그리스도의 성육신을 통해 창조의 선함은 확정되며 '우주의 육화된 삶 가운데 구원되어야 할 부분'은 구원의 길을 얻게 되는 것이다.[70] 다만 하나님과 세계 사이의 삼위일체적 연관이 범신론적 동일화는 아니라는 점을 노스코트는 지적한다. 범신론적·일원론적 생태신학의 존재론과 달리, 삼위일체적 생태신학은 "자아와 타자 그리고 다수와 하나 사이의 구분, 인간과 비인간의 다양성 그리고 우주 안에서의 삶에 있어 육화되고 물질적인 부분을 위한 기반을 제공한다."는 것이다.[71]

인간과 인간이 아닌 존재들 사이의 관계를 생태계의 본질적 특징으로 강조하는데, 이는 삼위일체 하나님의 사귐과 신학적 유비를 갖는다는 점과 연관이 되지만 동시에 하나님의 창조의 결과로서 인간뿐 아니라 다른 모든 피조물들도 동등한 가치를 보유하기에 동등한 존재들로서 수평적·상호적 관계를 형성할 수밖에 없다는 인식도 뚜렷하게 반영한다고 볼 수 있다. 이러한 생각은 성서적이며 또 자연법적이라는

68 위의 책.
69 위의 책.
70 위의 책.
71 위의 책, 209.

점을 밝혀 두어야 하겠다. 피조세계를 이렇게 바라보고 또 이해할 때 우리는 신학적 재해석을 위한 중요한 비평적 관점을 획득할 수 있을 것이다. 인간만이 아니라 물질과 비물질을 포함한 모든 피조물들이 하나님의 창조의 결실로서 존엄한 가치를 가지기에 물질과 세계에 대한 부정이 설 자리는 없다.

3) '인습적' 인간론과 신론의 극복

지구온난화와 그것으로 인한 생명세계의 위기를 신학적으로 진단할 때, 그러한 위기를 촉발한 '신학'에 대해서 분명하게 밝히고 진술할 필요가 있다는 것이 맥페이그의 생각이다. 특별히 '인습적'conventional이라는 한정어로 서술되어야 할 신학의 내용에 대해 주목한다. 지구온난화를 촉발하고 심화하는 데 기여한 하나님과 인간에 대한 신학적 신념의 핵심은 무엇인가? 먼저 인간론적으로 생각해 본다면, 인간으로서 '나'는 다른 피조물들보다 특별하고 우월하기에, 그들보다 특별한 대우를 받는 것이 정당하며 수평적 관계가 아닌 위계적 질서로 관계 형성이 되어야 한다는 신념에 사로잡혀 있다. 특별하고 우월하며 수평적인 관계가 필연일 필요가 없으므로 얼마든지 고독한 존재로 살 수 있으며 또 그러한 우월하고 특별한 존재로서의 가치와 지위를 유지하기 위해 '나'는 홀로 책임적인 삶을 살아야 한다. 이것은 자기세뇌나 지극히 개인적 신념의 결과가 아니라 당연한 것이며 또 '자연스러운' 것이라고 맥페이그는 지적한다.[72]

72 Sallie McFague, 『기후 변화와 신학의 재구성』, 50-51.

같은 맥락에서, 지구온난화와 같은 생태계의 위기를 강화하는 신론은 하나님의 구분됨 곧 하나님이 창조하신 세계와 창조주 사이의 구분이나 차이를 강조한다. 다시 말해, 하나님은 세계로부터 멀리 떨어져, 완전히 다른 존재로서 역사하시는 '초월적' 신이라는 신학적 신념을 강조한다. 이렇게 초월적인 하나님은 세계와 세계 안의 존재들에게 일어나는 일상적 일들에 대해 관심이 없으시다. 초월하시는 이로서 세계에 대한 궁극적 심판을 위해서 피조세계와 전혀 다른 존재 곧 완전히 우월하고 궁극의 권력을 지닌 존재로 나타나고 일하길 바라신다. 그렇기에 이러한 하나님은 온실가스의 증가로 인한 지구 온도의 상승과 같은 일상적인 문제에 개입할 의지나 계획이 없으시다는 것이 맥페이그의 설명이다.[73]

그러므로 신학적으로 어떤 인간 이해 또 어떤 하나님 이해를 갖느냐는 지구온난화와 무관하지 않다. 오히려 깊은 연관이 있다고 맥페이그는 강조한다. "하나님이 누구이시며 우리가 누구인가 하는 물음은, 만일 우리가 우리의 행동을 바꾸어 정의롭고 지속가능한 지구의 생활방식으로 나아가고자 한다면, 그 핵심적 질문임에 틀림없다. … 이 문제는 많은 사람이 지적한 바 있듯이 '영적인' 것으로서, 바꾸고자 하는 우리의 의지와 관련된 것이다. 우리는 우리에게 닥쳐올 재난에 관해 이미 충분히 알고 있다. 충분한 지식 혹은 과학기술 만으로는 이 문제를 해결하지 못한다. 오직 인간의 의지를 바꿈으로써만 가능하다."[74]

이러한 변화가 진정 가능한가? 맥페이그는 결코 쉽지 않겠지만 불가능하지 않다는 점 그리고 지구온난화의 형성과 강화에 기여하는

73 위의 책, 51.
74 위의 책, 51-52.

인습적 인간론과 신론을 저항·극복·개선하기 위해 새로운 '신학'을 제시하지 않으면 결국 '인습'에 매일 수밖에 없다는 점을 역설한다. "분명히, 이런 변화가 반드시, 쉽게, 누구에게나 일어나지는 않을 것이지만, 일어날 수 있다. 부정적으로 말해서, 다른 선택의 가능성이 우리에게 주어지지 않는다면, 우리 자신과 지구에게 파괴적인 인습적 신관과 인간관을 선택할 수밖에 없다는 말이다."[75] 그렇다면 인습적 인간론과 신론에 저항하며 새롭게 모색해야 할 신학적 방향성은 무엇이어야 하는가? 그 답은 자명하다. 지구온난화를 강화하는 신학을 비판적으로 성찰할 때 자연스럽게 산출될 것이다. 인간론적으로 자연과의 관계성에 있어 위계나 주종의 관계질서가 아니라 상호의존과 공존의 틀을 존중하면서 인간을 독자적 존재가 아니라 관계적 존재로서 강조하는 신학적 방향성을 견지해야 할 것이다. 신론적으로 세계에 대하여 초월적이고 전능하신 지배자로서 창조하신 세계로부터 멀리 떨어져 계신 하나님보다는 세계의 존재들과 사귀고 소통하고 또 나누시기 위해 세계 가운데 깊어 들어와 계시는 하나님에 중점을 두고 신학적 논의를 전개해 나가야 할 것이다.

4) 요약과 종합적 평가

기계주의적 세계관은 자연과 자연의 존재들을 인간의 목적 실현을 위한 도구로 인식하며 인간과 자연의 관계를 위계적으로 설정한다. 기계를 구성하는 부품들이 유기적 상호작용 없이 단순히 결합되어 전

75 위의 책, 52.

체를 이루듯이 이 세계관의 틀 안에서 세계를 구성하는 부분들은 기계적 결합의 형태를 띠고 있다고 보는 것이다. 노스코트는 기계주의적 세계관에 대응하여 생태적 존재론과 삼위일체 신학을 강조하는데, 삼위 간 친밀한 사귐과 상호작용에 상응하여 인간을 포함하여 세계의 모든 존재들은 존재론적으로 수평적 상호관계와 공존을 지향하게 된다는 점을 역설함을 보았다. 맥페이그는 인습적 인간론과 신론은 기계주의적 세계관에 친화적이라고 보면서 '인습'을 극복하는 대안적 신학은 하나님과 세계 그리고 세계의 존재들 사이의 관계에서 상호성과 연대와 공존을 강조하는 인간론과 신론이어야 한다고 강조한다.

노스코트와 맥페이그는 공히 기후위기의 심층적 원인으로서 기계주의적 세계관에 주목하면서 기독교 생태신학이 창조세계의 구성원들이 수평적·유기적 관계 형성의 틀 안에서 긴밀한 상호작용과 공존과 연대를 지향하는 존재론적·규범적 방향성을 견지할 것을 강조한다. 상호관계와 공존·연대를 강조한다고 해서 전체주의적 일체론을 주장하는 것은 아니라는 점을 밝혀 두어야 하겠다. 부분들 사이의 유기적 결합을 통해 전체를 건실하게 세워가야 한다는 존재론적·규범적 특성은 한편으로 전체에 종속되지 않는 부분의 가치를 존중하고 다른 한편으로 부분들 사이의 기계적 결합이 아닌 긴밀한 상호작용을 통한 유기적 결합을 지향한다는 점을 내포한다. 이 점에서 노스코트와 맥페이그는 공동의 기반 위에 서 있지만 둘 사이에 미묘한 차이도 탐지된다. 노스코트는 기계주의적 세계관에 대한 신학적 대응에 있어 삼위일체론을 주된 근거로 삼는 것을 보았는데, 특별히 삼위 간의 상호적 사귐을 유비로 하여 창조세계의 본성과 세계의 존재들 사이의 관계성을 이해하고 설명하고자 한다. '사귐'을 강조하지만 동시에 구분에 대한 고려도 중시한다는 점을 주목할 필요가 있다. 이러한 고려의 이유는 사귐의 강조가 부분들 사이의 일치를 내포하는 범신론적·일원론적 경향으로 기우는 것을 경계하기 때문이다. 이런 점에서 노스코트는 하나님의 몸으로서의 세계 인식의 틀 안에서 전체를 이루는 부분들을 '지구의 몸과 더불어 살아가는 몸들'로 보는 맥페이그의 생태적 이해가 범신론적·일원론적 생태신학으로 전개될 가능성이 높다고 본다. 다만 멕페이그는 자신의 이해가 범신론의 그것과는 구분됨을 분명히 한다는 점을 다시금 밝혀 두어야 하겠는데, 맥페이그는 노스코트와 마찬가지로 범신론적 일원론과는 다른 길에 서면서 구분을 고려하되 노스코트에 견주어 구분보다는 상호성이나 일체성에 좀 더 비중을 두고 있다고 평가할 수 있다.

3. 신자유주의 경제에 대한 비평적 성찰과 생태적 전환을 위한 성서적·신학적 대안

1) 신자유주의 경제에 대한 생태적 비평

기후위기를 경제적 관점에서 검토할 때 신자유주의의 부흥을 주목하지 않을 수 없다는 것이 노스코트의 생각이다. 특별히 1969년 금본위제Gold Standard 폐기를 중요한 전환점으로 생각하는데, 이를 기점으로 생태계와 공동체에 대한 파괴가 가속화되었다는 것이다.[76] 금본위제는 "통화량을 통화의 공급과 중앙은행들이 보유하는 금의 양 사이에서

76 Michael S. Northcott, *A Moral Climate*, 34-35.

정치적으로 결정한 비율에 따라 통제하는 것"이다.[77] 노스코트는 금본위제 폐기의 중대한 의미로서 미국 달러의 '자유'를 꼽는데, 달러화가 이제 더 이상 '생물-물리적 세계'에 뿌리를 내리지 않고 그것으로부터 독립적인 상태로 움직이게 되었다는 것이다.[78] '돈에 대한 정치적 규제 철폐'는 신자유주의 경제의 핵심적 특성이라고 밝히면서, 노스코트는 개인적으로 또 국가적으로 복지를 증진하기 위해서는 '법적으로 부과된 책임들'로부터 자유로워져야 한다고 신자유주의 경제의 옹호자들이 제안한다는 점을 분명히 한다. 이러한 책임들에는 '생활임금의 보장, 세금 납부의 책임, 안전한 노동 환경 제공, 생태환경에 대한 고려' 등이 포함된다.[79]

아울러 신자유주의 경제에서 '생산의 비도덕화' demoralisation of making 가 심화된다는 점을 노스코트는 지적한다. 신자유주의 경제의 핵심 주체들 중 하나인 다국적 기업은 이윤을 극대화하기 위해 생산 기지의 이동을 꾀하는데, 할 수 있는 대로 임금과 세금을 최소화할 수 있고 환경과 연관된 규제가 적거나 없는 곳을 선호하게 된다는 것이다.[80] 신자유주의 경계가 힘을 얻을수록, 생산을 지고의 가치로 드높이고 생산의 증대를 통한 물적 자산의 무제한적 확장을 인류가 추구해야 할 지고선으로 여기게 될 뿐 아니라 생산의 결과로 인간 공동체에 공급된 재화들의

77 위의 책, 34.

78 위의 책.

79 위의 책, 34-35. 노스코트는 대안적 실천으로 '공정무역'에의 동참을 제시하는데, 이는 '생태적으로 파괴적인 관계성'을 '인간과 지구가 이웃으로 서로 사랑하는 관계성'으로 전환하는 데 기여할 것이라고 강조한다. 특별히 이러한 구체적인 생태적 실천을 '사랑의 일'로서 "창조의 원초적 선하심에 드러난 하나님의 사랑을 반영한다."는 점을 밝힌다 [Michael S. Northcott, "The Concealments of Carbon Markets and the Publicity of Love in a Time of Climate Change," *International Journal of Public Theology* 4 (2010), 310-11].

80 위의 책, 35.

소비를 촉진하게 되는 결과에 이르게 될 것이다.[81] 노스코트는 신자유주의 경제 체계 안에서 인류는 과소비를 정당화하는 문화 속에 더 깊이 들어가게 되었다고 진단하는데, 이러한 부정적 경향은 이른바 세계화노스코트의 개념으로, '신자유주의적 자유시장 세계제국'의 이름으로 정당화되고 경제적으로 결국 유익이 될 것이라는 논리로 뒷받침되었다는 것이다. '표피적 쾌락주의와 과소비'를 정상적인 것으로 받아들이는 문화 속에서 이른바 '산업 소비주의' 제국을 살아가는 시민들은 이러한 문화와 삶의 방식을 마치 '태어나면서부터 가지게 되는 권리'로 여기게 되었다고 한탄한다.[82] 신학적으로 말한다면, 이러한 인류의 경향성과 문화는 한편으로 인간의 '정욕'의 표출이며 다른 한편으로 우상숭배라는 것이 노스코트의 생각이다. 특별히 산업 소비주의는 생태계의 질서나 본성과는 배치되는 방향으로 전개되는 경향이 강하다는 점을 지적하는데, 생태계가 갖고 있는 '재생과 재활용'의 본성을 결여하고 있다는 점에서 그렇다. 신자유주의 경제 체계와 그 체계 안에서의 삶은 자연에 대한 이해의 변화를 심대하게 촉발한다고 볼 수 있다. 인간은 물질적 삶의 기반이 되는 생태계혹은 자연를 단지 생산을 위한 자원으로 이해하게 되었다는 것이다.[83]

맥페이그는 도무지 만족할 줄 모르고 끝도 없이 추구하는 '탐욕'이 세계화된 자유시장 자본주의의 '표지'라고 일갈하면서, 하나님의 몸

81 위의 책, 37.

82 위의 책, 33.

83 노스코트는 세계화의 속도가 빨라지면 빨라질수록 다국적 기업이나 세계적 차원의 경제 기구들의 영향이 커질 수밖에 없고 이러한 양상은 자연에 이롭지 않은 결과를 심화할 수 있다는 점을 밝히면서 지역 교회를 포함하여 지역 공동체의 역할의 중요성을 강조하는데, 이를 주목할 만하다. 지역 공동체들이 '절박하게' 공동체의 생태적 터전이 되는 자연과 그 안에 살아가는 모든 존재들의 '복지'를 위해 힘쓸 것을 노스코트는 촉구한다 [Michael S. Northcott, "From Environmental U-topianism to Parochial Ecology: Communities of Place and the Politics of Sustainability," *Ecotheology* 8 (2000), 85].

으로서의 세계 모델에서 그러한 탐욕을 죄라고 정의한다고 밝힌다.[84] 탐욕이 죄라면 죄에 대한 회개와 회개에 합당한 열매는 자기희생과 타자에 대한 배려가 될 것이다.

> 만일 우리가 다른 생명체들에 대해 배려한다면, 만일 그들의 물질적 상태가 우리의 중심적 관심이 된다면, 우리는 줄여야 하며, 물러나야 하며, 희생함으로써 그들이 살 수 있도록 해야 한다. 도로테 죌레는 "결국 인류의 대다수는 제국의 십자가 위에 매달려 있으며, 고난에 대한 신비한 이해를 확대시키면, 어머니 지구의 종자들과 원소들 역시 산업주의의 십자가 위에 매달려 있다"[Soelle, *Silent Cry*, 141]고 썼다. 이 말이 함축하는 것은 우리가 하느님을 얼굴과 얼굴을 맞대면하고 만나는 것이 아니라, 하느님의 "뒷모습"을 통해서, 즉 그 세계의 병들고 황폐화되고 있으며 고통당하는 상태를 통해서 하느님을 만난다는 뜻이다.[85]

세계와 세계의 존재들에 대한 희생적인 배려가 회개에 합당한 열매라는 신조를 견지한다면, 자연을 오직 '생산을 위한 자원'으로만 보는 시각이나 삶의 추구와는 다른 전향적인 시각과 삶의 길을 모색할 수밖에 없을 것이다. 어떤 시각이고 어떤 길인가? 맥페이그는 하나님과 세계의 관계를 논하면서, 세계에 대하여 어머니요 연인이며 친구인 하나님 개념을 제시한다.[86] 하나님은 세계의 어머니이다. 어머니로서 하

84 Sallie McFague, 『기후 변화와 신학의 재구성』, 184.
85 위의 책, 185.
86 Sallie McFague, *Models of God*, 97-187.

나님은 세계를 존재케 하며 세계를 양육하고 보존하는 주체이시다. '어머니'로서의 하나님의 역사는 세계의 지속성을 위해 필연적으로 중요한데, 세계의 형성과 존속을 위해 하나님은 결정적인 행위자로 일하신다. 하나님은 세계의 연인이시다. 세계와 에로스의 사랑으로 사랑하시는 연인이 되신다는 말이다. 하나님의 연인이 되는 세계는 사랑의 감정과 행위를 불러일으킬 수 있는 매력 혹은 아름다움을 보유한다. 세계의 아름다움에 반응하시는 하나님은 연인으로서의 세계와의 결합을 일관성 있게 추구하시는 분이다. 연인 간의 사랑은 짙은 공감을 본질적으로 내포한다. 특별히 사랑의 대상이 겪고 있는 고통에 대해 진정성 있는 공감으로 함께 하시는데, 이러한 공감 어린 공존은 치유와 회복의 동인과 동력으로 작용한다는 것이 맥페이그의 생각이다. 또한 하나님은 세계의 친구가 되신다. 친구 간 우정은 수직적 혹은 위계적 관계질서와는 거리가 먼 것이며 수평적 관계를 전제하는 친밀한 상호적 사귐을 그 본질로 한다. 하나님은 세계와 친구로서 깊은 사귐을 추구하시는 하나님이다. 여기서 중요한 것은 상호성이다. 친구로서 하나님은 일방향적으로 세계를 향해 사랑으로 다가서는 분이 아니라 세계와 쌍방적 우정의 관계를 이루고자 하시며 또 그러한 관계를 위해 지속적으로 행동하시는 하나님인 것이다.

하나님이 세계에 대하여 어머니와 연인과 친구이시라면, 하나님을 믿는 이들과 그들의 공동체도 세계와 세계의 존재들에게 어머니-연인-친구와 같은 존재로 살아가고자 힘쓰는 것이 마땅하다고 할 것이다. 어머니와 같이 세계와 동료 존재들을 돌보고 살리는 실천적 지향을 분명히 하고 연인처럼 세계와 동료 존재들의 아름다움에 반응하고 그들의 고통에 공감하며 친구로서 수평적 관계질서 안에서 깊은 사귐을 일구어 가야 한다는 말이다.

2) 지구온난화와 '노아'의 생태적 교훈

지구온난화의 원인으로서의 신자유주의 경제에 대한 논의의 맥락에서 노스코트는 지구의 남반구와 북반구를 비교·분석하는데, 이를 주목할 만하다. 세계의 부유한 국가들과 사람들의 삶의 방식은 화석연료를 주된 에너지원으로 삼아 이루어지고 있으며 이러한 삶의 방식의 강화가 기후위기 심화의 중요 원인으로 작용하고 있다는 점을 지적하는 한편, 이 땅의 가난한 사람들은 기후위기의 폐해를 직격탄으로 맞고 있다는 점도 강조한다.[87] 지구온난화를 초래하는 인간과 인간 공동체의 행동을 '부도덕함' immorality 으로 규정하고 이 부도덕함과 그것의 결과를 초래한 원인 제공자가 아님에도 '생명의 위협을 겪고 있는' 이들은 바로 남반구에 삶의 터전을 두고 있는 가장 연약한 지구 공동체의 구성원들이라는 점을 밝히면서, 노스코트는 북반구에 사는 상대적으로 소수의 구성원들이 지구온난화의 주된 원인인 온실가스의 상당 부분을 배출하고 있다고 강조한다.

특별히 인간과 인간 공동체가 물질적·문명적 생존을 위해 반생태적 삶의 방식으로 살아가더라도, 인간 행동은 지구에 직접적으로 영향을 미치지 않을 것이라는 기계주의적 관점에 대해 비판적으로 성찰할 필요가 있다. 뉴턴 Isaac Newton 의 물리학적·수학적 세계관이 여전히 영향력을 발휘하고 신자유주의적 사조와 결합하여 그 힘을 키워가는 맥

87 Michael S. Northcott, *A Moral Climate*, 55-59.

락에서, 경제학자들은 '인간 행동에 대한 기계주의적 모델'을 더욱 심화·확산하고 있다는 점을 노스코트는 지적한다. 기계주의적 모델은 사회에 전반적으로 영향을 끼치게 되었는데, 경제나 정책 영역은 말할 것도 없고 교육이나 의료 영역 그리고 심지어는 기후 대응의 영역에서까지 작용하고 있다는 진단을 빼놓지 않는다.[88]

이런 맥락에서 노아의 교훈에 주목할 필요가 있다는 것이 노스코트의 생각이다. 세계와 세계의 존재들을 도구나 대상으로서가 아니라 동반자로서 여기며 조화로운 공존을 위해 힘쓰는 인간으로서 노아를 제시하고 있는 것이다.[89] 노아의 이야기는 '기후와 연관된 대재앙에서 살아남은 이들에 관한 강력한 증언'이기도 하지만 동시에 동료 생명들과 지구 공동체를 치명적 상황으로 내몬 인간과 인간 공동체의 '통제할 수 없는 폭력'창 6:13에 대한 하나님의 '심판'의 메시지를 뚜렷하게 내포하고 있다는 것이다.[90] 하나님은 대홍수 앞에서 "방주를 만들게 하심으로 노아가 피조세계와 더불어 사는 것을 훈련시키시고 또 동료 존재들이 동반자임을 깨닫게 하신 것이다."[91] 노스코트에 따르면, 노아의 이야기는 "피조세계의 힘들 혹은 자연의 구성요소들은 [하나님이 부여하신] 질서 안에 있으며 신적 힘에 의해 제어된다."는 '우주론적 신념'을 반영하고 또 "인간이 창조의 신성한 성격을 인정하고 인간 행동에 대한 신적 제한이 있다는 점을 인식할 때에야 창조 안에서 이루어지는 인간

88 노스코트는 탄소무역에 대해 부정적이다. 탄소배출량을 줄이기보다는 오히려 지구상의 오래된 숲들과 생물학적 다양성을 약화시킬 수 있다고 우려한다. 대안은 탄소세이다. 탄소세 부과가 "오염을 심화하는 행동에서 오염을 야기하지 않는 행동으로의 전환에 기여할 것"이라는 것이다 [위의 책, 142].

89 위의 책, 71-75.

90 위의 책, 72.

91 위의 책, 73.

의 재생산과 노동이 파괴나 오염으로 귀결되지 않는다."는 '도덕적 영적 통찰'을 내포한다.[92] 인류가 축적해 온 탁월한 과학적·기술적 역량으로 기후위기를 얼마든지 극복해 나갈 수 있다는 신념은 '교만'이라는 점을 지적하면서, 노스코트는 인류가 걷고 있는 '생태적으로 파괴적인 진로'에서 벗어나기 위해 '겸손'과 그러한 진로를 거슬러가고자 하는 '단호한 결단'이 필요하다는 메시지를 노아와 홍수 이야기에서 들어야 한다고 역설한다.[93] '창조에 내포된 거룩한 의미와 피조세계의 돌봄에 대한 신적 명령'을 존중하면서 인간은 '청지기적' 실천으로 생태적 소명을 감당해야 한다는 규범적 명령 또한 내포한다고 강조한다. 요컨대, 홍수 사건과 노아 이야기를 통해 우리는 자연을 인간의 소유물로 보는 시각에서 하나님의 사랑의 손길로 보는 시각으로의 전환을 역설하는 생태적 메시지를 들어야 할 것이다.[94]

3) '생태적·경제적 교회'론

지구온난화를 직면하며 새롭게 전개되어야 할 교회론의 방향은 생태적이며 경제적인 관점을 우선시하는 것이어야 한다고 맥페이그는 제안한다. 특별히 '경제'에 대한 신학적 논의에 관심을 기울이고 있다는 점을 주목할 필요가 있겠다. "교회를 다시 땅으로 끌어내려라."는 명령어를 제목으로 삼고 맥페이그는 그러한 방향 전환을 역설하는데, 생태적이라 함은 기본적으로 인간이 이 세계 안의 다른 피조물들과 협력하

92 위의 책.
93 위의 책, 79.
94 위의 책.

고 공존하지 않으면 결코 생존할 수도, 번성할 수도 없다는 점을 받아들어야 한다는 것이며 경제적이라 함은 인간이 이 세계 안에서 생존하고 번성하기 위해서는 지구에 주어진 자원을 '정의롭고 지속가능한 방식으로' 다른 존재들과 함께 소유하고 나누고 또 사용해야 한다는 것이다. 그러나 안타깝게도 현대 교회론과 교회론적 실천은 생태적이지도 경제적이지도 않다고 맥페이그는 진단하면서, 하나님의 명령과 같이 '생육하고 번성하기' 위해 생태적 교회로 전환해야 함을 역설한다.[95] "오늘날 대부분의 교회는 '생태적'이지 않다. … 하나님의 피조물 전체의 행복이 복음의 중심으로 간주되지는 않는다. 그 문제는 보통 군더더기 정도로 간주된다. 그리스도교 신학은 인간중심적이었다. 인간의 행복에만 관심을 집중시켜 왔던 것이다. 그러나 인간이 자연과 떨어져서 번창할 수 있는가? 만일 구원이 선택된 사람들을 위한 영원한 삶으로 이해된다면, 그 대답은 아마도 예yes일 것이다. 그러나 만일 구원이 하나님의 피조물 전체가 이 지구 위에서 번창하는 것을 뜻한다면, 그 대답은 아니오no다. 세계는 우리의 구원에서 따로 떼어낼 수 없다. 교회는 철저하게 생태적인 교회가 되어야만 한다."[96] 맥페이그가 제안하는 교회론을 좀 더 살펴보자.

첫째, '생태적 교회'이다. 맥페이그는 초대교회 신학으로부터 기독교는 세계와 이 세계 안에 존재하는 모든 피조물들을 한 데 묶어 하나님의 집 혹은 하나님의 식구household로 이해하고 이 집에 있는 모든 구성원들은 서로 긴밀하게 연결되어 상호작용하고 있다는 인식을 간직하고 있었다는 점을 지적한다. 집을 뜻하는 그리스어는 '오이코스'οἶκος이

95 Sallie McFague, 『기후 변화와 신학의 재구성』, 52-53.

96 위의 책, 53.

며 어원을 따라 풀어보면 '생태적' ecological, '에큐메니컬적 혹은 일체적' ecumenical, '경제적' economic 등의 의미를 모두 내포하고 있다고 밝히면서, 하나님의 집과 연관하여 창조, 섭리, 구원 등 신학의 중심적 주제들을 논할 때 '오이코스'에 내포된 어원적 의미들을 모두 고려해야 할 것이라고 맥페이그는 강조한다. 곧 하나님이 창조하신 모든 존재들 혹은 '오이코스'의 구성원들 이 구원의 대상이기에 인간이 아닌 다른 피조물들을 구원의 범위 밖으로 밀어내어서는 안 되며, 하나님의 구원의 섭리 가운데 인간만이 아니라 세계와 세계의 모든 존재들이 번성하되 그러한 번성은 위계적 구조와 방식을 통해서가 아니라 공동체적 사귐과 상호작용과 나눔을 통해서 그리고 지구의 자원을 정의롭고 지속가능한 방식으로 사용함을 통해 이루어져야 한다는 것이다.[97]

맥페이그는 '우주론적 신학' cosmological theology 의 회복을 요청하면서 헨드리 George S. Hendry 가 제시한 신학의 세 가지 핵심 맥락 context 곧 '우주론적 cosmological 맥락과 정치적 political 맥락 그리고 심리적 psychological 맥락'을 소개한다.[98] 특별히 심리적 맥락에 경도되어 온 신학의 흐름을 교정하여 이 세 가지 맥락이 균형 있게 하나의 전체로서 추구되어야 함을 강조한다. "세 가지 모두가 필요하다. 즉 피조물의 보전, 인류의 행복, 그리고 인간 영혼의 평화 모두가 필요하다. 그러나 현대 시대 동안에는 심리적 맥락이 지배적인 위치를 차지하였다. 즉 복음주의적 그리스도교와 뉴에이지 종교들 모두에서, 죄와 혹은 개인의 평정이 중심이었다. 정

97 위의 책, 54-55. 노스코트 역시 교회가 대안공동체로서 '세속적' 물질주의와 과학주의 그리고 정치경제에 대응하여 생태적 지향을 확고히 견지하며 '하나님 나라를 증거하는' 사명을 충실하게 감당해야 함을 역설한다 [Michael S. Northcott, "Salvation in a Post-industrial Society," *The Modern Churchman* 33-2 (1991), 52].

98 George S. Hendry, *Theology of Nature* (Philadelphia: Westminster, 1980), 1장, Sallie McFague, 『기후 변화와 신학의 재구성』, 55에서 재인용.

치적 맥락은 20세기 해방신학자들이 "가난한 사람들을 위한 우선적 선택"을 주장한 데서 다시 등장했다. 끝으로 생태학적 신학들은 그리스도교를 그 뿌리인 우주론적 맥락에로 되돌려 놓았다. 이 맥락에서 볼 때, 구원자는 창조주로서 그의 활동무대는 삼라만상을 포함하는 것으로 이해된다. 지구 위에 거주하는 사람들로서 우리는 하나님의 식구를 구체적으로 우리의 지구로 파악한다. 아담과 이브처럼, 우리에게 주어진 이 세계는 우리가 돌보아야 할 정원이다. 지구를 돌보는 것은 모든 피조물이 번창하도록 돕는 하나님의 파트너로서의 우리의 일차적인 소명이다."[99]

기독교 신학이 이 맥락들을 균형 있게 포괄하지 못하고 영혼과 육체 그리고 영육의 존재가 터전으로 삼아야 할 세계를 분리시키는 신학적 사고의 틀이 형성·심화되면서 육체나 물리적 세계는 임시적인 데 반해 하나님의 궁극적 통치영역 곧 육체나 지구를 넘어서는 어떤 시공간과 영적인 몸을 본질적인 것으로 혹은 우월한 것으로 여기는 경향이 강화되었다는 진단을 주목할 만하다. 그러나 예수 그리스도의 성육신은 결코 인간의 육체성이나 세계의 물리적 본성을 경시하거나 부정하지 않는다. 오히려 성육신은 몸에 대한 긍정이며 모든 피조물들의 생존의 터전으로서의 지구에 대한 긍정이다.[100] "성육신은 하나님 안에서, 우리가 육신적으로, 지상의 피조물로서, 살고 행동하며 존재한다는 것을 말해준다. 하나님은 세계를 멸시하지 않는다. 하나님은 이 세계를 사랑하며 우리도 이 세계를 사랑하기를 기대한다."[101]

99 Sallie McFague, 『기후 변화와 신학의 재구성』, 55-56.
100 위의 책.
101 위의 책, 56.

아울러 맥페이그는 성자 예수께서 성육신하심은 하나님의 세계 사랑의 확연한 증거일 뿐 아니라 인간인 우리가 세계를 사랑할 '허락'을 받은 징표라는 점을 지적한다. 그렇다면 세계와 세계의 존재들을 사랑한다는 것은 무엇을 의미하는가? 우리는 스스로를 '지구를 돌보는 자'로 인식하고 피조세계의 존재들 '모두'를 사랑의 대상으로 품어야 하며 '희생하는' 삶을 살아냄으로 사랑해야 한다는 것이 맥페이그의 응답이다. '제자도'의 맥락에서 생태적 사랑의 삶을 논하는 것은 '희생하는 삶을 살아냄으로 사랑해야 한다'는 말의 의미를 이해하는 데 도움을 준다. "제자도弟子道는 십자가를 지는 삶을 뜻한다. 즉 짓밟히고 고통당하는 생명들과 연대하는 삶이다. 우리 시대에 그런 짓밟힘은 하루 1달러로 생존하는 수십 억 명의 사람들과 서식지를 빼앗기고 있는 동물들, 우리가 에너지를 과다 사용해서 죽어가는 지구의 모습에서 잘 드러난다. 그러므로 교회의 표준으로서 이 세계를 포함시키는 것이 반드시 필요한 일이다. 만일 그러지 않는다면, 그리스도교는 "세계 종교"world religion가 아니다. 또한 그 자신의 복음, 곧 하나님이 우리 모두와 더불어, 현재 이곳에, 이 세계 속에, 이 지구 위에 계신다는 복음에 충실한 것도 아니다."[102]

둘째, '경제를 중시하는 교회'이다. 기독교의 구원이 죄의 대속혹은 영적 정결과 영혼의 구원에 집중한다면 경제 문제는 신앙과 신학에서 주변부의 위치로 밀려날 수밖에 없을 것이라는 점을 맥페이그는 지적한다. 기독교 구원론이 영적 차원에 배타적으로 집중할 것이 아니라 인간을 포함하여 모든 피조물들이 창조세계 안에서 한 존재도 소외되거나

102 위의 책, 58.

배제되지 않고 지금 이 땅 위에서 생육하고 번성하고 참으로 복된 삶을 향유하는 것에 관심을 둔다면 경제는 신앙생활에서 매우 중요한 지위를 점하게 될 것이라고 강조한다. "하느님의 영광은 모든 피조물이 완전히 생생하게 살아 있는 것"이라는 이레네우스의 신념을 존중한다면, 기독교회와 신자들은 하나님의 영광을 위해 경제에 깊은 관심을 두어야 하며 우주의 자원들을 정의롭고 지속가능한 방식으로 사용하여 모든 피조물들이 풍성한 삶을 향유하게 되는 방향에서 '경제' 활동을 온전히 수행해야 한다는 것이다.[103] 맥페이그는 경제란 "생명이 번창하기 위해 필요한 것에 관한 것"이기 때문에, 경륜 οἰκονομία '오이코노미아' 곧 집 οἶκος '오이코스' 을 돌보는 것 우리말로 '살림' 에 자연스럽게 관심을 가질 수밖에 없다고 주장한다. 세계 곧 '하나님의 집' 살림을 잘 하는 것이 경제의 목적이 되는 것이다.[104] 이런 맥락에서 교회는 하나님의 경륜 곧 살림의 역사에 참여하도록 부름 받는다고 할 것인데, 맥페이그는 기독교회와 신자들이 하나님은 신적 경륜 안에서 오직 인간만을 섭리하신다는 신념을 넘어서서 창조하신 전체 세계와 세계의 모든 존재들을 지극한 사랑으로 돌보고자 하신다는 신념을 견지해야 할 것임을 역설한다.[105]

지구온난화로 대표되는 기후위기는 하나님의 집으로서의 지구에 대한 '살림'의 소명에 실패한 확연한 보기라고 강조한다. 특별히 맥페이그는 '정의와 지속가능성'을 우선시하는 경제학을 역설하며 '신고전주의' 경제학과 대비하여 설명한다. "[생태적 경제학 ecological economics 은] 모든 피조물들이 행복한 삶을 살게 되고 구원받고 나눔과 제한이 필요

103 위의 책, 60.
104 위의 책.
105 위의 책, 60-61.

하다고 주장하는 반면에, [신고전주의 경제학neoclassical economics은] 행복한 삶이 대부분의 자원을 스스로 통제할 수 있는 소수에게만 주어지는 것이며 정의와 지속가능성은 이차적인 문제라고 주장한다. 이 두 가지는 모두 경제적 **모델들**로서, 행복한 삶에 대한 비전들이다. 하나는 객관적이지 않으며 경험적이며 현실적인 반면에, 다른 하나는 주관적이며 규범적이며 이상주의적이다. 신고전주의 모델은 인간이 기본적으로 이기적인 개인들로서 자기-이익을 목적으로 행동하면 결국 체제 속의 모두를 위해 이익을 창출한다는 생각, 그 편견에 기초해 있다. 생태적 경제학 모델은 우리가 기본적으로 상호관계를 맺고 있으며 상호의존된 피조물로서 생존하고 번창하기 위해 서로를 필요로 한다는 생각에 기초해 있다."[106] 세계의 다른 존재들이 없이도 인간은 독자적으로 얼마든지 잘 살 수 있다는 잘못된 인식을 갖고 있다는 점을 지적하면서, 오히려 인간은 생존의 기반으로서의 세계와 동료 존재들의 도움 없이 도무지 살 수 없는 존재임을 분명히 인정할 것을 맥페이그는 역설하고 있는 것이다.

4) 요약과 종합적 평가

기후위기에 응답하는 신학과 윤리는 경제에 관심을 갖는다. 생태적 정의와 지속성을 소홀히 여기거나 그것에 반하는 경제에 대해 비판적임을 보았다. 경제 행위를 통해 물적 자산의 확보와 증대만을 추구하다가 자연을 단순한 자원으로 보는 편협한 관점과 실행을 벗어나, 자연

106 위의 책, 61.

의 동료 존재들 없이 인간이 생존할 수 없다는 '겸손한' 생태적 인식과 자세를 갖출 것을 두 학자는 역설한다. 특별히 기후위기에 대응하는 교회는 세계라는 집을 살림하시는 하나님의 경륜경제에 동참하는 생태적 교회가 되어야 하고 신자유주의 혹은 신고전주의 경제를 극복하며 세계의 보존과 지속가능성을 유지·증진하는 경제를 견인하는 교회로 전환해야 할 것이라는 맥페이그의 제안에 귀 기울여야 할 것이다.

이러한 생태적 전환을 위해 기독교회와 신자들이 관점과 인식의 변화뿐 아니라 윤리적 소명을 새롭게 하고 적극적인 실천과 삶의 변화를 동반해야 한다는 메시지를 이 두 학자로부터 들을 수 있는데, 이 점에 대해서 긍정적인 평가를 내려야 마땅하다. 노아 이야기를 현대적으로 적용하면서 노스코트는 세계와 세계의 존재들을 '하나님의 사랑의 손길'이 닿은 결실로 보고 그 사랑에 응답하여 세계를 돌보는 청지기적 책무에 대해 논함을 보았다. 생태적 차원에서 교회와 신자들은 청지기로서의 사명에 부름 받았다고 할 것이다. 맥페이그 역시 교회가 생태신학적 반성에 머물지 말고 교회됨의 본질에 대해 근본적으로 성찰하며 생태적 교회와 실천으로 혁신을 이루어야 한다고 강조함을 보았다. 앞에서 살핀 대로, 맥페이그는 교회는 세계에 대한 하나님의 '경륜'에 동참하는 것에 부름 받았음을 역설한다. 피조세계와 그 안의 동료 존재들을 돌보고 살리고 조화롭게 공존하는 소명을 진정성 있게 받아들여야 한다는 말이다. 특별히 지구라는 집에 대한 하나님의 '살림'에 동참하면서 정의와 지속가능성이라는 규범적 방향성을 견지할 것을 강조하는 맥페이그의 권고를 주목할 만하다.

Ⅲ. 맺는말

이상의 논의와 탐구를 근거로 하여 결론적인 규범적·실천적 방향성을 제안하고자 하는데, 이 제안들이 기후위기에 대한 기독교의 공적 책무 수행에 의미 있는 기여를 할 수 있기를 바란다. 첫째, 자연법적 인식과 실천에 관한 것이다. 앞에서 본 대로, 자연 곧 하나님이 창조하신 세계는 비인간적 가치의 영역일 뿐 아니라 인간과 인간 공동체를 위한 도덕적 규범을 내포하는 자연법적 질서이다. 특별히 노스코트는 자연 안에서 자연을 구성하는 존재들 사이의 관계를 규율하고 안내하는 규범을 도출해 낼 수 있다고 보는데, 인간과 인간 그리고 인간과 다른 존재들 사이의 관계 모두를 포함한다. 다만 자연은 자연법적 질서로서 피조된 존재들의 가치나 의미 그리고 생존과 삶을 위한 규범적 방향성을 내포하고 있다고 보는 입장도 존중해야 하겠지만 자연을 구원의 대상으로 본다는 점에서 창조신학적 관점뿐 아니라 구원론적 관점에서도 세계를 바라볼 필요가 있다는 점을 지적해 두어야 하겠다. 기후위기로 손상된 세계를 치유·복원하고 살리는 규범적 실천의 방향성은 자연법에서 찾을 수 있고 또 그렇게 해야 하지만 궁극적으로 하나님의 구원의 완성 혹은 하나님 나라의 이상의 빛에서 모색해야 한다는 것이다.

둘째, 인간과 세계의 존재론적 본성에 상응하는 생태적 방향성에 관한 것이다. 맥페이그는 신학적 관점에서 지구온난화에 심층적으로 기여한 '인습적' 신학에 저항하고 또 신학적 전환을 이룰 것을 역설하였다. 특별히 세계와 동료 존재들 없이 또 그들과의 상호관계 없이 독자적으로 실존하는 인간론과 지으신 세계로부터 분리되어 오로지 초월적으로 존재하시는 하나님에 대한 관념에 대해 비판적이다. 노스코트의 논의에서 살핀 대로, 오히려 인간과 세계의 본성은 삼위일체 하나님의 본성과 닮아 있다. 삼위일체 하나님이 창조하시고 섭리하시며 또 구원하시는 세계는 인간을 포함한 모든 피조물들이 수평적 상호작용과 상호의존 가운데 조화로운 공존의 생명 공동체를 본성적으로 지향한다는 점을 밝히고 있는 것이다. 이런 맥락에서 인간은 자연과 자연 안의 존재들을 인간의 목적 구현이나 욕망 충족을 위한 수단으로만 보아서는 안 될 것이며 함께 세계를 구성하고 전개해 가는 주체적 동료이자 동반자로 바라보아야 할 것이다.

셋째, 자연에 대한 청지기적 책무 수행에 관한 것이다. 맥페이그와 노스코트는 인간의 삶을 근본적으로 자연에 의존하는 것으로 이해한다. 인간은 자연을 떠나 살 수 없는 존재라는 인식인 것이다. 다만 자연에 대한 인간의 책임에 대해서도 논할 필요가 있을 것이다. 이러한 책임 수행은 자연에 대한 문명적 개입의 허용을 내포하는데, 신학적으로 말해 인간이 청지기로서 자연에 대한 돌봄과 관리를 실행하는 것이라고 할 수 있다. 이런 맥락에서 노스코트는 창세기의 요셉을 기후변화에 대해 문명적 기획과 실행 곧 '기술적 기획들' technological schemes 을 가지고 접근한 전형으로 제시한다. 다만 문명적 개입을 통해 자연에 대한 청지기적 책무를 수행한다고 하더라도, 그러한 책무 수행의 목적은 인간의 문명과 힘의 일방향적 확장이 아니라 인간과 인간이 아닌 세계의 존재들이 함께 일구어가는 생태 공동체의 보존과 증진이어야 할 것이다. '그리스도 이후 역사'의 때를 살아가는 신자들은 '그리스도로부터 시작된 새로운 시간과 역사'를 살아가는 것인데, "이 땅에서 평화롭게 살고 또

다음 세대에게 더 좋은 환경을 물려주기 위해 힘써야" 할 것이다.[107]

107 Michael S. Northcott, *A Moral Climate*, 278.

제 5 장

동물 신학과 윤리 탐구

이 장은 다음의 문헌을 수정·보완한 것이다. 이창호, "린지의 동물신학 탐구와 비평적 대화 모색: 몰트만, 마우, 스택하우스를 중심으로,"『기독교사회윤리』 55 (2023), 37-75.

생태적 관점은 기본적으로 인간중심주의나 인간우월주의에 비판적이다. 생명세계의 다른 존재들을 인간의 지배 대상으로 보거나 인간의 목적 구현을 위한 도구나 자원으로 보는 것에 대한 거부인 것이다. 오히려 생태계를 이루는 모든 존재들은 모두 필요하고 또 동등하게 가치가 있다는 생각을 중시한다. 인간은 수많은 생물종들 중 하나이지 더 중요하거나 상대적으로 우위에 있는 존재는 아니라는 것이다. 다양한 종의 동물이 있는데, 모든 종들 사이의 관계는 위계적 관계가 아니라 수평적 관계라고 할 것이다. 경험적으로 보아도, 우리 사회에서 동물은 인간의 반려자로서의 지위를 보유하고 있다. 반려동물로서 인간과 함께 친밀한 공동체를 형성하고 살아가는 동물들을 인간의 욕구를 충족하기 위한 수단적 존재로 대하지 않고 동등한 사랑의 대상 곧 가족이나 친구 혹은 인생의 반려자로 여기고 사랑하며 공존하고 있는 것이다.

이러한 현실을 고려할 때, 기독교 신학은 동물의 존재론적 가치나 관계론적 의미에 대해 신학적으로 성찰하고 또 정당화의 논거를 마련해야 할 것이다. 이러한 신학적 작업이 유의미하게 진행되고 있고 또 주목할 말한 결과들도 산출되고 있다. 대표적인 보기가 린지Andrew Linzey의 동물신학이다. 린지는 동물은 인간을 창조하신 동일한 하나님의 창조의 결과이기에, 인간과 동동한 피조물로서 또 인간과 더불어 조화와 공존의 생명 공동체를 일구어가야 할 동반자로서 존중받아야 한다고 역설한다. 본 장의 목적은 린지의 동물신학과 그것에 대한 비평적 대화를 모색하고 동물 신학과 윤리 담론의 심화에 기여하는 것이다. 이를 위해 필자는 먼저 린지의 동물 신학과 윤리를 진술할 것이며, 이를 통해 그가 주장하는 핵심 논점들 곧 동물에 대한 위胃중심주의적 관점과 접근에 대한 도전, 인간중심적 창조론과 구원론을 넘어서는 다중성의 강조, 하나님 형상에 대한 전향적 해석과 동물을 포함한 만물에서 배우는 영적 무위無爲의 제안 등의 논점들이 드러날 것이다. 다음으로 이러한 논점들에 상응하여 린지와의 비평적인 대화를 모색할 것인데, 이 대화에 참여할 신학자들은 몰트만Jürgen Moltmann, 마우Richard J. Mouw 그리고 스택하우스Max L. Stackhouse이다. 몰트만은 린지의 위胃중심성 비판과 같은 미시적 접근을 거시적인 신학적 관점 곧 삼위일체적 초월과 내재의 긴장, 그리스도론의 우주적 확장, 인간중심적 인간론의 극복 등의 관점을 통해 확장해 갈 수 있다는 점에서, 마우는 창조와 구원의 다수성혹은 다중성에 대한 이론을 발전적으로 전개하고 있는데 린지의 창조의 다중성 논지를 소명론적 차원에서 심화할 수 있다는 점에서 그리고 스택하우스는 문화명령과 연계하여 '하나님 형상'론을 전개하되 생태계의 전체성과 관계성을 초점으로 하여 그렇게 하고 있는데 이는 린지의 하나님 형상에 대한 영적 이해의 지평을 넓힐 수 있다는 점에서, 위에서 밝힌 린지의 핵심 논점들을 초점으로 한 비평적 대화를 위해 적합하고 유효하다고 필자는 생각한다. 동물 신학과 윤리 담론의 성숙을 위한 몇 가지 제안을 함으로 본 장을 맺고자 한다.

Ⅰ. 동물신학의 한 모색: 린지를 중심으로

1. 동물에 대한 전향적 자세와 신학적·윤리적 기반

1) 동료 생명들에 대한 경축

린지는 동물을 포함하여 다른 피조물들에 대해 우리가 취해야 할 마땅한 반응 혹은 자세로서 '경탄'을 강조하는데,[1] 이러한 생각을 갖게 된 데에는 세계신앙인의회 World Congress of Faiths 창립자인 영허즈번드 Francis Younghusband 경卿에게 받은 영향이 중요하다. '이 세계의 불타오르는 심장'과의 신비로운 경험에 대한 영허즈번드의 강조는 린지의 '경탄'론의 본질적인 근거가 된다. 린지는 다음과 같이 영허즈번드를 인용한다.

> 모든 창조세계 안에서 그리고 모든 사람들 안에서 타오르는 것은, 마치 태양의 영광이 촛불의 밝은 빛 이상인 것처럼, 단순한 선善을 훨씬 넘어선 기쁨이다. 강력한 힘이 그리고 기쁨을 주는 힘이 세계 안에서 작용하고 있다. 나의 모든 것 주위에 그리고 살아 있는 모든 것 주위에서 작용하고 있다.[2]

1 Andrew Linzey, *Creatures of the Same God: Explorations in Animal Theology*, 장윤재 역, 『같은 하나님의 피조물, 동물 신학의 탐구』(대전: 대장간, 2014), 50.

2 *The Beginning*, the History of the World Congress by Marcus Braybrooke, Andrew Linzey, 『같은 하나님의 피조물, 동물 신학의 탐구』, 50에서 재인용.

영허즈번드에 동의하며 인간과 함께 이 지구를 나누어 쓰는 다른 존재들을 경탄해야 한다고 주장한다면 경탄할 가치가 있다고 해도 얼마나 있겠느냐, 현실적으로 경탄의 여지를 허용하거나 찾으려 노력하기보다는 다른 피조물을 학대하고 인간의 사욕을 채우기 위해 도구화하기에 바쁜 인간이 무슨 경탄을 할 수 있겠느냐 등의 반론들이 있을 수 있다는 점을 린지는 지적한다. 한편, 그는 경탄할 능력을 상실했거나 다른 피조물에 대한 우리의 시각이 근본적으로 비틀어져 있는 것은 아닌지 묻는다. “하지만, 우리의 이력이 이렇게 형편없는 이유 중의 하나는 우리가 경축하는 능력, 즉 우리 주위에 있는 불가사의한 피조물들에 경탄하고, 경외심을 갖고, 혹은 감탄하는 능력을 잃어버렸기 때문일 수도 있다. 아마도 우리는 동물을 단지 여기에 우리를 위해 존재하는, 혹은 우리의 이익을 위해 존재하는 사물 정도로 생각하는지 모르겠다. 왜냐하면, 우리는 한 번도 동물을 자신의 타고난 권리 때문에 가치를 가진 한 주체로 보지 않았기 때문이다.”[3]

경축하기 위해 선결되어야 할 과제는 무엇인가? 영허즈번드의 개념으로 “모든 살아 있는 것들 안에서 작용하는 강력하고 기쁨을 주는 힘”이 갖는 의미를 알아차리고 또 인정·수용하는 것이라고 린지는 강조한다. 만일 이 선결과제를 풀지 못한다면, 경탄은커녕 ‘계속해서 심술궂고 비좁고 이기적이며 본질적으로 착취하는 삶’을 살아가는 것이 당연하게 받아들여질 것이라고 주장한다. 린지의 생각에 주목해 보자. “핵심은 경축이 우리 밖에 있는 가치와 중요성을 인정한다는 점이다. 인간은 모든 가치의 총합이 아니다. 우리 밖에는 우리가 깨달아야 할 무

3 Andrew Linzey, 『같은 하나님의 피조물, 동물 신학의 탐구』, 51.

언가가 혹은 누군가가 있다."[4]

2) 생명에 대한 경외

경외는 경탄이나 경축 혹은 존중 등의 개념보다는 좀 더 고상한 의미를 가진다는 점을 전제하면서, 슈바이처가 경외라는 용어를 사용할 때 '일체一體에 대해 주장된 어떤 신비적 혹은 종교적 함의'를 내포했다고 린지는 지적한다.[5] 종교적 함의를 내포한다는 것과 경외의 경험을 전제하는 것은 인간인 우리가 스스로를 낮추어야 할 어떤 대상을 상정한다는 것을 의미하며 또 경외를 불러일으킬 만한 큰 존재나 힘이 이 세계와 그 안의 생명들을 있게 하고 또 존재케 한다는 생각을 반영한다.[6] 그 존재와 힘 앞에서 이 세계의 모든 존재들은 공동의 기원을 갖게 되는 것인데, 그 존재들이 향유하는 생명이란 보편적으로 주어지는 바라는 점에서 공통적이다. 인간이 아닌 존재, 특히 동물들도 우리와 더불어 존재의 기원을 공유하며 '공동의 선물'을 부여받고 있기에 우리는 그들을 동료 생명 혹은 동료 존재로 대해야 한다는 것이 린지의 주장이다.[7] 이런 맥락에서 린지는 동료 인간들을 향해 인간이 아닌 다른 존재들에 대해 겸손할 것을 권고한다. 성서의 확고한 증언임을 확인하면서, 린지는 인간은 "'다스리는 종種'이 아니라 '섬기는 종種'이라는 것 […] 즉 땅과 땅 위에 모든 것들을 돌보라고 명령 받은 유일한 종"임을 역설

4 Andrew Linzey and Dan Chon-Sherbok, *After Noah: Animals and the Liberation of Theology* (London: Mowbray, now Continuum, 1997), 12, Andrew Linzey, 『같은 하나님의 피조물, 동물 신학의 탐구』, 51에서 재인용.

5 Andrew Linzey, 『같은 하나님의 피조물, 동물 신학의 탐구』, 51-52.

6 위의 책, 52.

7 위의 책.

한다.[8]

3) 생명에 대한 연민

린지는 종교의 도덕성에 대해 강조한 제임스William James를 인용하는데, 후자에 따르면 종교는 윤리적 관점에서 인류에게 호흡하는 공기와 같이 도덕적 생명력을 불러일으키는 역할을 본질적으로 담지하며 그럴 수밖에 없는 근본 이유는 인간은 무한자의 부르심과 요구에 대해 응답하게 되기 때문이다.[9] 동양적 개념으로 표현하여 측은지심이라는 것은 종교적 신앙의 지지를 통해 더 왕성하게 발생하게 될 것이라고 린지는 다음과 같이 강조한다.

> 확실히 연민은 인간의 마음에 쉽게 일어나지 않는다. 그래서 연민이 일어나려면 종교가 제공할 수 있는 모든 자원이 필요하다. 우리는 타자를 인지하고, 타자의 고통을 상상하며, 비록 우리가 자각하는 자신의 이익에 반하더라도, 이타적으로 행동할 수 있는 능력을 필요로 한다. 이것이 왜 우리 자신을 넘어서는 종교적 비전이 우리가 다른 종을 다루는 데 있어서 너무도 중요한지의 이유다.[10]

또한 린지는 에드워즈Jonathan Edwards의 '수축'shrinkage이라는 신학적

8 위의 책, 52-53.

9 William James, "The Philosopher and the Moral Life," in *The Will to Believe, and Other Essays in Popular Philosophy* (New York: Dover, 1956), 211, Andrew Linzey, 『같은 하나님의 피조물, 동물 신학의 탐구』, 53에서 재인용.

10 Andrew Linzey, 『같은 하나님의 피조물, 동물 신학의 탐구』, 53.

개념을 중요하게 논한다. 에드워즈는 죄의 본질을 일종의 수축에서 찾고 있는 것이며, 죄에 사로잡힌 인간이 "강력한 수렴제와 같이 인간의 영혼을 자기애라는 아주 작은 단면으로 축소시키는지, 그래서 하나님을 버리고, 동료 피조물을 버리고, 자기 안으로 퇴각하여, 협소하고 이기적인 원칙과 느낌들에 의해 완전히 지배당하게 되는지"에 대해 선명하게 논했던 것이다.[11] 이 수축의 역동에 지배당하는 인간은 극단적인 자기중심주의에 빠지게 되는데, 인간과 동물을 포함하여 모든 존재의 창조자이신 하나님은 오직 인간만을 위해 섭리하시며 그러한 섭리의 틀 안에서 동물은 오직 인간이라는 종을 위해 봉사해야 한다는 생각을 진리로 받아들이고 이 진리의 현실화를 위해 온 힘을 다하게 된다는 것이다. 여기서 다른 피조물들을 섬기기보다는 오직 자기 자신만을 위한 존재와 삶을 지극히 정상적인 것으로 여기고 추구하게 된다는 점에서 인간은 심각한 도덕적 영적 결핍혹은 빈곤으로 신음하게 될 것이라고 한탄한다.

오히려 종교는 자기 자신에게로 매몰되거나 수축되는 것이 아니라 자기의 한계를 넘어 타자를 향해 확장해 가야 하는 것이 아닌가.[12] 종교에게서 이 세계와 세계의 존재들이 찾을 수 있는 기본적인 희망은 무엇인가에 대한 린지의 응답이다.

11 Jonathan Edwards, *Charity and Its Fruits* (Edinburgh: Banner of Truth Trust, 1969), 157-58, Andrew Linzey, 『같은 하나님의 피조물, 동물 신학의 탐구』, 53에서 재인용.

12 린지는 동물들의 창조자이신 하나님은 창조의 여섯째 날에 그들을 창조하시고 그들에게 복을 주셨으며 살고 번성할 수 있는 삶의 기반을 선사해 주셨다는 점을 밝힌다. 인간만이 아니라 동물을 비롯한 다른 모든 피조물들과 언약의 관계를 맺으셨다는 점 또한 빼놓지 않는다. 이런 맥락에서 인간은 동물과 '동료로서의 감각'(a sense of fellow-feeling)을 갖는 것은 적절한 것이라고 강조한다 [Andrew Linzey, "Animals as Grace: On Being as Animal Liturgist," *The Way* 46-1 (2007), 140].

> 종교는 최상의 상태에서 우리를 자유롭게 풀어주어 우리 자신보다 더 멀리, 우리의 욕구보다 더 높게 보도록 돕는다. 종교는 우리가 피조물의 세계와 다시 연결되어 피조물을 경축하고 그들의 생명을 경외하며 그들의 고통을 함께 느끼고 그들을 섬기는데 적극적으로 나설 수 있도록 도울 수 있다. 그것이 종교가 가진 최소한의 희망이다.[13]

그러나 불행하게도, 종교와 종교적 신자들마저도 인본주의를 절대적인 진리로 받들어 '인간의 단순한 욕구와 필요와 만족'이 인간 외의 다른 모든 존재들이 추구해야 할 존재와 행위의 목적인 것처럼 보이게 되었다는 것이 린지의 진단이다. 심지어 종교지도자들도 동물을 경탄과 경외와 연민의 대상으로서가 아니라 존재 이하의 존재로 대우하는 오류를 저지르고 있다고 린지는 비판한다. "종교 지도자들은 다른 피조물들을 경축하도록 돕기는커녕 종종 동물들이 아예 존재하지도 않는 것처럼 말한다. 마치 인간만이 중요한 종種인 것처럼, 그리고 모든 창조세계는 단지 인간 세계를 위한 단순한 극장 혹은 배경인 것처럼 말한다."[14]

13 Andrew Linzey, 『같은 하나님의 피조물, 동물 신학의 탐구』, 54.

14 위의 책. 린지는 고통의 문제가 인간에게 매우 중요한 것이라면, '고통'을 느낄 수 있는 동물들에게도 그것은 사소한 것이 아니라 중요한 것으로 받아들여야 한다는 점도 강조한다. "역설은 이것이다. 많은 종교인들에게 동물이라는 이슈는 사소하고 아주 주변적인 이슈인 반면, 고통의 문제만 놓고 보더라도 그것은 오늘날 우리들에게 매우 중요한 도덕적 문제의 하나라는 점이다. 모든 포유동물은 인간과 비교해 최소한 육체적 고통뿐만이 아니라 두려움, 스트레스, 공포, 근심, 정신적 외상, 예상, 그리고 불길한 예감 등과 같은 정신적 고통을, 단지 정도의 차이일 뿐, 인간과 똑같이 느낀다는 풍부한 증거들이 전문가들에 의해 인정받는 과학 잡지들에 잔뜩 실려 있다. 이것을 확실히 이해하기만 한다면, 우리는 사람들이 생각하는 것보다 훨씬 더 예민하고 깨지기 쉬운 세계 안에 살고 있다는 것이 명백해지며, 이와 상응해 우리의 돌봄의 의무는 더욱 커질 것이다" [위의 책, 55].

2. 기독교 전통 사상에 대한 비판적 성찰과 새로운 방향성 탐색

1) '윤리적' 관점: '위胃중심성'에 대한 도전

린지는 윤리적 차원에서 '위胃중심성'을 넘어설 것을 도전한다. 기독교는 『고통의 문제』*The Problem of Pain*에서 동물의 고통의 문제를 진정성 있게 다룬 루이스C. S. Lewis와 같은 예외적 사례를 제외하고 역사를 통틀어 동물에 대한 윤리적 성찰과 논의에 무관심해왔다고 린지는 평가한다. 이렇듯 신학은 인간을 중심에 두고 인간 외의 피조물들을 가장자리에 위치시켜 논하는 일종의 '인간학'으로 축소되었다고 린지는 안타까워한다.[15]

린지 자신의 극적 경험에 대한 증언을 주목할 필요가 있다. 자신의 강의를 듣던 한 대학생이 던진 질문에서 동물에 대한 도구주의적 이해 곧 동물은 인간을 위해 만들어졌다는 생각을 두드러지게 찾을 수 있었다고 말하는데, 그 학생의 질문은 동물의 존재 이유는 인간의 식용에 있지 않느냐였다. 이 질문의 전제는 물론 인간중심성이며, 한 걸음 더 나아가 '위胃중심주의적인' 신념이 기독교 신앙에 깊이 뿌리내리고 있다는 사실을 입증한다고 린지는 주장한다. 동물의 존재론적 목적은 인간의 존재론적 '필요'와 일치한다는 인식을 반영한다고 보는 것인데, 린지는 이러한 인식에 대해 비판적이다.[16]

린지는 동물의 존재 목적을 인간을 위한 식용으로 보는 이해는 기독교의 전유물은 아님을 밝힌다. 아리스토텔레스도 "자연은 실현될

15 위의 책, 63.

16 위의 책.

것으로 보이는 어떤 결말 없이는 아무 것도 만들지 않기 때문에, 즉 아무 목적 없이는 아무 것도 만들지 않기 때문에, 자연은 동물과 식물을 인간을 위해 만든 것이 분명하다."는 생각을 견지했다.[17] 그의 생각은 신학자들의 손을 거치면서 신학적 정당화의 기반을 다지게 되는데, 예를 들어 아퀴나스는 동물과 같은 '비이성적인 존재들'이 상대적으로 더 '이성적인 종種'을 위해 존재하고 또 사용되는 것은 하나님의 창조질서라고 가르쳤다고 린지는 전한다.[18] 이런 맥락에서 1994년의 가톨릭 교리문답은 아퀴나스의 생각을 계승하며 인간중심성을 강화한다는 점을 덧붙인다. "하나님은 창조세계를 인간에게 보내는 선물로 의도하셨[으며] 동물은 식물이나 무생물과 마찬가지로 그 본성상 과거와 현재와 미래 인간의 공동선을 위해 예정되었다."[19]

린지는 기독교 전통의 주된 흐름에서 발견하는 이러한 생각이 참으로 '터무니없는 것'이라고 강하게 의문을 제기한다. "수백만 종의 생물을 창조하시고 지탱하시는 창조주께서 오직 그 중 한 종種만 돌보신다는 것이 과연 자명한 사실인가? 지구라는 이 행성 위에서 이루어진 기나긴 생명의 진화 기간을 통해서 모든 종들이 인간을 섬기는 것을 제외하고는 다른 어느 목적도 가지지 않는다는 말이 과연 믿을만한 것인가? 그리고, 더욱 믿을 수 없는 것이지만, 다른 종들은 오직 인간의 허

17 Aristotle, *The Politics*, trans. T. A. Sinclar and rev. T, J. Saunders (Harmondsworth: Penguin Books, 1985), 79, Andrew Linzey, 『같은 하나님의 피조물, 동물 신학의 탐구』, 64에서 재인용.

18 Aquinas, "Summa Contra Gentiles," in *Basic Writings of Saint Thomas*, trans. Anton C. Pegis (New York: Random House, 1945), 2:221, Andrew Linzey, 『같은 하나님의 피조물, 동물 신학의 탐구』, 64에서 재인용.

19 *Catechism of the Catholic Church* (London: Geoffrey Chapman, 1994), para 299, 71 and para 2415, 516, Andrew Linzey, 『같은 하나님의 피조물, 동물 신학의 탐구』, 64에서 재인용. 다만 가톨릭의 논자들 중에는 인간중심성을 넘어서서 동물을 구원론적으로 포괄할 수 있고 또 그렇게 해야 한다고 주장하는 이들도 존재한다는 점을 밝혀 두어야 하겠다. 비근한 예로 프란치스코 교황을 들 수 있는데, 그는 하나님이 창조하신 모든 존재들에게 천국의 문이 열려 있다는 취지로 언급하기도 하였다.

기진 위를 채우는 것 말고는 아무 기능이 없다는 말은 사실인가?"[20] 인간을 위한 도구로서 인간의 식욕을 충족하는 목적에 봉사함으로써 존재론적 가치를 인정받을 수 있다는, 그야말로 터무니없는 인식에 강하게 저항하며 린지는 동물은 생명체로서 마땅히 존중받을 수 있는 권리를 가진 존재라고 역설한다. 동물의 권리의 원천은 두말할 것 없이 하나님이시다. 하나님이 동물의 권리의 원천이시기에 동물의 권리에 대한 논의는 "정확하게 창조자의 권리에 대한 것"이라고 주장한다.[21] 린지에 따르면, 신학적으로 볼 때 "권리는 상으로 주어지는 것이나 부여되는 것도 아니고 얻거나 상실하는 것도 아니며 오히려 *인정되는*recognized 어떤 것이다. 동물의 권리를 인정하는 것은 하나님이 주신 생명의 본래적 가치를 인정하는 것이다."[22] 동물의 본래적 가치 그리고 그것과 연계하여 동물의 권리를 인정한다면, 어떻게 인간이 동물을 단순히 인간의 식욕을 채우는 도구로만 인식하고 또 사용할 수 있겠는가 하는 비평적 물음은 자명한 것이라고 할 것이다.

그렇다면 이런 인간중심적 혹은 위胃중심적 이해는 성서적인가? 성서를 오직 위중심성이라는 이데올로기를 지지하는 방향으로 읽을 수 있고 또 그렇게 해야 하는가? 린지는 동물을 인간의 '위'를 위해서 존재하는 것으로 성서가 단정하고 있다는 식의 읽기와 해석에 대해 비판적 입장을 취한다. 인간이 동물을 양식으로 삼을 수 있다는 가능성을 전적으로 배제하지 않지만 그렇다고 그 어떤 '도덕적 제약 없이' 인간이 전적인 통제권을 가지고 사용할 수 있는 권한을 허용하는 것은 아님을 분

20 Andrew Linzey, 『같은 하나님의 피조물, 동물 신학의 탐구』, 64-65.

21 Andrew Linzey, "The Theological Basis of Animal Rights," *The Christian Century* (October 9, 1991), 908.

22 위의 논문, 908-909.

명히 한다. 이것이 성서의 가르침이라는 것이다. 성서는 인간과 동물 사이의 교류와 소통을 말하며 동물에 대한 인간의 책임에 대해서도 침묵하지 않는다는 것이다.[23]

> 하나님의 계약은 명백히 모든 살아있는 피조물들과 맺어졌다[창세기 9:9-11]. 안식일의 평화는 모든 창조세계의 목표다[창세기 2:1-3]. 하나님께서는 "지으신 모든 피조물에게 긍휼을 베푸신다"[시편 145:9]. "자기 가축의 생명을 돌보는" 사람은 의로운 사람이고 불의한 사람은 자기의 가축에게 "잔인한" 사람이다[잠언 12:10]. 욥기는 심지어 인간에 대한 나쁜 인상을 가지고 리워야단[Leviathan]과 베헤못[Behemoth]으로 비교한다[욥기 40-41장]. 거의 모든 그리스도인들은 하나님이 인간에게 동물에 대한 '지배권'을 주셨다고 알고 있다[창세기 1:28]. 그러나 바로 그 다음 구절에서 하나님이 채식을 명령하셨다는 것을 아는 그리스도인들은 거의 없다[창세기 1:29].[24]

다만 전체적으로 볼 때 성서가 동물우호적 입장을 취하고 있다고 결론지을 수는 없다는 점을 린지도 받아들인다. 성서의 증언들의 대부분은 하나님과 인간의 관계성 혹은 하나님의 인간에 대한 섭리를 주제로 삼고 있다는 것이다. 뤼더만[Gerd Lüdemann]을 인용하며 성서는 거룩한 책이지만 모든 것이 거룩한 것은 아니라는 점 또한 환기한다. 그럼에도 성서를 토대로 동물에 대한 기독교윤리적 기준을 모색하는 데 있어 성서 안에 엄연히 존재하는 긍정적 내용들을 간과하지 않고 진정성 있게

23 Andrew Linzey, 『같은 하나님의 피조물, 동물 신학의 탐구』, 65.
24 위의 책, 65-66.

듣고자 한다면, 아무런 윤리적 통제나 반성 없이 동물을 단순한 도구로 인식하고 남용·착취하는 데 이르지는 않을 것이라고 린지는 강조한다.[25]

2) '신학적' 관점: 창조와 섭리의 다중성의 강조

린지는 지금까지와는 다른 시각으로 동물 문제를 바라보고 판단할 것을 역설한다. 동물에 대한 참혹한 무관심을 드러내는 보기로서 예수회 소속 릭카비 Joseph Rickaby를 인용한다. "이해력이 없고 따라서 인격이 아닌 야만적인 짐승들은 아무런 권리도 가질 수 없다. … 우리는 나무의 줄기나 돌에 그렇게 하지 않는 것과 마찬가지로 하등 동물들에게 자선이나 친절을 베풀 의무가 없다."[26] 린지는 이 인용에서 가톨릭교회의 동물에 대한 가치 인식의 핵심적 부분을 탐색하는데, 그에 따르면 가톨릭교회는 신학적으로 동물을 인간에 견주어 열등한 가치의 존재이거나 아예 그 어떤 가치도 부여할 수 없는 존재로 인식하고 있다는 것이다. 이러한 이해의 신학적 원천은 무엇인가? 모든 존재를 창조하신 창조자 하나님은 동물들을 돌보지 않으신다는 생각에 상응하여 하나님이 그러시기에 인간에게 동물에 대한 책임을 의무로 부과할 필요가 없다는 신념에 이르게 되었다는 것이 린지의 응답이다. 아울러 린지는 어찌 보면 매우 상식적이고 논리적 질문을 던진다. "어떻게 수백만의 종의 — 수십억이 아니라면 — 생명을 창조하신 하나님이 그 중 오직 한

25 위의 책, 66.

26 Joseph Rickaby, *Moral Philosophy* (London: Longman, 1901), "Ethics and Natural Law," 2:199, Andrew Linzey, 『같은 하나님의 피조물, 동물 신학의 탐구』, 67에서 재인용.

종만 돌보신다고 말하는 것이 가능한가? 물론 하나님은 모든 종들을 동등하게 돌보시지 않을 수도 있다. 그렇다면 왜 창조주는 각각의 복지에 전적으로 무관심한 존재들에게 생명을 주시길 원하셨겠는가?"[27] 하나님은 창조하신 모든 존재들에 대해 책임적이신 분이라는 신학적 신념이 성서적이라는 점을 밝히면서, 동물을 포함하여 다른 피조물들이 인간과의 관계에서 어떤 효용과 가치를 갖는지의 문제와 하나님이 그들을 어떻게 보시느냐의 문제는 별개의 것이라는 점을 지적하는데 이는 타당하다. 특별히 동물에 대한 인간중심적 가치 판단 곧 동물의 가치는 인간에 유익할 때에만 확보될 수 있다는 생각이 기독교 신학의 주류를 형성하고 있으며 '인간 이외의' 피조물들에 대해 기독교는 '공리주의적 功利主義的, utilitarian 견해'로부터 큰 영향을 받아왔다는 것이다.[28] 거스타프슨 James M. Gustafson과 같은 소수의 신학자들만이 이러한 공리주의적 대세에 거슬러 동물을 포함한 다른 피조물들을 신학적 관점에서 목적 자체로 존중하며 창조론적·구원론적 논의를 전개해 왔다는 현실도 증언한다. 린지가 인용하는 거스타프슨의 문장이다. "목적이 인간의 이익을 보장해주지 않는다. … 하나님의 최고의 목적은 인간의 구원이 아닐 수도 있다."[29]

린지는 기독교 신학이 견지해야 할 전향적 시각을 제안한다. 인간중심적 창조신학에 대한 도전으로서 창조와 섭리의 다중성에 대한 강조이다. 세계는 인간만을 위해 창조되지 않았고 또 그렇게 운영되지 않는다. 이것이 하나님의 창조와 섭리의 뜻이다. 만물을 창조하신 하나

27 Andrew Linzey, 『같은 하나님의 피조물, 동물 신학의 탐구』, 67.

28 위의 책, 68.

29 James M. Gustafson, *Theology and Ethics* (London: Blackwell, 1981), 112, Andrew Linzey, 『같은 하나님의 피조물, 동물 신학의 탐구』, 68에서 재인용.

님은 그 모든 존재들을 살리시고 붙드시며 그들에게 고유한 창조의 본성을 부여하시고 존중하시고 고양시키신다. 기독론이나 구원론과 같은 다른 기독교의 핵심 교리는 이러한 다중성과 연계하여 이해할 때 온전한 숙고가 가능하다는 것이 린지의 생각이다. 구원론의 토대가 성육신이라고 볼 때 무엇보다도 말씀이신 하나님이 육신이 되었다는 이 진실에 담긴 대표적인 함의와 현실은 육체에 대한 긍정이다. 다만 여기서 긍정은 남성의 육체에 대한 긍정만이 아니라 여성의 육체를 포함한 모든 인간 육체에 대한 긍정이며 인간의 육체에 대한 긍정만이 아니라 동물을 포함한 모든 피조물들의 육체에 대한 긍정이라는 점을 린지는 역설한다. 그리하여 성육신은 '육체를 가진 모든 피조물에 대한 하나님의 연애 사건'이 된다.[30] "우리는 성육신을 우주적 의미로 다시 볼뿐만 아니라, 구속 역시 진정으로 포용적인 것으로 새롭게 생각할 필요가 있다. 우리는 시간의 종말에 이르러 나와 다른 어떤 이질적 물질로부터 뽑혀질 영혼이 아니라, 모든 창조세계를 감싸는 구속의 드라마의 일부다. 로고스는 모든 피조된 것들의 기원이자 운명이다. 그럼에도 신학은 아직도 이런 기독교의 기본적 신념을 자신의 창조교리에 비추어 분명하게 설명하지 못하고 있다. 어떻게 성육신과 구속이 하나님의 창조 그 자체보다 더 작을 수 있단 말인가? 전적으로 인간만을 중시하는 하나님은 우리가 신뢰하기에 너무 작은 하나님이다."[31]

30 Andrew Linzey, 『같은 하나님의 피조물, 동물 신학의 탐구』, 69. 린지는 이러한 인식은 초기 기독교 신학자들에게는 익숙한 생각이라는 점을 지적하면서 '단 하나의 멜로디'를 생산하는 로고스에 대한 고대 교부 아타나시우스의 문장을 제시하는데, 여기에 옮긴다. "모든 곳에 그의 힘을 확장하면서, 보이는 것과 보이지 않는 모든 것을 밝게 비추면서, 그것들을 자기 안에 담고 에워쌈으로써, 생명을 주면서 그리고 모든 것에, 모든 곳에, 각각의 개체에, 그리고 모두에게 함께 정교하고 단 하나의 듣기 좋은 하모니를 창조하면서" [Athanasius, *Contra Gentes and De Incarnatione*, ed. and trans. R. W. Thompson (Oxford: The Clarendon Press, 1971), 115, Andrew Linzey, 『같은 하나님의 피조물, 동물 신학의 탐구』, 69에서 재인용].

31 Andrew Linzey, 『같은 하나님의 피조물, 동물 신학의 탐구』, 69-70.

린지는 기독교 신학이 창조론적 다중성과 육체성의 긍정을 중대하게 내포하는 성육신 해석을 더욱 존중하는 방향으로 전환해야 하는 절박한 이유로 우상숭배적 인간론 방지를 드는데, 이를 주목할 필요가 있다. 인간의 '자기 확대' 혹은 '인간이라는 종種의 신격화'에 대한 포이어바흐Ludwig Andreas von Feuerbach의 경고를 언급하면서, 오늘날 기독교 신학은 "세계에 대한 진정으로 인간중심적이 아니라 하나님 중심적인 견해를 피력[하는]" 것을 중요한 사명으로 삼아야 한다고 역설한다. 그래야 자기 자신에 대한 우상숭배라는 유혹과 현실을 극복할 수 있다는 점 또한 강조한다. "신학이 다른 모든 것을 제외하고 인간에게만 사로잡힌 결과 창조주 하나님에 대한 교리는 철저히 균형을 잃어버리고 말았다. 그렇다면 동물신학은 인간의 자아숭배라고 하는 우상숭배로부터 그리스도인들을 구출하기 위한 신학이라고 말할 수 있을 것이다."[32]

신학적 비평을 수행하면서 린지는 마지막으로 동물을 비이성적 존재로 보는 아퀴나스적 인식의 틀을 극복할 것을 강한 어조로 권고한다. 극복이 요구되는 까닭은 아퀴나스 당대에 비해 오늘날의 인류는 동물에 대한 사실적·현상적 이해라는 관점에서 상당한 정도의 진보를 이루고 있기 때문이다. 린지가 제시하는 보기들로는, 포유류의 자의식 보유, 행동의 결과를 예상하고 행동하는 초기 형태의 합리성과 수행 능력, '공포, 스트레스, 근심, 불길한 예감, 예상, 그리고 두려움'과 같은 지각 능력 보유 등이다. 동물이 자의식이나 고통 등을 감지하는 지각을 보유하고 있다면, 동물을 대하는 태도와 자세에 대해 심각하게 재고해야 하지 않을까.[33] 린지는 동물을 대하는 태도와 자세에 대해 재고할 필요성

32 위의 책, 70.
33 위의 책, 70-71.

을 제시하는 동시에 자신의 다른 저작에서 몇 개의 문장을 가져와서 유용하게 사용한다.

> 동물 피조물이, 그리고 나중에는 인간이라는 피조물이 수 백 년, 수 천 년, 심지어 수백 만 년 동안 질병과 죽음을 경험한, 하나님에 의해 창조된 이 세계가 단지 '신선한 사랑의 기회'를 제공하기 위한 것이었다는 이론은 우리로 하여금 그리스도의 얼굴을 알아보기 어렵게 만들 수 있다. 그저 자기 자신만을 영속시키길 원하는 일종의 사랑에 대해, 그러니까 추함으로 가득 찬 피조세계라는 존재를 상정해야만 성립하는 그런 종류의 사랑에 대해 우리는 어떤 판단을 내려야 하는가?[34]

3) '영적' 관점: 만물로부터 배우는 무위無爲의 영적 삶

린지는 '영적 도전들'에 대해서 논하는데, 요점은 '인간은 하나님이 아닌 것을 다시 배우기'이다. 인간중심적 동물관에 대한 비판적 성찰, 동물권 논의로 대표되는 동물의 도덕적 지위에 대한 전향적 논의 등을 통해 동물 신학과 윤리 담론을 새롭게 전개해 가다가도 흐름의 전환을 주저하게 만드는 신학적 명제 하나를 만나게 되는데, 린지에 따르면 그것은 하나님 형상에 따른 인간 창조이다. 곧 인간만이 하나님 형상으로 창조되었다는 신학적 개념이다. 하나님 형상 개념은 창세기 1장 26-28절의 문화명령 본문과 연계하여 인간의 지배권을 정당화하는 데

34 Andrew Linzey, "C. S. Lewis's Theology of Animals," *Anglican Theological Review* 80-1 (1998), 71, Andrew Linzey, 『같은 하나님의 피조물, 동물 신학의 탐구』, 71-72에서 재인용.

이바지해 왔음을 부정할 수 없을 것이다. 그야말로 린지의 표현대로라면, '카드놀이의 으뜸패'처럼 작용해 왔는지도 모른다. 그러나 '어떤 종류의' 으뜸패인지는 심도 있게 숙고해 보아야 한다는 것이 린지의 생각이다. 지배권을 정당화할 수 있는 개념이고 본문이지만, 창세기 전체 맥락을 살피면서 해석하는 것이 필요하다고 보는 것이다. 전체로 읽는다면, 하나님 형상 개념과 더불어 지배로 해석될 수 있는 여지가 있는 문화명령은 인간의 자의적 지배권 부여와 정당화가 아니다. 오히려 철저하게 참 주인이신 하나님의 의지와 의도와 계획을 받들면서 수행해야 하는 과업이다. 하나님 형상을 따라 창조된 인간은 지으신 하나님 곧 사랑과 정의의 하나님을 닮아야 마땅하며, 그 닮음의 추구의 맥락에서 창조세계 속에서의 인간의 역할을 감당해야 하는 것이다.[35]

'하나님 형상' 논지는 창세기 전체 맥락에서의 해석이나 창조신학적 논의의 맥락뿐 아니라 좀 더 넓은 지평, 특별히 구원론적·기독론적 논점까지 포함하여 다루는 것이 요구된다고 린지는 주장한다. 지배라는 개념이 필연적으로 지배권을 수행하는 전제로서 '힘'을 상정한다면, 힘에 대한 신학적 논의는 기독론적 접근을 통해 신중하게 전개되어야 한다는 것이다. "예수 그리스도 안에 나타난 하나님의 힘은 '카타바시스' *katabasis*, 즉 겸손과 희생적 사랑이며, 억압 받는 자들과 함께 그들을 위한 고통 안에서 표현된다. 한 마디로 그리스도의 주권이 의미하는 것은 섬김이다."[36] 이렇게 볼 때, 다른 피조물들에 대한 인간의 지배권은 오직 힘의 논리와 역학으로 형성되고 이루어지는 위계적 권력 수행도 아니고 어떤 책임이나 의무를 동반하지 않는 '무임승차권'도 아니

35 Andrew Linzey, 『같은 하나님의 피조물, 동물 신학의 탐구』, 72-73.

36 위의 책, 73.

다.[37] 린지는 "섬김 없는 지배권은 없다."고 강조하면서, 인간종은 봉사자servant됨이 본성적 특성이라고 역설한다.[38] 특별히 약하고 힘없으며 권리를 박탈당한 존재들이 '더 큰 도덕적 우선권'을 받고 누리는 것이 정당하다는 점을 밝힌다.[39] 이러한 인식의 근거는 신학적인데, 예수께서 그러한 존재들에게 더 크고 우선적인 도덕적 가치를 부여하시고 그들을 섬기셨다는 점이 근거가 되기에 그렇다. 봉사자로서의 인간종이 어떤 삶을 살아갈 때 특별한가? 린지는 "다른 존재들을 위해 특별한 가치의 존재"가 될 때, 인간의 특별한 가치가 충분히 구현될 수 있다고 응답한다.[40]

린지는 동물신학은 인간이 다른 피조물들보다 우월하며 또 지배할 권한을 받았다는 식의 위계적·권력적 이해로부터 하나님의 의도와 계획을 따라 섬겨야 한다는 청지기적 이해 곧 '하나님의 명령을 받은 섬기는 종種'으로 스스로를 보는 이해로 전환할 때에야 참된 자유와 해방을 성취하고 또 향유할 수 있다는 점을 핵심 주장으로 제시하고 있다고 분명하게 밝힌다. 힘을 가졌다고 생각하고 그 힘으로 타자를 수단화하고 노예화하는 인간은 주체로서 자유를 확보하고 확장해 간다고 생

37 린지는 자신의 다른 책에서 이 점에 대해 논한 바를 다시 서술하는데, 여기에 옮긴다. "창세기 1장에 대한 낡은 견해는 키스 와드(Keith Ward)의 의역 안에 표현되었다. 그는 '사람'이 창조세계 안에서 '신'으로 만들어졌으며 피조물들은 '그를 섬겨야' 한다고 주장한다. 하지만, 새로운 견해는 이와 매우 다르다. 하나님으로부터 우리에게 온 힘과 창조세계에 대한 지배권이 주어졌다고 가정하면, 창조세계를 섬겨야 하는 것은 바로 우리들인 것이다. 그리스도의 주권이 가진 내적 논리는 더 높은 것이 더 낮은 것을 위해 희생하는 것이지 결코 그 반대가 아니다. 만약 그리스도 안에 나타난 하나님의 겸손이 이렇게 값비싸고 중요한 것이라면, 왜 우리의 겸손이 그보다 못해야 하겠는가?" [Andrew Linzey, *Animal Theology* (London: SCM Press, 1994), 71, Andrew Linzey, 『같은 하나님의 피조물, 동물 신학의 탐구』, 73에서 재인용].

38 인간종의 봉사자됨에 대한 린지의 논의에 대해 다음의 문헌을 참고하길 바란다. Andrew Linzey, *Animal Theology*, 45-61.

39 Andrew Linzey, *Animal Gospel* (Louisville: Westminster John Knox Press, 1998), 39. 린지는 도덕적 우선권에 대한 신학적 논의를 다음의 문헌에서도 심도 있게 전개하였다. Andrew Linzey, *Animal Theology*, 28-44.

40 Andrew Linzey, *Animal Gospel*, 39.

각하지만, 사실은 그 힘의 사용에 상응하여 오히려 스스로를 노예화하고 있는 것이라고 주장하는 것이다. 인간이 타자와 자아의 노예화에 대항하여 치열하게 싸워 나갈 때, "만물을 있는 그대로 인정하는 '무위'無爲의 영적 규율을 실천할 수 있다."는 린지의 생각을 경청할 필요가 있겠다.[41] 이에 관한 그의 말을 좀 더 들어보자. "동물신학은 자신의 가장 기본적인 통찰, 즉 동물은 하나님에 의해 소중히 여겨지기 때문에 자신 안에 어떤 본유적 가치를 가지고 있다는 통찰과 생사를 함께 한다. 이것은 도덕적이고 영적인 깨달음이다. 이것은 항성 혹은 행성이든, 원자의 존재든, 혹은 인간 정신의 다른 어떤 양상이든, 인류 역사의 다른 어떤 중요한 발견들만큼이나 객관적이고 중요한 깨달음이다. 앞으로 우리는 이 너무도 작은 것을 배우기 위해 너무도 오랜 시간이 걸렸다는 사실에 놀라게 될 지도 모른다."[42]

Ⅱ. 린지의 동물신학에 대한 신학적·윤리적 응답

1. 린지의 '동물에 대한 위胃중심주의적 관점과 접근에 대한 도전'에 관한 몰트만의 생태계 책임적 신학과 윤리로부터의 응답 모색

41 Andrew Linzey, 『같은 하나님의 피조물, 동물 신학의 탐구』, 74.
42 위의 책, 76.

1) 몰트만의 생태신학과 창조윤리[43]

몰트만은 생태계의 위기를 절감하며 기독교가 피조세계와 세계의 동료 존재들에 대한 책임적인 신학을 전개해야 한다고 강조한다. 이에 몰트만은 생태계에 책임적인 신학을 위해 우선적으로 숙고해야 할 몇 가지 신학적 논점을 제안·서술한다. 먼저 신적 초월과 내재에 관한 논점이다. 하나님과 세계의 관계성을 살필 때 '초월과 내재' 논의는 중요한 의미가 있다고 할 것인데, 어느 쪽에 비중을 두느냐에 따라 세계를 바라보는 근본적인 시각이 달라질 수 있기 때문이다. 한편으로 초월에 비중을 둘 경우 하나님과 세계 사이의 거리는 멀어질 가능성이 있고 또 둘 사이의 관계를 위계적 관점에서 이해할 수도 있을 것이다. 다른 한편으로 내재에 비중을 둘 경우 하나님과 세계 사이의 거리는 가까워지겠지만 이 둘의 동일시나 일치를 신학적으로 정당화하는 방향으로 기울 수도 있다. 몰트만은 초월과 내재의 균형을 견지한다. 다시 말해, 초월과 내재 중 하나를 정하는 이분법적 접근이 아니라 이 둘에 대한 균형적인 시각을 존중하며 또 그러한 시각으로 하나님과 세계의 관계성 논의에 접근하고자 하는 것이다.[44] 하나님은 피조세계로부터 초월하여 계시기도 하지만 그렇다고 세계로부터 분리·단절되어 계신 분이 아니라 세계 안으로 들어오셔서 임재하시고 역사하시는 분이기도 하다. 몰트만은 한편으로 초월을 존중하면서 하나님과 세계 사이의 적절한 구분을 견지하고 다른 한편으로 내재를 존중하면서 깊은 사랑으로 세

43 몰트만의 생태 신학과 윤리에 관해 1장에서도 다루었는데, 본 장의 목적에 맞추어 다시 전개하였음을 밝힌다.

44 Jürgen Moltmann, *Ethik der Hoffnung*, 곽혜원 역, 『희망의 윤리』(서울: 대한기독교서회, 2012), 248-49.

계의 과정에 함께 하시는 하나님의 섭리를 강조한다.[45] 몰트만에 따르면, 하나님과 세계의 관계는 삼위일체 하나님의 내적 교통과 유비를 갖는다. 하나님과 세계 사이의 사귐과 세계 안의 존재들 사이의 사귐은 삼위의 상호침투를 통한 '코이노니아' 형성에 상응한다. 곧 하나님과 세계는 함께 존재하고 서로를 위해 일하며, 세계 안에 존재들 가운데도 이러한 공존과 이타적 삶 그리고 사귐의 관계가 이루어진다.[46]

다음으로 우주적 그리스도에 관한 논점이다. 예수 그리스도를 통한 구원은 창조의 지평을 포괄한다. 무슨 의미인가? 인간의 구원의 관점에서 말한다면, 영혼만이 아니라 하나님이 창조하신 온 몸이 구원의 대상이다. 인간만이 구원의 대상이 아니다. 하나님이 창조하신 만물이 구원의 대상이 되는 것이다. 고대 기독교의 우주적 기독론이 보이지 않는 세계의 영적 세력에 대한 승리에 초점을 맞추었다면 몰트만의 우주론적 논의는 보이지 않는 세계를 배제하는 것은 아니지만 보이는 세계 곧 하나님이 창조하신 세계우주 전체를 포괄한다는 점을 밝혀 두어야 하겠다.[47] 인간이 구원을 갈망하고 하나님의 은혜를 간구하고 있는 것과 마찬가지로, 인간이 아닌 다른 피조물들도 "썩어짐의 종노릇 한 데서 해방되어 하나님의 자녀들의 영광의 자유에 이르[기]"를 깊은 탄식 가운데 소망하고 있는 것이다롬 8:19-21. 하나님은 이러한 탄식에 응답하셔서 구원의 길로 인도하길 원하시며 그러기에 하나님의 구원의 의도를 존중하여 그 의도 실현에 동참하는 것이 마땅하다고 몰트만은 강조한

45 Jürgen Moltmann, *Gott in der Schöpfung: Ökologische Schöpfungslehre*, 김균진 역, 『창조 안에 계신 하느님: 생태학적 창조론』(서울: 한국신학연구소, 1986), 133.

46 Jürgen Moltmann, 『희망의 윤리』, 250.

47 위의 책, 253; Jürgen Moltmann, *Der Weg Jesu Christi: Christologie in messianischen Dimensionen*, 김균진, 김명용 역, 『예수 그리스도의 길: 메시아적 차원의 그리스도론』(서울: 대한기독교서회, 2017), 88-100, 426-52.

다.[48] 그리하여 “우주적 그리스도론에 대한 신앙을 통해 인간은 자연에 대항하여 그와 투쟁하기보다 자연과 화해하고, 또한 자연은 인간과 화해할 수 있는 길이 열리게 된다.”는 점 또한 덧붙인다.[49]

한 가지 더 생각한다면, 인간론적 논점이다. 신적 초월과 내재의 균형 그리고 우주적 기독론의 전개와 연관해서 인간론을 전개한다면 자연스럽게 인간중심적 패러다임을 극복하는 방향이 될 것인데, 몰트만의 생태적 인간론은 바로 이 방향을 취한다. 생태계에 책임적인 신학의 틀 안에서 기독교 인간론은 인간중심적이지 않은 인간 이해일 수밖에 없다는 것이 몰트만의 생각이다. 이러한 인간 이해의 빛으로부터 인간과 생태계의 관계를 본다면, 분리나 위계가 아니라 공존과 공생의 관계에 방점을 두고 둘 사이의 관계성을 정립하게 될 것이며 둘 사이의 필연적 의존성을 인정하고 증진하는 것을 신학적으로 또 윤리적으로 정당화하게 될 것이다.[50]

인간중심성의 극복을 위한 이론적·실천적 시도는 생태윤리에 대한 논의에서도 탐지되는데, 몰트만은 생태윤리의 대표적인 보기들을 비평적으로 논하면서 탈인간중심적 기조를 확고히 한다. 환경윤리는 ‘인간중심성’을 두드러지게 드러낸다고 몰트만은 평가한다.[51] 환경Umwelt ‘움벨트’ 이라는 개념을 어의를 따라 읽으면 중심과 둘레주변를 나누고 중심에 위치한 구성원과 그 구성원을 둘러싼 주변부의 구성원들로 구성되는 세계상을 자연스럽게 그리게 된다. 중심은 당연히 인간이며 인간을 중심으로 둘레에혹은 중심인 인간을 둘러싼 주변부에 인간이 아닌 존재들이 위치한다는

48 Jürgen Moltmann, 『희망의 윤리』, 253.
49 위의 책.
50 위의 책, 253-54.
51 위의 책, 256-57.

것이다. 이 세계에서 인간은 특별한데, 인간이 아닌 다른 존재들의 의미는 오직 인간을 통해서만 온전히 실현될 수 있기 때문이다. 환경윤리에 견주어, 슈바이처로 대표되는 생명경외 윤리는 인간중심성을 극복하는 유효한 대안이 될 수 있다는 것이 몰트만의 생각이다. 다만 여전히 인간중심성이 남아 있다는 신중한 평가도 내린다. 슈바이처의 생명경외 윤리가 모든 생명이 '살려는 의지'를 보유하고 있기에 인간만이 아니라 모든 존재들이 경외의 대상이 되어야 한다고 역설한 점에서 인간중심성을 넘어서는 특성을 분명히 내포하지만 경외감을 느낄 수 있고 경외감을 주요 동기로 하여 생명세계의 위기를 치유할 주체로서 인간을 특수하게 다른 존재들로부터 구분한다는 점에서 여전히 인간중심주의의 한계를 띠고 있다는 것이다.[52] 그런가 하면, 동료세계 윤리는 중심과 주변의 관념을 뚜렷하게 내포하는 환경Umwelt이라는 용어보다 '동료세계' Mitwelt '미트벨트'라는 용어가 더 적합하다고 강조하면서 동료세계 안에서 모든 존재들은 동등하게 존재론적 가치와 그에 상응하는 권리를 부여받고 또 향유해야 한다고 주장한다. 동료세계 윤리는 인간중심성을 분명하게 극복하고자 하는 방향성을 견지한다고 몰트만은 풀이한다. 다만 인간중심적이지 않은 인간관이라는 점은 틀림없지만, 인간이 아닌 세계의 다른 구성원들과의 사귐과 교류와 공동체 형성을 통해서 참된 인간이 될 수 있다고 본다는 점에서 '자연중심적' 인간관을 추구한다고 몰트만은 평가한다.[53]

생태윤리에 대한 비평적 논의 후에 몰트만은 자신의 대안으로 창조윤리를 제안한다. 자연 중심, 인간 중심, 생명 중심 등 '중심'을 분

52 위의 책, 254-56.
53 위의 책, 257-58.

명하게 전제하는 접근보다는 세계를 구성하는 존재들 사이의 관계성을 중시하는 접근이 적합하다고 생각한다. 물론 하나님은 세계의 창조자이시며 궁극적으로 세계의 중심이시라는 신념을 존중해야 한다는 점은 분명히 한다. 하나님 안에서, 하나님과 함께 또 하나님을 통하여, 다른 피조물들과 동료 존재로서 함께 살고 사랑하면서 하나의 네트워크혹은 공동체를 형성하는 것을 규범적 방향성으로 중시하는 세계상을 제시하고 있는 것이다. 이런 맥락에서 인간은 다른 피조물들을 도구적 관점이나 위계적 관점에서 바라보아서는 안 될 것이며 또 스스로를 전체로서의 생명세계를 구성하는 단순한 한 부분 혹은 부속품으로 인식해서도 안 된다는 몰트만의 생각을 주목할 필요가 있겠다.[54]

2) 린지의 동물신학에 대한 응답

인간을 중심에 두고 창조의 다른 존재들을 주변부로 또 인간을 위한 도구의 지위로 내모는 신학은 확연하게 환원주의적이어서 신학을 인간학으로 축소시키는 결과에 이르고 말았다는 린지의 평가에 대해 몰트만은 일정 부분 동의할 것이다. 몰트만도 신학적 인간론이 나아가야 할 방향은 인간중심적이지 않은 인간론을 추구하는 것이라고 강조한 점이 이를 뒷받침한다고 할 것이다. 동물이라는 동료 피조물을 인간의 위胃 곧 식욕을 충족하는 도구로 제한하는 위중심적 이해에 강력히 도전하는 린지의 접근이 동물의 윤리적 지위와 가치에 대한 정당한 평가를 위해 의미 있는 기여를 할 수 있을 것이라고 생각한다. 다만 도구

54 위의 책, 259; Jürgen Moltmann, *Trinität und Reich Gottes: Zur Gotteslehre*, 김균진 역, 『삼위일체와 하나님의 나라: 삼위일체론적 신론을 위하여』(서울: 대한기독교출판사, 1982), 81.

주의적 관점으로 인간과 동물의 관계를 보는 입장을 비평하는 것은 이 둘 사이의 관계성에 관심을 집중하는 미시적 접근이라고 볼 수 있는데, 이 점에서 거시적 맥락에서 동물과 인간 모두를 동등한 '부분'으로 설정하고 동물과 인간에 대한 신학적 논의를 전개하는 것이 좀 더 유효한 접근이라는 점을 제안하고자 한다.

린지의 논지를 거시적 차원에서 확장할 수 있는 유의미한 토대를 몰트만의 생태계에 책임적인 신학 추구에서 탐색할 수 있다고 판단한다. 신적 초월과 내재의 균형 그리고 하나님과 세계의 관계성에 대한 삼위일체적 이해로부터 하나님은 인간과 동물을 포함하는 전체 세계 가운데 임재하시는 동시에 초월하심으로 피조세계와의 구분을 지키신다는 점, 하나님과 세계의 관계는 삼위일체의 내적 관계에 유비를 가지며 더 나아가 세계 안의 존재들 사이의 관계에도 적용된다는 점 등을 추론해 낼 수 있다. 특히 후자의 관점에서 세계 안의 존재들인 인간과 동물은 삼위일체적 사귐을 관계적 이상으로 삼고 이를 구현하는 방향으로 그 관계성을 일구어가야 한다는 규범적 함의를 뚜렷하게 내포한다. 또한 몰트만의 우주적 기독론은 예수 그리스도를 통한 구원의 지평을 우주적 혹은 세계적 차원으로 확장함으로써 오직 인간 영혼의 구원에 집중하는 전통적 구원론의 한 흐름을 넘어서 창조의 전체 영역과 신적 창조의 결과로서의 모든 피조물을 포괄하는 구원 이해를 뚜렷하게 제시한다. 우리가 본 대로, 인간뿐 아니라 동물을 포함한 모든 피조물이 동료 인간들과 더불어 '영광의 자유'를 열망한다는 로마서 8장의 증언 21절은 이러한 포괄적·우주적 구원론을 위한 핵심적인 성서적 기반이다.

2. 린지의 '인간중심적 창조론과 구원론을 넘어서는 다중성의 강조'에 대한 마우의 신칼뱅주의적 창조와 구원 이해로부터의 응답 모색

1) 다수성다중성에 초점을 둔 마우의 창조와 구원 이해

마우는 신칼뱅주의를 대표하는 신학자들 중 한 사람인 카이퍼Abraham Kuyper의 칼뱅주의 신학과 강한 연속성을 가진다. 카이퍼의 영향을 스스로 밝히면서 마우는 칼뱅주의 신학의 요체에 대한 카이퍼의 이해를 옮기는데, 특별히 1898년 카이퍼가 프린스턴 신학교에서 행한 스톤 강연Stone Lectures을 주목한다. 마우에 따르면, 카이퍼는 이 강연에서 칼뱅주의가 전통을 교조주의적으로 견지하는 것에 대해 비판적 입장을 취하며 칼뱅주의의 기본 원리들을 중시하면서도 현대의 도전과 변화에 능동적으로 또 적절하게 응답할 필요가 있다는 점을 강조한다.[55] 마우는 카이퍼의 칼뱅주의 이해를 존중하면서 전통에 대한 혁신을 가로막는 보호주의적 저항을 경계하고 새로운 역사적·사회문화적 변화에 창조적으로 반응해야 한다는 점을 견지하고 있는 것이다.

마우는 이러한 새로운 변화는 기독교의 입장에서 위기이자 도전일 수 있지만 동시에 복음의 메시지를 현대인들이 유효하게 듣도록 하기 위해 하나님이 허락하신 기회가 될 수 있다는 점을 분명히 한다.[56] 여기서 마우의 낙관론을 탐지할 수 있는데, 이러한 낙관적 인식에 대한

55 Richard J. Mouw, *Abraham Kuyper: A Short and Personal Introduction*, 강성호 역, 『리처드 마우가 개인적으로 간략하게 소개하는 아브라함 카이퍼』(서울: SFC 출판부, 2015), 12-13.

56 Richard J. Mouw, "Thinking about 'Many-ness': Inspirations from Dutch Calvinism," 미간행 원고, 2015.

핵심적인 신학적 근거는 그의 일반은총론이다. 마우의 일반은총론의 핵심은 하나님의 창조와 구원의 목적이라는 관점에서의 '다수성' many-ness, 혹은 다원성 이다. 하나님은 오직 개별 인간의 영혼을 창조하고 구원하는 것에만 배타적으로 관심을 두시는 것이 아니라 전체 세계와 다른 피조물들에 대해서도 애정 어린 섭리로 복수의 목적을 설정하시고 구현해 가신다는 것이다.

마우는 하나님 창조에 대한 신학적 이해에 있어 인간중심성을 넘어서고자 하며 인간이 아닌 다른 존재들을 포괄하는 다원성을 강조한다. 하나님은 창조의 결과에 대해 기뻐하시는데, 인간만이 아니라 다른 모든 피조물들에게서도 기쁨을 찾으시고 또 누리신다. 이러한 생각을 뒷받침하는 대표적인 성서적 근거로서 마우는 시편 104편을 제시한다. 이 시편은 이른바 창조시편으로 천지를 창조하신 하나님을 향한 찬양을 담고 있는데, 마우는 창조의 결과들 중 하나인 인간에 대한 언급이 없다는 점에 주목한다. 시편의 기자는 하나님이 "하늘을 휘장 같이" 2절 펼치시고 바람과 불 그리고 땅의 기초를 창조하셨다고 말한다. 더욱 섬세한 묘사들이 이어지는데, '샘, 각종 들짐승, 공중의 새들, 풀과 채소, 포도주, 기름, 양식, 각종 나무, 들나귀, 학, 산양, 너구리' 그리고 그 외에도 다른 많은 피조물들에 대한 묘사가 포함된다. 찬양의 절정에 이르러 두 가지 핵심적 고백이 올려 진다. 24절의 "여호와여 주께서 하신 일이 어찌 그리 많은지요"와 31절의 "여호와는 자신께서 행하시는 일들로 말미암아 즐거워하시리로다"이다. 마우는 이 시편은 창세기를 선명하게 연상시킨다는 점을 밝히면서, 인간이 창조의 무대에 들어서기 전에 하나님과 다른 피조의 현실 사이에 많은 일들이 벌어졌음을 인식할 필요가 있다고 강조한다. 하나님은 빛을 있게 하시고 "보기에 좋다.”고 선언하신다. 그러고 나서 바다와 육지를 나누시고 동일하게 “보기에 좋다.”는 찬사를 보내신다. 하나님의 찬사는 다른 모든 피조물들에게도 동일하게 주어진다는 점을 우리는 잘 알고 있다. 창조 이후 하나님의 기쁨의 대상은 인간만이 아니다. 인간이 아닌 다른 피조물들에 대해서도 하나님은 기뻐하신 것이다. 특별히 아직 인간은 등장하지도 않은 상태에서 하나님은 당신이 기뻐하시는 많은 존재들을 이미 갖고 계셨다는 사실을 예사롭게 넘겨서는 안 된다고 마우는 강조한다.[57]

하나님은 식물과 동물 그리고 강과 산을 통해 영광을 받으신다. 요한계시록 5장에 나오는 어린양을 향한 위대한 찬양을 생각해 보라. 이 찬양에서 천상의 보좌와 수많은 증인들은 각 나라와 족속과 방언에서 모여든 사람들의 구원으로 인해 기뻐한다계 5:9-10. 사도 요한은 이 찬양과 함께 올려지는 다른 한 곡의 찬양을 소개하는데, 이 찬양의 주체는 ‘모든 피조물’이다. 그들의 찬양을 들어보자. “내가 또 들으니 하늘 위에와 땅 위에와 땅 아래와 바다 위에와 또 그 가운데 모든 피조물이 이르되 보좌에 앉으신 이와 어린 양에게 찬송과 존귀와 영광과 권능을 세세토록 돌릴지어다”계 5:13.

하나님은 인간뿐 아니라 다른 피조물들을 동일하게 기뻐하시고 또 그들을 통해 영광을 받으신다는 진실을 주목해야 하는 까닭은 무엇인가? 이 질문에 응답하여, 마우는 하나님은 창조하신 세계와 세계의 존재들에 대해 다수의혹은 다중적인 목적과 관심사들을 가지고 계시기 때문이라는 점을 밝힌다.[58] 다시 말해, 하나님은 창조와 구원을 위한 신적 계획과 역사에 있어 복수의 목적을 설정해 두신다는 것이다. 하나님은 창

57 위의 논문.
58 위의 논문.

조하시고 오직 인간만을 신적 창조와 구원의 계획과 역사 안에 두지 않으시고 인간이 아닌 다른 피조물들도 포함하시는데, 하나님의 창조와 구원은 개별 영혼에 국한되지 않고 창조의 전체 지평을 포괄한다는 것이다. 요컨대, 마우의 근본적인 입장은 "하나님은 복합적인 목적multiple divine purposes으로 세상을 이끌어 가신다는 것이다. 쉽게 말해서 하나님은 그분이 창조하신 세상에서 그분의 계획을 드러내심에 있어, 오직 한 가지에만 관심을 집중하지 않으신다는 것이다. 하나님은 각 사람의 영원한 운명에도 분명 관심이 있으시지만, 더 나아가 그분의 계획은 더 넓은 창조세계에까지 미친다."[59]

2) 린지의 동물신학에 대한 응답

창조와 구원에 대한 신학적 논의의 지평을 인간중심성에서 다중적 초점으로 확장하고자 하는 방향성을 견지한다는 점에서 린지와 마우 사이에 연속성이 있다. 창조와 섭리에 있어 하나님은 차별적이지 않으시다는 것이다. 인간과 동물에 대해 차이를 설정하지 않으시고 동등하게 창조와 섭리의 역사를 이루어 가신다는 말이다. 구원에 있어서도 린지와 마우 모두 인간중심성을 극복하고자 하는 의도를 분명하게 드러낸다. 앞에서 본 대로, 린지는 '창조와 섭리의 다중성'을 강조하며 마우는 세계에 대한 하나님의 '광범위하면서 다원적인 관심사'에 주목한다.

다만 마우는 인간뿐 아니라 동물도 창조와 구원의 신적 역사에

59 Richard J. Mouw, *He Shines in All That's Fair*, 권혁민 역, 『문화와 일반 은총: 하나님은 모든 아름다운 것 가운데 빛나신다』(서울: 새물결플러스, 2012), 80.

참여할 수 있는 여지를 열어 둔다는 점에서 동물신학에 관한 논의를 확장할 수 있는 기반을 제공한다고 볼 수 있다. 새 하늘과 새 땅의 찬양대에는 인간만이 있는 것이 아니라 다른 동료 피조물로서의 동물들이 중요하게 포함된다. “보좌에 앉으신 이와 어린 양에게 찬송과 존귀와 영광과 권능을 세세토록 돌릴”계 5:13 주체는 구원받은 인간만이 아니라 하나님이 창조하신 모든 존재 곧 강과 산과 바다를 비롯한 창조의 전체 영역 그리고 식물과 동물을 포함한 모든 피조물이라는 점을 마우가 분명히 함을 보았다. 인간과 함께 동물들이 하나님께 영광을 돌리는 거룩한 소명을 감당한다고 밝히고 있는 것이다. 이런 맥락에서 구원의 대상의 관점뿐 아니라 구원에 응답하는 삶이라는 관점에서도 동물신학 논의의 지평을 확장할 수 있는 근거를 마우가 제안하고 있다고 풀이할 수 있을 것이다.

3. 린지의 ‘하나님 형상에 대한 전향적 해석과 동물을 포함한 만물에서 배우는 영적 무위無爲의 제안’에 관한 스택하우스의 하나님 형상 이해로부터의 응답 모색

1) 스택하우스의 문화명령과 하나님 형상 이해

스택하우스에 따르면, 창세기 1장 28절을 통해 하나님이 주신 문화명령은 모든 인간에게 보편적으로 주어진 도덕적 의무라기보다는, 하나님이 창조의 결과 중 하나인 인간에게 고유하게혹은 특수하게 부여하신 책무이다. 피조세계와 다른 피조물들의 지배자가 아니라 전체 세계의 한 부분으로서 인간은 하나님의 명령을 따라 '자연의 잠재성'을 보존하고 증진할 책임을 수행해야 하는 것이다.[60] "참으로 인종人種을 번성시키고 땅에 충만하라는 명령과 함께 이러한 과학기술적 개입은 인류를 땅을 다스리는 주체적인 행위자agent임과 동시에 완수해야 할 목표와 관련하여서는 하나님에게 복종하는 행위자가 되게 한다. 하나님의 행위agency와 인간의 행위 사이의 이러한 뚜렷한 차이는 인간의 창조성이 인간에게 이미 부여된 것 혹은 인간의 문화적이고 사회적인 우연성 속에서 발생하는 것에 의존하고 있는 데 반해 하나님은 무에서*ex nihilo* 창조하셨다는 사실에서 볼 수 있다."[61]

하나님께 명령을 받고 자연의 잠재성을 보존하고 증진할 책임을 감당하기 위해 하나님은 인간에게 상응하는 역량을 주신다면, 이 역량을 신학적으로 어떻게 해명할 수 있는가? 스택하우스는 이를 '하나님 형상'으로 풀어낸다. 인간이 창조자 하나님의 명령에 응답하여 제1차 환경으로서의 자연에 대해 인공적으로 개입하여 제2차 환경으로서의 문화혹은 문명를 창출해야 하는데, 이러한 인간의 개입은 하나님이 인간에게 고유하게 부여하신 바이다. 다시 말해, 하나님이 그렇게 할 수 있다고 승인하시는 것이다. 이러한 신적 승인의 핵심적인 인간론적 근거는 인간에게 특수하게 주어진 바로서의 하나님 형상인 것이다. 스택하우스는 하나님 형상 개념을 기독교의 전통적 이해와의 연속성을 유지하며 크게 세 가지로 설명한다.[62] 첫째, 하나님 형상을 전통적으로 영혼과 동일시해 왔음을 밝힌다. 하나님 형상이 인간에 고유한 것이듯이, 영혼

60 Max L. Stackhouse, *Globalization and Grace*, 이상훈 역, 『세계화와 은총』(서울: 북코리아, 2013), 206-209.

61 위의 책, 209-10.

62 위의 책, 213-15.

역시 인간을 다른 피조물들과 구분 짓게 하는 핵심적인 인간론적 요소라는 인식인 것이다. 둘째, 하나님 형상은 하나님을 닮음과 연관된다. 하나님 형상으로서 인간은 다른 어떤 피조물보다도 하나님을 닮은 존재이며 세계 속에서 하나님 형상을 드러내어 하나님을 유비적으로 반영해야 하는 존재인 것이다. 셋째, 두 번째와 연관되는 것으로, 하나님 형상은 하나님과의 사귐을 내포한다. 하나님 형상은 하나님과 친밀한 관계를 형성할 수 있는 지향과 역량인 것이다. 다만 하나님 형상이 인간에게 고유한 것이지만 하나님 형상을 보유하고 있다고 해서 인간이 신의 지위에 이르게 되는 것은 아님을 스택하우스는 분명히 한다. 인간이 하나님 형상을 부여받게 된 것은 오직 하나님의 은혜에 의한 것이라는 생각인 것이다.

하나님 형상에 내포된 인간론적 역량은 무엇인가? 특별히 문화명령 수행과 자연과의 연관성의 관점에서 어떤 잠재력을 포함하는가? 스택하우스는 크게 세 가지 역량을 제시한다.[63] 첫째, 지적 역량이다. 하나님이 창조하신 피조세계와 세계의 존재들을 관찰하고 숙고하여 존재론적으로 또 현상적으로 이해·서술할 수 있는 능력이다. 둘째, 의지적 역량이다. 스택하우스는 자연과 자연 안의 존재들이 갖는 본성적 특징들 중 하나로 의지적 '비결정성'에 주목할 필요가 있다고 말하는데, 이와 견주어 인간은 의지적으로 '결정성'을 특성으로 한다. 인간이 결정함으로써 자연 안에 결정성을 가져오게 되는 것이다. 셋째, 정서적인 역량이다. 자아가 아닌 타자나 외부 세계를 철저하게 대상화하여 정서적 관계 형성을 원천적으로 차단하는 존재가 아니라 타자에 대한 공감의 능

63 위의 책, 215-17.

력을 갖춘 존재로 살고 작용하게 하는 능력인 것이다.

하나님이 인간에게 보편적으로 부여하신 문화명령과 하나님 형상 그리고 형상에 내포된 인간론적 역량을 종합적으로 고려하면서, 스택하우스는 창조세계 속에서 문화명령을 수행하는 인간이 견지해야 할 규범적 방향성을 크게 두 가지로 제시한다. 첫째, 피조물은 완전한 존재가 아니라 유한하고 불완전한 존재임을 분명하게 인정하고 동료 피조물들과 상호의존하고 공존해야 한다는 것이다. 특별히 인간은 세계나 세계의 존재들과의 관계성의 관점에서 인간중심주의 혹은 인간우월주의를 근본적으로 배제해야 한다는 규범적 방향성을 내포하는 것이며 그러기에 인간의 세계내적 의미도 전체 세계와의 연관성과 상호의존성을 본질적으로 고려하면서 탐색해야 한다는 것이 스택하우스의 생각이다.[64] "아무것도 영원하지 않으며, 존중되어야 하는 부여된 존엄성을 가지고 있는 우리 자신을 포함하여 어떤 피조물도 자율적이지 않다. 더구나 모든 것의 배후에 있는 역동적인 우주만물의 존재를 지배하는 법칙과 창조주를 제외하고 그 어떤 것도 불변하는 것은 없다. 많은 사물과 많은 사람이 생겨나서는 사라졌으며 세계 자체도, 우리도 영원히 존속하지는 않는다. 하나님은 자연을 창조하셨고 지탱하신다. 자연은 자력으로는 불안정하고 신뢰할 수 없다."[65] 둘째, 문화명령과 문화명령의 수행 역량을 내포하는 하나님 형상의 청지기적 특성을 진지하게 수용해야 한다는 것이다. 동료 피조물들과의 관계와 그 관계 안에서의 인간의 책임 수행은 인간중심적 임의성을 벗어나 철저하게 하나님의 뜻에 따르는 것이 되어야 한다는 주장이다. "만약 우리가 '문화명령'을 하나님

64 위의 책, 219.
65 위의 책, 219-20.

의 명령으로 진지하게 받아들인다면, 지배가 아닌 하나님의 청지기직 수행과 하나님의 창조물의 경작으로서 우리의 다스림dominion을 완수하기 위해 테크놀로지에 가능한 한 능해야 하는 것이 신학적인 의무다. 이러한 신념의 실제적인 함의는 우리가 '자연의 존재 법칙'ontic laws of nature이라 부를 수 있는 것을 발견함에 있어 신학이 창조주 하나님을 믿지 않는 사람들과 소통과 교류를 할 수 있다는 것이다. 그와 동시에 이러한 신념은 자연에 대한 과학기술적 지배에 있어서 책임 있는 청지기직에 관해 그들 비신자들이 제공할 수 있는 것보다 더 강력한 정당화를 제공할 수 있다."[66]

2) 린지의 동물신학에 대한 응답

문화명령과 하나님 형상을 연계하여 논의한 점에서 린지와 스택하우스 사이의 연속성을 탐지한다. 문화명령 수행의 정당성과 행위 동력의 원천으로서 하나님 형상이 갖는 신학적·윤리적 의미에 주목하는 방법론적 특성을 공유한다고 할 것이다. 특별히 하나님 형상을 보유한 인간은 하나님을 닮아 그 형상을 구현함으로 문화명령을 수행할 수 있고 또 그렇게 해야 한다는 인식은 이 두 학자에게서 공히 찾을 수 있다는 점을 주목할 만하다. 린지는 하나님 형상에 대한 기독론적·성육신적 해석을 통하여 하나님 형상을 구현하는 문화명령 수행은 그리스도의 섬김을 닮는 것이 되어야 한다고 강조하는 한편, 스택하우스는 기본적으로 기독론적 관점을 존중하면서 닮음의 주지主旨와 함께 '사귐'의 의

66 위의 책, 220-21.

미를 제안함으로 하나님과 세계 그리고 세계 안의 존재들 사이의 교류와 상호작용과 공동체 형성을 하나님 형상의 중요한 신학적·윤리적 함의로 덧붙인다.

특별히 하나님 형상을 문화명령 수행의 역량으로 이해하고 지적, 의지적, 정서적 차원에서 상술한 점은 유익하다. 지적 역량을 발휘하여 세계와 세계 안의 존재들의 본성 중 보존하고 유지해야 할 부분과 변화나 재구성이 가능한 부분을 파악·분별하고 서술하는 책무를 수행한다. 의지적 역량을 발휘하여 인간의 결정이 세계와 동료 존재들에게 존재론적으로 또 현상적으로 중요한 영향을 끼칠 수 있다. 다만 이러한 영향성을 생각할 때 의지의 결정성이라는 요소는 인간으로 하여금 동물을 비롯한 다른 피조물들에게 늘 신중하고 겸손한 마음과 자세를 견지해야 한다는 윤리적 방향성을 내포한다는 점을 밝혀 두어야 하겠다. 정서적 역량은 타자에 대한 공감의 능력을 핵심적으로 포함하는데, 인간이 세계의 다른 존재들과 관계를 형성하고 또 그들을 위한 섬김의 책임을 수행함에 있어 행위의 동기와 동력의 중요한 원천으로 작용한다고 할 수 있다.

또한 문화명령, 하나님 형상, 인간의 잠재적 역량 등을 종합적으로 검토하면서 결론적으로 스택하우스가 제시하는 제안은 린지의 논의를 발전적으로 전개하는 데 기여하는 바가 있다고 생각한다. 하나님 형상을 전체성과 관계성의 맥락에 위치시킴으로써 인간의 지위를 전체를 이루는 한 '부분'으로 설정하고 또 인간을 포함하여 모든 피조물들이 생존을 위해 상호의존할 수밖에 없다고 강조한 점으로부터 하나님 형상의 관점에서 동물신학을 전개하는 데 있어 유의미한 통찰을 얻을 수 있다고 본다.

III. 맺는말

이상의 논의와 탐구를 토대로 하여 몇 가지 신학적·윤리적 제안을 하고자 하는데, 이 제안들이 동물 신학과 윤리 담론의 성숙에 이바지할 수 있기를 바란다. 첫째, 동물 신학과 윤리를 전개함에 있어 인간과 동물을 포괄하는 신중심적 관점을 중시할 것을 제안한다. 동물의 존재론적 지위와 의미를 탐색할 때 인간과의 관계성을 초점으로 하여 목적과 수단, 지배와 피지배, 중심과 주변부 등 위계적·이분법적 틀로 접근하기보다는 전체를 구성하는 부분들, 부분들 사이의 상호연관성 등에 우선순위를 설정하고 하나님의 창조와 섭리와 구원의 관점에서 접근하는 것이 더 적절할 것이라는 생각이다. 하나님의 창조와 섭리와 구원은 우주적 지평을 본질적으로 내포하며, 동물과 인간을 포함한 세계의 존재들은 전체로서의 우주를 구성하는 동등한 주체들로서 창조하신 세계우주 가운데 임재하시고 또 궁극적 완성으로 이끌어 가시는 하나님의 역사에 참여한다. 이러한 신중심적 틀을 존중하며 동물 신학과 윤리를 모색하는 것은 인간 중심, 동물 중심, 식물 중심 등, 중심과 주변부로 세계의 존재들을 나누고 서열화하는 관점과 구조를 극복하는 데 기여할 수 있을 것이다.

둘째, 창조와 섭리의 틀 안에서의 동물의 신학적 의미의 심화에 관한 것이다. 시편 104편의 창조의 목록에는 인간이 포함되지 않다는 점을 들어 마우는 인간중심적이지 않은 창조신학을 탐지할 수 있다고 밝힘을 보았다. 그렇다고 창조의 중심이 인간이 아닌 다른 존재들에게 있음을 주장하고자 함은 아니다. 오히려 인간뿐 아니라 다른 모든 피조물들이 소중하기에 하나님은 지극한 사랑으로 그 모두를 돌보시고 지키시며 궁극적 완성으로 인도해 가시는 것이다. 구원의 대상일 뿐 아니라 하나님은 모든 피조물들을 하나님 뜻 실현을 위해 부르신다. 시편 119편에서 하나님은 만물을 하나님의 종으로 세우셨다고 말씀하신다 91절. 만물에는 인간뿐 아니라 동물도 포함된다. 인간만이 아니라 동물도 하나님의 종으로 부름 받고 또 하나님의 의도와 계획을 위해 쓰임 받는다는 것이다.

셋째, 하나님 형상의 관계론적 해석의 강화에 관한 것이다. 앞에서 본 대로, 하나님 형상은 '닮음'의 의미를 중요하게 내포하는데, 하나님을 본보기로 삼아 하나님을 반영하는 것이 하나님 형상의 실현이 되는 것이다. 린지는 기독론적 해석에 방점을 두고 예수 그리스도의 섬김을 닮아 인간이 다른 피조물들을 섬기는 것이 하나님 형상 실현의 요체라고 강조함을 보았다. 기독론적 관점뿐 아니라 삼위일체적 관점도 중요하다. 삼위일체적 관점을 존중하여 하나님 형상을 해석한다는 것의 중요한 함의 한 가지는 삼위일체의 본질을 삼위 하나님의 온전한 사귐에서 찾고 하나님 형상을 '사귐'의 현실화함을 통해 구현할 수 있고 또 그렇게 해야 한다는 것이다. 이러한 함의를 생태적으로 확장한다면, 하나님 형상을 구현함에 있어 동물과의 사귐을 중요한 측면으로 강조하고 이 사귐을 적극적으로 모색하고 또 구체적으로 실현해 나가야 한다는 신학적·윤리적 함의를 추론할 수 있을 것이다.

제 6 장

생태적 통일정책과 기독교적 응답: '그린 데탕트' 정책과 '생명의 숲' 신학을 중심으로

이 장은 다음의 문헌을 수정·보완한 것이다. 이창호, "평화통일 신학의 생태 신학적·윤리적 토대 구축에 관한 연구," 안교성 편, 『독일 통일 경험과 한반도 통일 전망: 신학적 성찰과 과제』(서울: 나눔사, 2016), 187-224.

널리 알려진 대로, 북한의 산림의 황폐화는 심각한 상황이다. 유엔개발계획UNDP의 「2013인간개발지수보고서」에 따르면 1990년부터 2010년 사이 북한의 산림이 전체 면적의 31% 곧 820만 헥타르에서 554만 헥타르로 감소했고, 불행하게도 감소의 추세는 지속되고 있다. 산림의 황폐화의 주된 원인은 경작지와 땔감 확보를 위한 무분별한 벌목이다. 생태계의 보고이자 홍수나 토양 유실 등을 막는 원동력인 산림의 훼손은 심각한 생명세계의 파괴와 자연재해에 대한 대응력의 심대한 약화를 의미한다. 더 나아가 북한 산림의 황폐화는 한반도 전체의 기후변화 대응역량을 약화시키는 결과로 이어질 수 있으며, 남한과 북한의 삶의 터전인 한반도 전체 생태계를 위협하는 요인으로 작용할 수 있다. 남한과 북한은 한반도라는 생태 공동체 안에서 하나이므로, 이러한 위기의식과 우려는 단순히 북한에 대한 것만이 아니라 남한과 북한 모두를 포괄하는 총체적인 생명 공동체에 대한 것임을 인식할 필요가 있다.

2010년 천안함 사건 이후 1999년부터 민간 차원이 시작한 북한 나무심기 사업을 비롯한 여러 가지 북한 지원과 교류 사업들이 중단된 상황에서, 남과 북을 하나로 묶는 생태 공동체를 추구하는 정책 수립과 실천 그리고 민간 부분의 적극적인 참여가 절실하게 요청된다. 이런 의미에서 '그린 데탕트' 정책과 같은 생태적 통일정책은 남과 북이 환경파괴나 기후변화 등의 생태환경적 문제에 공동으로 대응하면서 긴장을 완화하고 통일의 기반을 마련하며 남과 북을 하나의 생태 공동체로 일구어가는 것을 가장 중요한 정책적 목적으로 설정하고 있다는 점에서 남북한 통일 운동사에서 주목할 만한 가치가 있다고 볼 수 있다. 특별히 본 장에서는 이 정책이 우선과제로 삼고 있는 산림협력에 초점을 맞추고자 한다. 박경석을 비롯한 국립산림과학원 연구진들이 밝힌 대로, "앞으로 국정과제로 추진하고 있는 녹색경제협력은 지난 10년간 산림 복구 지원사업의 경험을 바탕으로 한반도 신뢰 프로세스의 한 축으로 삼으면서 북한 주민의 생활환경 개선과 식량난 해소에 기여할 수 있는 조림 사업과 산림병해충 방제사업 등을 잘 조합하여 남북대화를 여는 그린 데탕트의 열쇠로서 활용할 수 [있다]"는 점을 고려할 때 '그린 데탕트' 정책을 평가·성찰하는 데 있어 산림 부분은 핵심적 지위를 차지한다고 하겠다.[1] 이 정책이 성공적으로 수행될 때, 남북을 하나로 잇는 생명과 평화의 숲이 조성되어 긴장과 갈등을 완화하고 공존과 화합의 길로 전진하게 할 것이며 그리하여 궁극적으로 민족적·정치사회적 평화와 통일 실현에 이바지하게 될 것이다. 이런 맥락에서 이 정책을 신학적으로 또 윤리적으로 평가하고 기독교윤리적 의미를 밝혀 기독교회와 신자들에게 알리고 구체적인 실천의 현장에 안내하는 것은 의미 있는 작업이라 할 것이다. 본 장에서 필자는 생태 신학과 윤리의 관점에서 평화통일 신학을 모색하고 그것에 기초하여 '그린 데탕트' 정책을 기독교적으로 평가할 것이며 한국 기독교회와 신자들의 통일 실천을 위한 윤리적 제안을 하고자 한다.

본 장에서 필자가 하고자 하는 바는 크게 두 가지이다. 먼저 생태적 통일 운동의 신학적 토대 마련을 위해 생태적 통일 신학과 윤리를 탐색할 것인데, 필자는 이를 '생명의 숲' 신학이라는 명칭 아래 개념화

1 박경석 외, "그린 데탕트(Green Detente)와 북한 산림복구 지원 방안," 『산림정책이슈』 5 (서울: 국립산림과학원, 2013), 1.

할 것이다. '생명의 숲'을 형성하는 성경의 나무들이 제시하는 신학적 메시지를 윤리적 명령으로 바꾸어 정리해 보면 다음과 같다. 창세기 2장의 '선악을 알게 하는 나무'는 신중심적 삶 안에서 이타적 실천에 힘쓰라는 명령을 내포하며, 에스겔 37장의 '나무 막대기'는 갈라지고 찢긴 공동체 안에서 평화의 일꾼이 되어 살 것을 명령한다. 로마서 11장의 '돌감람나무와 참감람나무' 비유를 통해 하나님은 자연 질서를 뛰어넘어 새로운 질서를 창출하시는 신적 역사에 충실하게 응답할 것을 말씀하시며 열왕기상 4장의 '포도나무와 무화과나무'에서 이 땅에 평화와 번영의 시대가 오기를 바라시고 또 그 소망을 이루시는 하나님의 역사를 바라본다. 한 가지 더 생각한다면, 요한계시록 22장의 '생명나무'를 통해 우주적 차원에서의 생태적 회복의 이상을 구현하라는 종말론적 메시지를 듣는다.

다음으로 '생명의 숲' 신학에 담긴 윤리적 이해의 관점에서 '그린 데탕트' 정책의 의의를 평가하고 기독교 사회윤리적 함의를 탐색하고자 한다. 남과 북의 긴장을 완화하고 평화공존의 길에 들어서기 위해 민족적 유대의 강화는 필수적이다. 정부 차원에서의 정책 실천뿐 아니라 교회를 비롯한 민간 부분에서의 참여는 남북간의 교류를 위한 구체적인 실천으로서 민족적 유대의 강화를 위해 의미 있는 기여를 할 것으로 확신한다. 또한 한반도 전체 생명체계 안에 정상적 생명의 질서를 가져오는 생태 복원이라는 목적을 생각할 때, 북한과 한반도 전체의 생태계 그리고 더 나아가 한반도의 생태계와 연결되어 있는 세계적 혹은 우주적 생명체계를 좀 더 온전한 생명의 세계로 변화시키는 데 중요한 기여를 할 것으로 기대한다. 그러므로 기독교회와 신자들은 정부, 시민사회 그리고 많은 동료 시민들과 협력·연대하여 남북을 하나의 생태 공동체로 묶고자 하는 '그린' 정책 수립과 실천 그리고 다양한 형태의 생태적 평화통일 운동에 적극 참여함으로써 이 한반도 안에 정치사회적·생태적 평화를 구현하기 위한 봉사의 사명을 충실히 감당해야 할 것이다.

Ⅰ. '그린 데탕트' 정책 개요

1. 개념 해설

'그린'green 곧 녹색이라는 용어는 정책적 관점에서 독립적으로 쓰이기보다는 녹색그린 산업, 녹색그린 성장 등의 예에서 볼 수 있듯이 융합적 개념으로 사용된다. 예를 들어, 녹색 성장은 생태환경의 보존과 유지를 상징하는 '녹색'과 경제적 발전·확장을 지시하는 '성장' 사이의 조화와 균형을 목적으로 하는 정책적 지향점을 내포한다. 여기서 '녹색'은 성장과 대비적으로 생태적 기반의 지속가능성을 그 핵심적 가치로 상정한다. UNEP유엔환경계획, United Nations Environment Programme는 녹색 경제를 "인간의 복지와 사회적 평등을 향상시키면서도 환경적 위험과 생태적 손실을 현저하게 감소시키는 방향성을 견지하는 경제"로 정의하는데,[2] 이 정의에서도 녹색이라는 개념이 지속가능성을 전제로 하는 경제적 성장을 그 본령으로 삼고 있다는 점을 확인할 수 있다.

2 UNEP, *Towards a Green Economy: Pathways to Sustainable Development and Poverty Eradication*, 2011.

'그린' 정책은 크게 두 가지 녹색화의 영역을 포함한다고 볼 수 있다. 하나는 생태환경의 파괴를 막고 기후변화에 효과적으로 대처하는 등의 정책 수립과 실천을 추구함을 통해서 생태적 복원과 지속가능성의 확대를 지향하는 영역이다. 다른 하나는 비非그린 부분과 연관된 것으로 자연 자원을 기반으로 하는 산업적 개발의 녹색화 곧 환경친화적인 경제적·산업적 진보를 추구하는 영역이다. 요컨대, 그린 정책은 '전통적인 환경문제와 기후변화에 대한 대응, 그리고 환경 친화적 개발과 산업을 위한 정책'이라 할 수 있다.[3]

다음으로 '데탕트'에 대해 살펴보자. 긴장완화라는 뜻을 가진 프랑스어 데탕트détente는 정치적·정책적 관점에서 볼 때 국제 관계질서에서 서로 긴장과 갈등 속에 있던 국가들이나 지역들이 긴장을 해소하고 상호공존의 관계를 이룬 상태 혹은 그러한 상태를 추구하는 정책을 가리킨다. 대표적인 보기가 1970년대 미국과 소련을 두 축으로 하는 동서냉전의 긴장과 갈등의 국제질서가 화해와 공존의 상태로 전환되는 데 기여한 정책과 노력이다. 또 한 가지 주목해야 할 보기는 유럽 데탕트의 원동력이 된 헬싱키 프로세스이다. 이것은 1975년 체결된 헬싱키 협약 그리고 군비축소와 같은 전통적 안보 문제뿐 아니라 환경, 경제, 인권, 과학 등의 문제도 포함하는 포괄적 안보에 기초하고 있다.[4]

21세기에 접어들면서 생태환경 파괴, 기후변화, 자원 분배나 결핍, 식량안보 등의 문제로 야기되는 비전통적 안보문제가 크게 대두되면서 이러한 문제들의 해결을 통해 긴장완화와 평화공존을 추구하는

3 추장민 외 3인, 『한반도 그린 데탕트 추진방안에 관한 연구』(서울: 한국환경정책·평가연구원, 2013), 11.

4 위의 책, 11-12.

정책적 접근을 중시하는 추세가 강화되고 있다. 한반도 상황에 적용해 본다면, 북한 임진강의 홍수라는 기후변화가 남한의 생태환경에 부정적 영향을 미침으로써 남과 북 사이에 긴장을 유발할 수 있다는 것이다. 이로써 보건대, 오늘날의 데탕트 개념은 무력 충돌과 같은 전통적 안보문제와 환경 파괴나 식량안보와 같은 비전통적 안보문제로 야기된 국제적 긴장과 충돌을 해소하고 평화적 협력과 공존을 이루고자 하는 정책적 노력을 본질적으로 내포한다.

'그린'과 '데탕트'를 통합한 '그린 데탕트' 정책은 한편으로 환경 파괴나 기후변화 등의 비전통적 안보문제로 발생한 긴장과 갈등에 대해 공동으로 위기 극복을 추구함으로써 긴장완화와 평화공존이라는 정책적 목적을 이루며 다른 한편으로 생태환경의 복원, 기후변화에의 대응, 녹색 경제와 성장 등을 공동으로 추구함으로써 생태 공동체를 일구어가고 상생과 평화의 관계로 성숙시키는 정책을 지시한다. 다시 말해, '그린 데탕트'는 "현재 남북한은 물론 동북아 모든 국가들이 필수적으로 시급하게 해결해야 할 환경문제가 역내 국가 간 교류협력을 추동할 수 있는 동력이 상대적으로 크다는 점에 주목하여, 환경문제에 우선적인 노력을 기울여 개선함으로써 상호가 혜택을 누리는 환경공동체를 형성하고, 그것이 경제·문화 분야는 물론 정치·군사적 차원에서도 공동체의 형성에 기여하도록 이끄는 국가성장 및 통일 환경 조성"을 지향하는 통일정책이자 국가전략이라 할 수 있다.[5]

요컨대, '그린 데탕트' 정책은 남과 북이 환경 파괴나 기후변화 등의 생태환경적 문제에 공동으로 대응하면서 긴장을 완화하고 통일의

5 손기웅 외 14인, 『'그린 데탕트' 실천전략: 환경공동체 형성과 접경지역·DMZ 평화생태적 이용방안』(서울: 통일연구원, 2014), 16-17.

기반을 마련해 가며 더 나아가 남과 북을 하나의 생태 공동체로 일구어 가는 것을 가장 중요한 목적으로 삼는다. 이러한 정책적 추구를 통해 남한과 북한은 생태적 평화와 통일에 이르게 될 것이며 민족적·사회문화적·정치적 화해와 공존에로 나아가는 중대한 기반과 동력을 얻을 수 있게 될 것이다.

2. 산림협력의 주요 정책 과제와 그 의미

1) 주요 과제

북한의 산림황폐화는 경제난이나 에너지난 등 복합적인 요인들이 작용한 결과이기 때문에, 단순히 조림이나 양묘 사업 지원과 같이 산림복구에 직접적인 효과를 내는 과제들에만 집중할 것이 아니라 농업, 에너지, 군사적 관련성 등을 종합적으로 고려하여 과제를 수립하고 집행할 필요가 있겠다.[6] '그린 데탕트'의 주된 정책 수행 영역으로서의 남북간 산림협력에 있어서 구체적으로 이루어져야 할 핵심 과제들을 정리해 보면 다음과 같다.

첫째, 북한 산림의 녹색화를 위한 최우선 과제는 조림 기반을 구축하는 것이다. 민둥산에 바로 나무를 심을 수는 없다. 묘목의 활착율과 생존율을 높이기 위해서는 무엇보다도 대체토양을 공급하고 사방공사를 실시하는 등의 예비사업이 요구된다. 산림이 황폐화된 지역에 심은

6 박경석 외, "그린 데탕트(Green Detente)와 북한 산림복구 지원 방안," 13.

나무가 뿌리를 제대로 내리지 못하고 말라죽게 되는 주된 이유는 영양분과 수분을 머금어 산림의 활착과 성장을 가능하게 하는 표피층이 상당 부분 유실되어 있기 때문이다. 그러므로 대체토양의 공급은 절실하다. 이와 더불어 더 이상의 토사유실이 발생하지 않도록 사방공사를 실시하는 것도 조림 기반 형성을 위해 필수적 과업이 된다.

또한 조림사업의 관점에서 양묘 사업의 지원이 시급하다. 양묘장 확충을 우선적으로 돕고 묘목과 종자를 지원하는 사업도 적극적으로 추진해야 할 것이다. 2010년 『노동신문』은 북한의 수림화樹林化를 위해 양묘장을 북한 전역에 건설하고 있다고 보도했는데, 이러한 사실에 비춰 볼 때 양묘장 조성을 위한 남북한 협력 사업은 북한이 선호하는 것임을 알 수 있다.[7] 북한의 산림황폐화의 근본적 이유 중 하나는 산불이나 홍수 등 자연재해로 인해 수많은 양묘장을 잃고 그리하여 종묘 생산에 심각한 타격을 입게 된 것이다. 이러한 상황을 고려할 때, 남한의 지원 사업은 장기적으로는 양묘장의 증설과 양질의 종자 개발에 그리고 단기적으로는 종자와 묘목을 실질적으로 지원하는 데 초점을 맞춰야 할 것이다.[8]

둘째, 에너지원 확충을 통한 산림협력이다. 북한의 산림황폐화의 중요한 요인 중 하나는 나무를 땔감으로 사용할 수밖에 없는 북한의 에너지 사정이다. 목재는 석탄 다음으로 중요한 에너지원이 되고 있는 현실이다. 이러한 현실을 고려할 때, 북한의 산림황폐화를 막고 산림의 복원을 촉진하기 위해서 무엇보다도 에너지 문제의 해결이 병행되어야

7 DMZ 학술원, “그린데탕트를 통한 환경공동체 추진방향,” 『통일부 연구용역보고서』 (서울: 통일부, 2013), 45.

8 손기웅 외, 『‘그린 데탕트’ 실천전략』, 125-27.

할 것이다. 에너지원 확보를 위한 무분별한 벌목을 막고 전체적으로 북한 산림의 상황을 개선하기 위해서는 에너지원으로 활용될 연료림을 조성·확대하는 것이 현실적인 대안이 될 수 있는 것이다.[9] 다만 '그린 데탕트'는 장기적으로 석탄이나 목재보다는 좀 더 친환경적인 에너지원을 개발·생산하는 방향으로의 전환을 돕는 정책적 입장을 견지하고 있다는 점을 지적해 두어야 하겠다. 그 주요한 사업으로는 재생에너지 개발 사업을 들 수 있는데, 이는 '북한의 재생에너지 잠재력 조사 및 개발전략 수립, 북한 재생에너지 개발사업, 북한 재생에너지 인력, 기술 및 장비개발' 등의 세부 사업들로 구성된다.[10]

셋째, 산불과 병해충 방제사업 지원이다. 북한 산림황폐화의 주요인으로 이 점을 주목할 필요가 있다. 예를 들어, 2000년부터 2002년까지 3년 동안 365번의 산불이 발생하였고, 그 결과로 128㎢ 상당의 산림과 2만 2,600㎥ 면적의 나무를 잃게 되었다. 같은 기간 병해충으로 인한 피해도 300㎢에 이른다.[11] 그러므로 산불 발생 시 진화장비를 지원하거나 공동의 진화작업을 수행하는 등의 활동을 통해 산불 방제에 협력할 수 있으며 병해충 방제에 있어서도 장비와 기술 지원, 선제적 대응 협력, 천적자원을 이용한 생물학적 방제 연구 등을 통해 의미 있는 기여를 할 수 있을 것이다.[12] 특별히 병충해 방제사업이 적절하게 추진되지 않을 경우, 그 피해가 남한으로 확산될 수 있고 그리하여 예기치 않은 남북간의 갈등 상황이 발생할 수 있다는 점을 신중하게 고려할 필

9 위의 책, 128.

10 추장민 외, 『한반도 그린 데탕트 추진방안에 관한 연구』, 84.

11 UNEP, *Democratic People's Republic of Korea Environment and Climate Change Outlook* (Pyongyang: Ministry of Land and Environment Protection, Democratic People's Republic of Korea, 2012), 48, 손기웅 외, 『'그린 데탕트' 실천전략』, 128에서 재인용.

12 손기웅 외, 『'그린 데탕트' 실천전략』, 128.

요가 있겠다.[13]

넷째, 산림협력과 경제적 효용 창출의 연계이다. 황폐화된 산림의 복원은 단기적으로 성취될 수 있는 것이 아니다. 장기적 안목을 가지고 접근해야 할 과제라는 말이다. 산림 복원의 직접적인 대상이 되는 지역의 주민들 그리고 산림복구 사업에 참여하는 주민들에게 실질적으로 경제적 이득이 되는 시스템이 갖추어져야 장기적으로 산림 복원이라는 목표를 실현할 수 있는 것이다. 이런 맥락에서 농촌과 산촌 개발을 종합적 시각에서 추진하여 경제적 가치를 창출함으로써 식량조달이나 에너지원으로서의 땔감 확보 등을 위한 산림의존도를 낮추는 것이 필요하다는 정책적 제안을 주목할 만하다.[14] 예를 들어, 북한 당국은 소토지 뙈기밭 확대 방지와 토지보호를 위해 나무와 농산물 그리고 약초 등을 함께 재배하는 임농복합경영방식 림농복합경영방식 을 도입하여 실시하고 있는데, 이러한 경영방식은 농·산촌 종합 개발을 통한 경제적 가치의 창출과 확대라는 목표를 구현하기 위한 구체적인 방안이 될 것이며 한국 정부는 정책적으로 이를 지원할 수 있을 것이다.[15]

또한 탄소배출권과 연관된 경제적 가치 창출을 위한 국제프로그램에 참여함을 통해 북한 산림 복원에 기여할 수 있다. 남과 북이 CDM 사업과[16] REDD+ 사업에[17] 함께 참여하는 것이다. 이미 북한은 탄소배

13 DMZ 학술원, "그린데탕트를 통한 환경공동체 추진방향," 47.

14 박경석 외, "그린 데탕트(Green Detente)와 북한 산림복구 지원 방안," 16.

15 위의 논문, 14.

16 CDM(Clean Development Mechanism, 청정개발체제) 사업은 교토의정서 12조("CDM의 목적은 개도국의 지속가능한 발전을 지원하고 기후변화협약의 궁극적인 목표달성에 기여하며, 동시에 교토의정서 3조에 의해 선진국의 온실가스 배출 감축의무의 달성을 돕는데 있다")에 규정된 것으로서 선진국과 개발도상국이 공동으로 추구하는 온실가스 감축 사업이다. 한편으로 선진국은 개발도상국에 투자하여 발생한 온실가스 배출 감축분을 자국의 실적에 포함할 수 있도록 함으로써 선진국은 비용·효과적으로 온실가스를 저감(mitigation)하고 다른 한편으로 개발도상국은 기술적·경제적 지원을 받고 온실가스 감축 및 환경적 이익의 발생으로 개도국의 지속가능한 발전에 기여하고자 하는 사업이다. 선진국은 온실가스 감축 크레딧(CERs: Certified Emission Reductions)을 확보하는 한편, 개도국은 온

출권 거래를 담당하는 전문기구로서 탄소무역서기국을 설립하고, CDM 사업의 일환으로 6개의 수력발전소 건립 계획을 UN에 제출한 상태이다. 또한 북한은 REDD+ 사업에도 관심을 보이고 있다. CDM의 경제성에 대한 평가가 엇갈리는 점을 고려할 때, REDD+ 사업이 북한에게 더 매력적일 수 있다는 것이다. 선진국들은 CDM 사업보다는 REDD+ 사업에 더 큰 관심을 가지고 있는데, 왜냐하면 한편으로 개발도상국의 산림을 보호하는 데 기여하고 다른 한편으로 해당 개발도상국이 산림의 상황을 악화시키지 않으면 선진국들은 탄소배출권을 인정받고 탄소저장량을 확보할 수 있기 때문이다. 이 점에서 남과 북이 함께 REDD+ 사업에 참여하는 것이 정책적으로 매우 의미 있고 효과적인 것이 될 수 있다. 일반적으로 선진국은 재정을 지원하고 개발도상국은 국가차원에서 계획을 수립하여 이 사업에 참여한다.[18] 따라서 "남한은 북한과의 REDD+ 사업 추진을 위해 북한의 토지이용 변화와 산림탄소축적 추정 등 북한의 산림조사를 먼저 할 필요가 있는데, 이러한 부분에서 먼저 남북한 협력이 이루어져야 한다. 이러한 기본조사가 이루어지고 난 후 남북이 공동으로 REDD+ 사업 추진을 위한 국가전략 또는 실행계획 등 구체적인 계획을 수립하도록 한다."[19]

실가스 감축과 기술이전을 통한 지속가능한 발전을 이룰 수 있다는 장점이 있는 것이다. 교토의정서에서 규정하고 있는 6대 온실가스 곧 이산화탄소(CO2), 메탄(CH4), 아산화질소(N2O), 수소불화탄소(HFCs), 과불화탄소(PFCs), 6불화황(SF6) 등을 줄이는 모든 사업이 가능한데, 그 구체적인 보기들로는 신재생 에너지사업, 에너지효율향상사업, 조림 및 재조림 사업, 폐기물 활용사업 등을 생각할 수 있다. 에너지관리공단 기후대책실, "CDM 사업 활용방안 및 탄소 시장," 3-8, http://www.energy.or.kr/up_load/iecenter/club00000210_energy/CDM_사업활용방안_및_탄소시장.pdf.

17 REDD+(Reducing Emission from Deforestation and Forest Degradation: 산림전용 및 산림황폐화 방지를 통한 온실가스 배출 감축)은 개발도상국의 산림황폐화로 인한 온실가스 배출을 저감하고 탄소 흡수량을 증진하는 활동이다. 곧 REDD+는 산림전용 및 황폐화 방지, 산림 보전, 산림의 지속 가능한 경영, 산림탄소저장량 증진 등을 포함하는 활동으로서 온실가스 감축을 통한 기후변화 저감을 지향한다. 이우균 외 8인, 『REDD+ 교재』, 1권 (대전: 산림청, 2013), 1-2.

18 손기웅 외, 『'그린 데탕트' 실천전략』, 131-33.

19 위의 책, 133.

2) 정책적 의미

'그린 데탕트' 정책의 의미, 특히 산림협력을 통해 이 정책이 수행되었을 때 기대되는 효과를 중심으로 그 의미를 살펴보고자 한다. 크게 정치적, 군사적, 경제적, 생태환경적 관점에서 검토해 보자. 첫째, 정치적 의미이다. 남북간의 협력 분야들 가운데 산림분야의 협력이 상대적으로 많은 정도로 이루어졌고 그에 따라 남북간에 어느 정도 신뢰가 형성되어 있다. 이 점을 고려할 때, 남한이 생태환경적 차원에서 적극적으로 협력을 제안하고 추진한다면, 북한이 호응할 가능성이 높다. 특별히 산림분야의 협력은 한반도라는 특수한 지역의 범주를 넘어서서 전 지구적 생명세계라는 거시적 맥락과 긴밀하게 연결되어 있다는 점에서 남한과 북한뿐 아니라 다른 여러 국가들과 지역들이 참여할 여지는 커진다. 생태적 협력이라는 것은 상대적으로 정치적 이해관계로부터 자유로운 영역이기에 정치적 입장이 다른 국가들도 남북간의 산림협력은 옹호하고 지지할 가능성이 높다고 볼 수 있다.[20] 이런 의미에서 '그린 데탕트'는 전체 생명세계의 맥락 안에서 남과 북의 생태계의 통일성과 온전성을 추구함으로써 남과 북이 평화롭게 공존할 수 있는 중요한 토대를 마련하고 궁극적으로 정치적 차원의 통일 곧 '큰 통일'에 이를 수 있다는 통일정책의 근본 기조에도 부합된다고 평가할 수 있다.[21]

둘째, 군사적 협력의 가능성이다. 산림협력은 산림 조사를 전제한다. 또한 산림 조사는 군사적 차원에서의 협력으로 이어질 수밖에 없다. 왜냐하면 북한군 전력의 많은 부분이 산림 지역에 위치하고 있기 때

20 위의 책, 133-34.

21 DMZ 학술원, "그린데탕트를 통한 환경공동체 추진방향," 1-3.

문이다. 예를 들어, 황폐화된 산림을 회복하기 위해 협력한다면 그 우선순위는 접경지역이 될 것이고 또 그 지역에 북한 군사력이 집중되어 있기 때문에 군사적 논의가 필수적이다. 다시 말해, 산림협력의 추구가 남북간의 군사적 대화와 소통의 진전으로 이어질 수 있다는 것이다. 남과 북의 산림협력을 위해 진행되어야 하는 군사적 논의는 남북 간의 긴장을 완화·해소하는 데 의미 있는 기여를 하게 될 것이다.[22]

셋째, 경제적 효과이다. '그린 데탕트' 정책의 중요한 한 축인 산림협력 사업은 북한 경제 발전에 유익하다. 산림 복원을 위한 조림 사업에는 유실수와 같이 경제적 가치 창출이 용이한 수종이 포함될 수밖에 없으며, 북한 에너지 상황을 고려한 연료림의 조성은 북한 주민들의 삶에 직접적인 경제적 유익을 줄 수 있다. 앞에서 언급한 대로, CDM 사업이나 REDD+ 사업과 같이 탄소배출권과 관련된 사업에의 참여는 생태 복원에 효과적일 뿐 아니라 경제적 관점에서도 생산적인 결실로 이어질 것이다.[23] 특별히 산림협력을 위한 다각적인 접근을 통해 복합적 효과를 추구할 때, 그러한 복합효과의 산출이 자연스럽게 경제적 효과를 창출하게 될 것이다. "북한은 산림황폐화, 에너지 및 식량 부족, 자연재해 등 문제가 악순환의 고리로 연결되어 있다는 점을 고려한다면 한반도 '그린 데탕트' 정책은 관련 사업을 연계·통합한 패키지형 사업으로 다양한 측면에서 복합효과를 거둘 수 있을 것으로 사료된다."[24]

넷째, 황폐화된 산림의 복원은 생태환경적 관점에서 매우 이롭다. 산림의 순기능에는 홍수나 가뭄 등 자연재해의 방지와 기후변화에

22 손기웅 외, 『'그린 데탕트' 실천전략』, 135-36.

23 위의 책, 136-37.

24 추장민 외, 『한반도 그린 데탕트 추진방안에 관한 연구』, 74.

의 대응, 대기와 수질의 정화를 통한 생물종의 생존 기반 강화, 수자원과 유전자원의 보존, 교란되거나 붕괴된 생태계의 복원 등이 포함된다. 그리하여 산림협력은 남과 북의 생명 터전인 한반도가 백두대간을 중심으로 형성된 하나의 생태계라는 사실을 확인하게 하고 또 이 생명세계를 더욱 건강하게 유지·보존하는 공동의 노력을 강화하는 데 기여할 것이다.[25] 더 나아가, 한반도를 넘어 아시아와 지구 전체를 포괄하는 생태환경 공동체를 더욱 건강하게 하는 데 이바지하게 될 것이다. '그린 데탕트'는 CDM이나 REDD+ 등 녹색 사업을 추진함으로써 "기후변화 대응력을 높이고 한반도 전체의 기후변화 취약성을 극복"하고자 하는데, 여기서 이러한 정책적 방향은 거시적 안목에서 '북한을 포함한 동북아 지역 및 지구 차원의 기후변화 완화와 대응'을 내포하고 있다는 점을 지적하고자 한다.[26]

Ⅱ. 평화통일 신학의 생태 신학적·윤리적 토대로서의 '생명의 숲' 신학과 '그린 데탕트' 평가

1. 창세기 2장의 '선악을 알게 하는 나무': 신중심적 삶 안에서 이타적 실천에 힘쓰라!

25 손기웅 외, 『'그린 데탕트' 실천전략』, 138.

26 추장민 외, 『한반도 그린 데탕트 추진방안에 관한 연구』, 83.

창세기 2장 16-17절, "여호와 하나님이 그 사람에게 명하여 이르시되 동산 각종 나무의 열매는 네가 임의로 먹되 선악을 알게 하는 나무의 열매는 먹지 말라 네가 먹는 날에는 반드시 죽으리라 하시니라."

기독교가 말하는 죄혹은 원죄의 본질은 무엇인가? 창조의 원형 공간인 에덴동산에서 그 답을 찾을 수 있다. 선악을 알게 하는 나무의 열매를 먹어서 첫 인간은 죽음에 이르게 되었는가? 신의 명령을 어기고 그 열매를 따 먹은 행위가 원죄의 뿌리가 되었는가? 열매를 따 먹은 행동을 그 자체로 두고 원죄의 기원이라 확정하는 것은 무리가 있다. 여기서 물어야 중요한 질문이 있다. 그 나무의 위치가 어디인가? 성경은 분명하게 그 위치를 특정하는데, 선악을 알게 하는 나무가 있는 자리는 '동산 중앙'이다.[27] 이 사실에서 우리는 중요한 신학적 의미를 추론할 수 있다. 신적 명령이 동산 중앙 곧 첫 인간의 삶의 중심 자리로부터 나왔다는 것이다. 특정 나무의 열매를 따 먹느냐 아니냐의 개별 행동에 대한 하나님의 통제와 그것에 대한 복종이라는 단순한 의미가 아니라 신중심의 삶이냐 자기중심의 삶이냐에 대한 근본적인 선택과 결정을 내포하는 신학적 의미를 포착하는 것이 더 타당하다. 베스터만Claus Westermann은 이 나무 이야기를 창세기 2-3장의 더 큰 맥락에서 해석하면서, 첫 인간이 겪게 되는 죄와 고통과 죽음의 문제는 모든 인간에게 해당되는 보편적인 문제이며 그러한 인간 실존의 현실에 대한 종교적혹은 신학적 이유는 창조자 하나님의 존재와 명령을 거부하는 자기중심성에 있다는 점

27 창세기 2장 9절, "여호와 하나님이 그 땅에서 보기에 아름답고 먹기에 좋은 나무가 나게 하시니 동산 가운데에는 생명 나무와 선악을 알게 하는 나무도 있더라"(개역개정판).

을 드러낸다고 풀이한다.[28] 첫 인간은 동산 중앙에 있는 그 나무의 열매를 취하고 신적 명령에 정면으로 도전함으로써, 신중심의 삶이 아니라 자기중심의 삶을 살기로 결정하고 이 결정을 하나님 곧 그들의 생명과 삶의 근거로서의 동산의 참 주인이 되는 하나님을 향해 공표한 것이다. 이것이 죄의 본질이다.

어거스틴St. Augustine에 따르면, 악은 첫 인간이 도덕적으로 책임을 물을 만한 자발적 행동을 통하여 세상에 들어왔다. 하나님이 그들로 죄를 짓도록 하신 것이 아니라 스스로 선택하여 행한 행동을 통하여 죄를 짓게 된 것이다. 이렇게 함으로 인간은 교만하게도 하나님의 자리를 범한 것이다. "하나님은 완전하게 인간을 지으시고 또 복되게 살게 하셨지만, 인간은 자신의 의지로 지옥에 떨어짐을 선택하였다."[29] 악은 첫 인간의 원죄로 더불어 세상에 들어왔기 때문에, 인간은 이로써 선한 것을 선택하게 하는 '자유' 곧 '선을 선택하게 하는 인간 존재의 특질로서의 자유'*libertas* '리베르타스'를 상당 부분 상실하게 된다. 죄의 능력 아래서, 인간은 탐욕에 굴복한다. 인간은 여전히 '자유의지'*liberum arbitrium* '리베룸 알비트리움' 곧 '선이든 악이든 자유롭게 선택할 수 있는 능력으로서의 자유'를 보유하고 있는데, 왜곡된 본능 혹은 욕망이 자주 죄 된 선택을 하도록 움직여 간다.[30]

두 가지 자유는 인간의 타락으로 인해 근본적인 변형의 계기를 맞게 된다. 타락 이후 가장 주목해야 할 변화는 자유*libertas*가 상당 부분 상

28 Claus Westermann, *Genesis 1-11: A Commentary*, trans. John J. Scullion (Minneapolis: Augsburg, 1984), 275-78.

29 Augustine, *On Free Choice of the Will*, trans. Anna S. Benjamin and L. H. Hackstaff (Englewood Cliffs, NJ: Prentice Hall, 1964), I.11.

30 어거스틴의 '죄와 자유'론에 대해 다음의 문헌에서도 다루었다. 이창호, 『신학적 윤리: 어거스틴, 아퀴나스, 루터, 칼뱅을 중심으로』(서울: 장로회신학대학교 출판부, 2021), 24-29.

처를 입고 또 작동에 제한을 받게 되었다는 점이다. 인간은 여전히 자유의지*liberum arbitrium*를 가지고 태어나며 실제로 선택의 자유를 누린다. 자유의 선택을 통해 악을 행하는데, 자유의지를 누리면서 죄 없이 사는 이는 아무도 없다. 선한 선택을 하도록 기여하는 인격의 특질이 자유*libertas*이기에, 죄는 자유*libertas*의 결여 혹은 옳은 선택이 무엇인지 바로 판단하는 능력을 상실함으로부터 온다.

선보다 악을 선택할 가능성이 현저히 높은 이 상황을 어떻게 치유할 것인가? 어거스틴에 따르면, 인간에게 하나님께로 돌아갈 기회는 열려 있고 하나님의 은혜를 받으면 자유 선택의 능력과 선한 인격의 특질을 회복하게 될 것이다. 어거스틴의 자유론의 관점에서 기독교의 구원이란 타락으로 상당 부분 손상을 입은 자유*libertas*의 회복에 다름 아니다. 다시 말해, 이 자유의 회복을 통해 인간은 영원한 생명과 궁극적 행복에 이를 수 있게 되는 것이다. 특별히 어거스틴은 자유의 회복을 위한 은혜의 역사에 있어서 성령의 주도적 역사를 강조한다. "인간의 의지는 의를 추구하는 데 있어 하나님의 도움을 받아야 한다. 선한 삶은 하나님의 선물인데, 이는 하나님이 인간에 자유 선택의 능력을 주셨기 때문이기도 하고 또 성령이 마음속에 사랑을 부어 주시기 때문이다."[31]

어거스틴에 따르면, 자유로운 선택의 모판이 되는 의지는 중간선中間善이다.[32] 중간선이 있다면 최고선을 상정하고 있는 것이며, 최고선과의 관계에서 중간선으로서의 '의지'는 목적에 도달하기 위한 수단으로서의 가치를 갖는다. 최고선은 무엇인가? 하나님이며 하나님과의 사귐을 통해서 오는 궁극적인 행복이다. 중간선으로서 의지는 최고선인 하

31 Augustine, *On the Spirit and the Letter* (Pickerington, OH: Beloved Publishing, 2014), V.

32 Augustine, *On Free Choice of the Will*, II.18.

나님을 선택하고 하나님을 알고 느끼고 만남으로 얻게 되는 지고의 행복을 누리게 한다는 점에서 중대한 가치가 있는 것이다. 이런 맥락에서 인간의 자유는 궁극적으로 무엇을 위한 자유이며 또 무엇을 향한 선택의 자유인가? 다시 말하지만, 구원의 본질은 자유에 있고 구원론적 은혜는 자유*libertas*의 온전한 회복이며 그 자유는 결국 사랑을 위한 선택으로 귀결된다. 그러므로 근본적으로 또 궁극적으로 인간에게 참된 자유는 사랑을 위한 자유 곧 하나님을 선택하는 자유인 것이다. 하나님을 선택한 자유의 삶은 한편으로 자기중심적 삶으로부터 신중심적 삶으로의 전환을 의미하며, 다른 한편으로 신중심적 삶 안에서의 이타적 사랑의 삶으로의 전환을 의미한다.

창세기 2장의 '선악을 알게 하는 나무'는 신중심적 삶 안에서 이타적 실천에 힘쓰라는 명령을 내포한다. 북한의 황폐화된 산림을 회복하는 것을 정책적 목적으로 삼는 '그린 데탕트' 정책에 공감하면서 북한 산림 복원을 위해 정부나 민간 주도의 다양한 형태의 실천과 운동에 적극적으로 참여하는 것은 이타적 사랑의 삶의 구현이다. 황폐하게 된 북한의 산림과 그 속에서 신음하는 모든 생명들에 대한 배려를 중요한 동기로 삼고 있기 때문이다. 북한 산림의 녹화 사업은 1990년대부터 민간단체시민단체, 정부, 지자체, 국제 NGO, 국제기구 등 다양한 주체들이 실행해 오고 있다. 대한적십자사는 온정리에 나무 500그루와 잣나무 묘목 100그루를2003-2004년 그리고 새천년생명운동은 5백만 그루의 묘목을2002-2006년 지원하였고, 미래의 숲은 소나무와 밤나무를 각각 2만 5천 그루씩 만경대 뒷산, 평양 근교 대성산 등에 심었다2008년. 민족화해협력범국민협의회는 '북녘 묘목지원 및 남북공동 나무심기' 행사에서 개성 선죽교 공원에 묘목 18만 그루를2006년 그리고 겨레의 숲은 2000

년대 초부터 평양과 금강산에 소나무나 잣나무 등의 묘목 100만 그루 정도를 조림하였다. 충청북도가 복숭아와 자두나무 3만 그루를2005년 그리고 경기도가 50만 그루를2008년 지원하였고, 산림청은 개성과 평양으로부터 시작해서 북한 전역에 나무심기 사업을 확장해 갈 것임을 발표하였다2013년. 민간단체, 정부와 지자체뿐 아니라 국제기구도 여기에 동참하고 있다. 국제적십자사 베이징 사무소는 북한 국립과학원과 협력하여 산림 농업 특별 연수를 실시하였고, 평안남도 신양군에서는 산림 농업에 대한 인식을 높이기 위해 '적십자사 나무심기 사업 기념회'도 개최하였다2012년.[33] 이 모든 사업들은 북한 산림 복원이라는 목표를 공유하는 주체들이 북한을 위해 수행한 이타적 사랑의 구체적 실천이라 할 수 있을 것이다.

기독교회와 신자들도 이 같은 정책 수립과 실천에 적극 동참할 필요가 있다고 본다. 이러한 참여는 선악을 알게 하는 나무로부터 명령하시는 하나님께 바로 응답하여, 신중심적 삶에 뿌리를 둔 이타적 삶을 역사적으로 구체화하는 의미가 있다고 하겠다. 특별히 하나 된 조국과 생태적으로 복원된 한반도를 다음 세대에게 물려주어야 할 책임을 다함으로써, 다음 세대의 삶의 터전의 문제에까지 우리의 관심을 확대하고 그들에 대한 사랑을 실천하게 될 것이다. 그야말로 세대를 초월하는 이타적 삶의 실현인 것이다.

33 DMZ 학술원, "그린데탕트를 통한 환경공동체 추진방향," 40-42.

2. 에스겔 37장의 '나무 막대기': 갈라지고 찢긴 공동체 안에서 평화의 일군이 돼라!

에스겔 37장 16-17절, "인자야 너는 막대기 하나를 가져다가 그 위에 유다와 그 짝 이스라엘 자손이라 쓰고 또 다른 막대기 하나를 가지고 그 위에 에브라임의 막대기 곧 요셉과 그 짝 이스라엘 온 족속이라 쓰고 그 막대기들을 서로 합하여 하나가 되게 하라 네 손에서 둘이 하나가 되리라."

에스겔 37장 16-17절 앞에 나오는 성경 본문은 널리 알려진 본문이다. 이른바 '마른 뼈 환상'이다. 1-14절에 기술되고 있는 이 환상 이야기의 내용은 대략 다음과 같다. 하나님이 예언자 에스겔에게 말씀의 과업을 맡기시는데, 그 과업은 마른 뼈들을 향해서 메시지를 전하는 것이다. 특이 사항은 살아있는 생명들을 향해서 메시지를 전하는 것이 아니라 죽어 시체가 되고 시체가 썩어 이제 마른 뼈만 남은, 그것도 단일 생명의 뼈가 아니라 메마른 뼈들로 가득한 골짜기를 향해 전해야 한다는 것이다. 에스겔은 그대로 했고, 하나님이 예고하신 대로 그 골짜기에 변화가 일어난다. 무수히 많은 뼈들에 힘줄, 살, 가죽이 차례로 붙고 마지막으로결정적으로 사방에서 하나님이 불러일으키신 생기רוּחַ '루아흐'가 공급되자 마른 뼈가 새로운 생명체로 살아난다. 하나의 생명이 아니라 거대한 생명의 무리로 힘차게 일어서게 된 것이다. 참혹한 역사적 곤궁과 절박한 정신적·종교적 위기에 빠져 헤어 나오지 못하고 있는 하나님 백성을 향한 희망의 메시지이며 그들이 꿈꾸어야 할 이상이자 비전인 것이다.

왜 여호와 하나님은 그의 백성에게 이 희망의 메시지와 비전을 제시하시고 또 역사 속에서 실제적으로 변화를 일으키시고자 하는가? 이 질문에 대한 답은 16-17절에서 찾아야 한다. 37장 17절의 한 대목에 주목해 보자. "네 손에서 둘이 하나가 되리라." 갈라진 남쪽의 유다와 북쪽의 이스라엘을 하나 되게 하겠다는 뜻이다. 누구의 손안에서인가? 너의 손, 에스겔의 손, 하나님의 생명의 역사를 체험한 사람들의 손안에서 하나 될 것이다. 다시 말해, 마른 뼈를 살려내어 강인한 생명들으로 바꾸시는 하나님을 믿고 따르는 사람들과 그들의 공동체를 통해서 평화와 정상적 질서가 이루어질 것이다. 창세기 1장이 증언하는 창조의 '하나님의 영' רוּחַ '루아흐' 은 '마른 뼈 환상'에서 마른 뼈들을 생명의 무리로 변화시키는 결정적 기제인 '생기'와 동일한 것이다. '태초의 창조'의 원초적 상황 곧 '혼돈과 공허와 흑암' 가운데 운행하시는 하나님의 영은 창조의 역사를 통해 원초적 상황을 바꾸어 신적 평화와 질서를 불러일으키신다. 창조 때의 '루아흐'는 에스겔 37장에서 생명의 역사를 일으킨 '생기'와 동일한 '루아흐'이며, 그 '영'의 본질은 평화의 세상을 창출하는 것이다.[34] 하나님의 영으로 다시 살아난 생명들의 삶의 본질은 그 영의 본질에 부합될 수밖에 없고 또 그렇게 되어야 한다.

37장의 '나무 막대기'는 갈라지고 찢긴 공동체 안에서 평화의 일군이 되어 살 것을 명령한다. 이 '나무 막대기'를 통해 하나님은 하나님 백성의 역사적 사명은 평화 שָׁלוֹם '샬롬' 를 이루는 것임을 밝히신다. 갈라지고 찢기고 그래서 깊은 상처로 고통하는 정치사회적 관계들 속에 들어가 하나님의 평화를 이루는 것이다. 여기서 한국교회의 사명을 생각한

34 Bruce Vawter and Leslie J. Hoppe, *Ezekiel: A New Heart* (Grand Rapids: Eerdmans, 1991), 166-67.

다. 오늘 이 시대와 역사를 살아가는 하나님의 백성이라고 자부하는 한국교회의 역사적 과업은 무엇인가? 하나로 부르셨지만, 둘로 갈라져 서로 등지고 살아가는 민족 분단의 현장 속에 들어가 평화와 통일을 이루기 위해 헌신하는 것이다. 신앙의 공동체를 포함해서 인류 공동체의 본질적 사명을 기독교적으로 - 특별히 에스겔 '나무 막대기' 신학의 관점에서 - 기술한다면, 그것은 인류 공동체에 속한 모든 이들이 하나 됨을 이루는 것이라 할 것이다. 이런 맥락에서 남북 간의 긴장완화와 평화적 공존·공생의 생태환경 공동체를 지향하는 '그린 데탕트' 정책의 구현과 이를 위한 교회의 참여는 에스겔의 '나무 막대기'에 담긴 사회적 함의가 한반도의 역사 속에 구체적으로 실현되게 하는 의미 있는 실천이라고 할 것이다.[35]

35 하나님의 주권에 대한 신앙은 성과 속을 포괄하여 하나님의 창조의 모든 영역에 대한 하나님의 섭리에 대한 존중으로 이어지는데, 특히 모든 사람들에게 생존에 필수적인 요소들을 제공하고자 하는 하나님의 섭리적 의도를 존중한다. 해방 이후 많은 교회들은 정부의 공산주의에 대한 반대 정책을 지지함으로써 하나님의 섭리적 사랑을 존중한다. 그들의 반대는 남한의 동료 시민들에 대한 사랑 곧 북한 공산주의의 위협 앞에 고통 받거나 고통 받을 수 있는 사람들에 대한 사랑에 근거하고 있다고 하겠다. 그러나 교회들은 하나님의 섭리적 사랑을 존중하면서 동료 시민들의 생명에 대한 배려뿐 아니라 남과 북이 하나가 되는 역사적 성취까지도 하나님 섭리의 실현이라고 생각한다. 이런 맥락에서 보수와 진보를 막론하고 한국교회는 전체적으로 인도주의의 차원에서 북한에 대한 지원 사업에 참여하게 된다. 그 대표적인 보기로 '사랑의 쌀 나누기 운동'을 들 수 있다. 1990년에 '사랑의 쌀 나누기 운동' 본부가 북한에 쌀 1만 가마를 지원한다. 그런데 여기서 특기할 만한 것은 쌀 나누기 운동은 단발성 대북 지원 사업에 그치지 않고 '북한 돕기' 운동이라는 기독교 통일 운동의 새로운 패러다임으로 확대되었다는 점이다. 1992년 9월에는 한국교회는 보수와 진보 진영이 연합하여 '평화통일을 위한 남북나눔운동'을 창립하게 되는데, 한국교회의 통일 운동의 모형으로서의 북한 돕기 운동의 전형적 예라 할 수 있다. 1990년 중반에 접어들면서 방문자들과 탈북자들의 증언과 다양한 조사 보고서들을 통해 북한 동포들이 겪고 있는 경제적·사회적 곤궁들이 광범위하게 알려지면서, "한국 교회의 '북한 돕기' 운동은 1995년 북한의 수해로 인한 식량난 이후 다양한 교회 조직을 대거 양산했을 뿐 아니라, 그 방식에 있어서도 초기의 '쌀 나누기' 차원에서 벗어나 탈북자, 식량, 의료, 결식 아동, 농업 지원 문제 등 다양한 차원으로 확대되었다" [정성한, 『한국 기독교 통일 운동사』(서울: 그리심, 2003), 352-54]. 북한 산림 복원을 위한 남한 기독교의 생태환경적 통일 실천은 '그린 데탕트'와 친화적이며, 정부와 교회를 비롯한 민간의 협력은 '북한 돕기' 운동의 역사적 전개라는 맥락에서 평가할 수 있을 것이다. 북한 생태환경의 복원과 보존을 추구한다는 점에서 북한 돕기 운동의 확장이라는 교회사적 의미가 있다 하겠다. 다시 말해, 기독교 통일 운동의 한 패러다임으로서의 '북한 돕기'의 역사적 발전에 중요한 기여가 될 수 있다는 뜻에서 기독교통일운동사의 중요한 한 장면을 장식할 만한 가치가 있다고 보는 것이다.

3. 로마서 11장의 '돌감람나무와 참감람나무': 자연 질서를 뛰어넘어 새로운 질서를 창출하시는 신적 역사에 충실하게 응답하라!

> 로마서 11장 23-24절, "그들도 믿지 아니하는 데 머무르지 아니하면 접붙임을 받으리니 이는 그들을 접붙이실 능력이 하나님께 있음이라 네가 원 돌감람나무에서 찍힘을 받고 본성을 거슬러 좋은 감람나무에 접붙임을 받았으니 원 가지인 이 사람들이야 얼마나 더 자기 감람나무에 접붙이심을 받으랴."

여기서 참감람나무는 선민으로 자부하는 이스라엘을 그리고 돌감람나무는 이스라엘이 하나님의 선택 밖에 있는 이들로 생각했던 이방인을 가리킨다. 돌감람나무는 야생에서 자라는 감람나무로서 적은 양의 열매를 산출하며 그 질도 썩 좋지 않다. 이에 반해 참감람나무는 정원 등에 심겨져 사람의 돌봄과 경작 가운데 많은 양의 질 좋은 열매를 맺는 수종을 가리킨다. 하나님은 이 둘 사이의 접붙임을 통해 새로운 변화를 일으키신다는 것이 로마서 11장의 핵심 메시지이다. 열매 맺지 못하는 참감람나무에서 가지들을 쳐내시고 그 자리에 돌감람나무의 가지를 접붙이시는 것이다. 이렇게 접붙인 바 된 돌감람나무의 가지는 참감람나무의 뿌리로부터 진액을 공급받고 좋은 열매를 맺게 되는 것이다. 하나님의 구원의 경륜의 관점에서 볼 때, 하나님은 이 접붙임을 통해서 구원의 범위를 이스라엘에서 이방인을 포괄하는 범위로 확장하시는 것이다. 그렇다고 이스라엘의 배제를 뜻하는 것은 아니고 하나님의 총체적·거시적 경륜 안에서 이스라엘의 회복이 있으리라는 것이 바울의 확고한 증언이다.

이 접붙임을 바로 이해하기 위해 주목해야 할 중요한 개념 가운데 하나는 '본성에 거슬러'라는 표현이다. 참감람나무에 돌감람나무를 접붙이는 것은 본성에 부합되는 것이 아니라는 말이다. 다시 말해, 이 접붙임은 자연 질서와는 다르거나 충돌된다는 의미에서 '자연스러운 과정이 아닌' not natural 어떤 것이다. 그러나 이 접붙임을 행하시는 주체는 자연과 자연의 질서의 주인이 되시는 하나님이라는 사실에서 우리는 이 접붙임의 사건을 자연이나 본능에 정면으로 충돌하는 것으로 단정하기보다는 자연이나 본능을 뛰어넘어 새로운 변화를 일으키는 생명의 사건으로 해석하는 것이 더 옳다는 점을 추론할 수 있다.[36] 하나님은 구원과 하나님 나라를 완성하시기 위해 자연 질서를 뛰어넘어 역사하시는데, 이런 맥락에서 인생과 세계와 역사가 지향해야 할 궁극적 이상은 자연적 질서와 연속성을 가지면서 그것을 뛰어넘는 새로움을 추구하는 것이다. 이질적이고 질적 차이가 있다고 사람들이 일반적으로 판단하는 참감람나무와 돌감람나무가 연결되는 '자연을 뛰어넘는' 상호작용을 통해 구원의 궁극적 완성을 향한 큰 진보를 얻게 된 것이다.

구약성경이 증언하는 본문들 가운데 하나님 나라의 본질을 가장 잘 드러내 주는 대표적인 본문은 이사야 11장이다.

그 때에 이리가 어린 양과 함께 살며 표범이 어린 염소와 함께 누우

36 던(James D. G. Dunn)은 이러한 해석을 위한 의미 있는 주석적 풀이를 내놓는다. "'본성을 거슬러'(*kata phusin* '카타 퓌신')와 '본성을 따라'(*para phusin* '파라 퓌신')의 대조를 통해서 바울은 접붙임이 자연스럽지 못하다는 것을 말하려 했다기보다는 다른 수종의 가지를 접붙였음에도 성공적으로 생명이 연장해갈 수 있다는 놀라운 사실을 (많은 청중들이 다소 의아해 하겠지만) 알리는 데 초점을 둔다" [James D. G. Dunn, *Romans 9-16* (Waco, TX: Word Books, 1988), 666].

며 송아지와 어린 사자와 살진 짐승이 함께 있어 어린 아이에게 끌리며 암소와 곰이 함께 먹으며 그것들의 새끼가 함께 엎드리며 사자가 소처럼 풀을 먹을 것이며 젖 먹는 아이가 독사의 구멍에서 장난하며 젖 뗀 어린 아이가 독사의 굴에 손을 넣을 것이라 내 거룩한 산 모든 곳에서 해 됨도 없고 상함도 없을 것이니 이는 물이 바다를 덮음 같이 여호와를 아는 지식이 세상에 충만할 것임이니라6-9절.

자연 상태에서 어린 양과 염소와 송아지는 표범이나 사자와 같은 야수들의 사냥감이지, 함께 살고 눕고 먹으면서 공존할 대상이 아니다. 그러나 앞으로 이루어질 하나님 나라는 자연의 질서를 뛰어넘어 공존불가의 생명들이 화목하게 공존하는 세상이 될 것이다. 이 성경의 증언이 가리키는 이상향은 이 세상의 모든 생명들과 그 공동체들 안에 이루어지는 '보편적 평화'의 세상이다.[37] 자연 상태에서 어린 아이는 겁 없이 독사의 굴에 손을 넣을 수 없다. 그러나 하나님 나라에서 어린 아이에게 독사는 더 이상 경계나 두려움의 대상이 아니라, 손을 건네고 접촉하고 소통하며 함께 살 존재가 된다. 역시 이러한 평화의 세상은 자연 질서를 뛰어넘는 하나님의 초월적 역사를 전제한다. 인류 공동체가 거부할 수 없는 자연 질서혹은 본성적 질서로 규정하고자 하는 다양한 형태의 차이와 차별과 대립의 관계들을 극복하고 평화와 공존의 세상을 창출하는 데 있어서 로마서 11장의 '접붙임'과 같은 하나님의 개입의 여지를 마련하고자 하는 것이 기독교 신앙이다.

로마서 11장의 '돌감람나무와 참감람나무' 비유를 통해 하나님

37 Otto Kaiser, *Isaiah 1-12: A Commentary*, trans. John Bowden (Philadelphia: Westminster, 1983), 259-61.

은 자연 질서를 뛰어넘어 새로운 질서를 창출하시는 신적 역사에 충실하게 응답할 것을 말씀하신다. 기독교는 원수 사랑을 명령하지만, 원수를 사랑할 수 없고 또 사랑해서도 안 된다는 현실적 인식이 오히려 인간의 자연적 본성에 부합된다는 주장이 인류 역사에 더 강하게 작동하고 있는 듯하다. 그러나 기독교는 원수 사랑을 명령하는데, 어찌 보면 이는 일반적으로 받아들여지는 '자연 질서'와는 '다른'혹은 '초월하는' 새로운 도덕적 질서를 제시하는 것으로 이해할 수 있다. 우리가 살핀 대로, 로마서 11장 감람나무 비유를 통해서 사도 바울은 인간이 인위적으로 만들어 놓은 차이와 차별과 대립의 관계들이 숙명적으로 받아들여야 할 거부할 수 없는 질서가 아니라 극복되어야 할 부정적 현상이며 또 충분히 극복될 수 있다는 점을 강력하게 증언한다. 산림협력을 그 주된 정책적 목표로 삼는 '그린 데탕트' 정책과 같은 녹색 정책들이 활성화되고 구체적 결실들을 맺어갈 때, 한반도 전체에 울창한 하나의 숲을 일구어 남과 북의 백두대간을 하나로 만들어 가고 또 '접붙임'의 역사로 도무지 공존할 수 없을 것 같았던 존재들이 공존하며 '보편적 평화'의 세상을 일구는 성경의 비전을 이 한반도에 이룰 수 있을 것으로 확신한다. 좀 더 구체적인 언어로 표현해 본다면, 한편으로 산림협력을 위한 정책과제의 수행은 자연스럽게 남북 간의 군사적 소통과 대화를 촉진하게 될 것이며 다른 한편으로 산림 복원을 통한 한반도 전체의 생태적 온전성의 추구는 사회문화적·경제적·환경적 차원의 통일을 포함하는 '작은 통일'로부터 정치적 차원의 통일을 뜻하는 '큰 통일'에로의 진전에 기여하게 될 것이다. 요컨대, 이러한 정책들에 동의하고 또 실천적으로 응답함으로써 여전히 전쟁 상태에 있는 한반도에 환경 분야 협력으로 화합의 씨앗을 심고 그리하여 한반도에 평화공존과 통일의 분위기를 광범위하게 또 힘차게 조성해 가게 될 것이다.

4. 열왕기상 4장의 '포도나무와 무화과나무': 이 땅에 평화와 번영의 시대가 오게 하라!

> 열왕기상 4장 25절, "솔로몬이 사는 동안에 유다와 이스라엘이 단에서부터 브엘세바에 이르기까지 각기 포도나무 아래와 무화과나무 아래에서 평안히 살았더라."

이 구절은 솔로몬 치하 이스라엘이 평화와 번영의 시대를 이루었음을 단적으로 드러내주고 있는데, 특별히 '포도나무 아래와 무화과나무 아래'라는 삶의 조건은 결정적이다. 이 시대를 설명하는 주된 특징들을 크게 세 가지로 정리할 수 있다.[38] 먼저 솔로몬의 치하 이스라엘 백성이 누렸던 평화와 행복의 삶은 국부적인 것이 아니라 전국적이었다는 점이다. '단에서 브엘세바에 이르기까지'라는 표현에서 우리는 이스라엘이 차지하고 있던 팔레스타인 경계의 최남단과 최북단을 포괄하는 범위를 찾을 수 있다. 한 지역도 소외됨이 없이, 남과 북이 그리고 동과 서가 차이나 차별 없이 평화와 행복을 누렸다는 말이다. 둘째, 성경적 태평성대의 중요한 내용은 평화이다. 최소한의 선에서 전쟁의 부재이다. '평안히' 삶을 구가할 수 있는 조건으로서 '충분한' 포도나무와 무화과나무의 상태가 되기 위해서는 필수적으로 요구되는 '시간'이 있다.

38 Simon J. DeVries, *1 Kings* (Waco, TX: Word Books, 1985), 72-73.

그 시간 동안에는 상해나 쇠락의 위기 없이 자랄 수 있어야 한다는 말이다. 특별히 전쟁 등의 국가적 재난 없이 나무들이 자라 숲을 이룰 수 있는 안정적 상황이 전개되어야 한다는 뜻이다. 이로써 보건대, 전쟁과 같은 극한의 갈등이나 충돌 없이 평화로운 생존이 가능한 시대를 살아갔던 것이다. 셋째, 포도나무와 무화과나무 아래에서의 행복한 삶은 경제적 안정을 내포한다. 포도와 무화과는 이스라엘 사람들의 생존을 위한 중요한 물적 기반이기에, 이 값진 산물의 충분한 공급은 행복한 삶의 경제적 토대가 되었다. 반대로 무화과와 포도 생산의 감소는 이스라엘 경제에 크게 악영향을 끼쳤다는 증언들을 우리는 성경 여러 곳에서 찾을 수 있다. 다시 말해, '포도나무와 무화과나무'에 닥친 재앙이나 위기는 물질적 삶의 토대의 붕괴에 상응한다는 인식을 반영하는 성경의 증언들을 찾을 수 있다는 것이다.[39]

열왕기상 4장의 '포도나무와 무화과나무'로부터 '그린 데탕트' 정책을 생각해 보자. 이 정책은 유실수림과 연료림 조성, 소득연계형 임농복합 산업 육성, 탄소배출권과 연관된 경제협업 등을 추구하여 북한 동포들의 물질적 삶의 토대를 세우고 또 파괴된 생태환경을 복원하여 남북한 삶의 질을 향상시키는 데 실질적으로 기여하고자 한다. 이 점에서 모든 백성이 생명의 안전과 생존의 안정적 토대를 갖추고 평안히 살아가는 '무화과나무와 포도나무'의 이상을 이 한반도에 이루어 가는 데 이바지하는 구체적인 정책적 실천이라고 평가할 수 있을 것이다. 아울러 탄소배출권 관련 사업 추진 등 남과 북의 경제적 협력은 "기후변화

39 예레미야 5장 17절, "그들이 네 자녀들이 먹을 추수 곡물과 양식을 먹으며 네 양 떼와 소 떼를 먹으며 네 포도나무와 무화과나무 열매를 먹으며 네가 믿는 견고한 성들을 칼로 파멸하리라"; 호세아 2장 12절, "그가 전에 이르기를 이것은 나를 사랑하는 자들이 내게 준 값이라 하던 그 포도나무와 무화과나무를 거칠게 하여 수풀이 되게 하며 들짐승들에게 먹게 하리라" (개역개정판).

대응과 남북관계 개선을 넘어 국제사회에 남북이 하나된 모습을 보여 주는" 중요한 계기가 되고[40] 그리하여 세계의 다양한 경제 주체들의 참여를 촉진하게 됨으로써 남북한 경제 지형의 확장이라는 결실을 맺게 될 것으로 기대한다.

5. 요한계시록 22장의 '생명나무': 우주적·생태적 회복의 이상을 구현하라!

> 요한계시록 21장 5절; 22장 1-2절, "보좌에 앉으신 이가 이르시되 보라 내가 만물을 새롭게 하노라 하시고 또 이르시되 이 말은 신실하고 참되니 기록하라 하시고계 21:5 … 또 그가 수정 같이 맑은 생명수의 강을 내게 보이니 하나님과 및 어린 양의 보좌로부터 나와서, 길 가운데로 흐르더라 강 좌우에 생명나무가 있어 열두 가지 열매를 맺되 달마다 그 열매를 맺고 그 나무 잎사귀들은 만국을 치료하기 위하여 있더라계 22:1~2."

요한계시록은 기독교 경전인 성경의 책들 가운데 대표적인 종말론적 문헌으로서, 기독교인들이 궁극적으로 소망하는 하나님 나라 곧 요한계시록이 '새 하늘과 새 땅'으로 특징적으로 묘사하는 바로서의 이상향에 대한 증언이다. 기독교의 구원이 완성되고 영속적으로 향유되는 시간과 공간이 바로 '새 하늘과 새 땅'인 것이다. 여기서 구원은 그야

40 손기웅 외, 『'그린 데탕트' 실천전략』, 133.

말로 총체적이다. 인간은 몸과 정신과 영혼을 포괄하여 죽음을 초월하는 온전한 생명을 얻고 누리게 될 것이고, '만국'으로 표현되는 인간의 모든 정치사회 공동체들 안에 하나님의 완전한 사랑과 정의에 기초한 참된 평화의 세상이 구현될 것이다. '만물' 곧 '태초의 창조'를 통한 신적 창조의 모든 결과물들이 피조물로서 갖는 한계와 연약함 그리고 '자연 질서'의 왜곡과 파괴 때문에 겪게 되는 고통과 멸종의 위기로부터 궁극적인 해방을 얻게 될 것이다. 기독교의 관점에서 구원의 이상향의 주인공은 인간만이 아니다. 인간 그리고 인간과 더불어 생명의 체계를 형성하는 전체 창조세계가 구원의 이상향을 이룬다는 의미에서 총체적이다. 이런 의미에서 피조물도 "다 이제까지 함께 탄식하며 함께 고통을 겪고" 있으며 "썩어짐의 종 노릇 한 데서 해방되어 하나님의 자녀들의 영광의 자유에 이르[고자]" 갈망한다는 로마서 8장21-22절의 증언은 옳으며 궁극적 해방과 종말론적 완성을 갈망하는 모든 이들이 경청해야 할 바이다. 요한계시록 22장의 생명나무는 문법적으로 집합 명사로 보아야 한다.[41] 곧 한 그루 나무가 아니라 수많은 나무들로 가득한 숲 곧 '생명의 숲'인 것이다. 생명의 강을 따라 또 생명의 강과 더불어 만물을 살리는 생명의 원천으로서 작용하는 것이다. 인간 생명을 포함하여 탄식하고 고통하는 모든 피조물들을 충만한 생명으로 살리고 또 살아있게 하는 총체적 생명체계인 것이다.

요한계시록 22장의 '생명나무'로부터 얻는 신학적·윤리적 통찰의 빛에서 '그린 데탕트'를 평가해 보자. 한반도는 생태 공동체로서 하나라는 명제는 자명하다. 생태적 관점에서 남한과 북한은 하나의 생명

41 Jürgen Roloff, *The Revelation of John* (Minneapolis: Fortress, 1993), 246.

체계혹은 생태계 안에 존재한다는 뜻이다. 하나의 생명의 그물망으로 엮여 있어서, 서로 영향을 주고받을 수밖에 없는 구조 안에 있는 것이다. 북한의 숲이 사라져 생태환경의 심각한 훼손으로 귀결되면 그 부정적 결과가 남한의 환경에도 미칠 수밖에 없다. 물론 반대의 방향도 마찬가지다. 장기적이면서 거시적 안목에서 황폐화된 북한 산림의 복구는 매우 중요한 생태적 과제가 되는 것이다. 더 나아가, 한반도의 생태계는 한반도를 포괄하는 세계적 혹은 우주적 생명체계 '안에' 또 '더불어' 존재한다는 점을 고려할 때 녹색 한반도의 추구는 단순히 한반도의 생태 복원에 그치지 않고 거시적 차원에서 온 세계의 녹색화에 이바지할 수밖에 없는 것이다.

이런 맥락에서 '그린 데탕트' 정책의 생태적 의미를 신학적 언어로 표현해 본다면, 죽음의 위기 앞에 고통하는 생명세계의 치유와 회복을 지향한다는 면에서 '생명나무혹은 숲' 프로젝트라 일컬을 수 있을 것이다. 생명나무의 잎사귀로 '만물을 살리는' 새 하늘과 새 땅의 이상을 미리 앞당겨, 좁게는 남한과 북한 그리고 넓게는 전 지구적 생태환경을 건강하게 복원하고자 한다는 의미에서 총체적 생명생태 실천을 내포하는 정책적 시도라 할 것이다. '그린 데탕트'가 주된 정책적 과제로 삼는 산림협력의 추구는 "남과 북의 생명 터전인 한반도가 백두대간을 중심으로 형성된 하나의 생태계라는 사실을 확인하게 하고 또 이 생명세계를 더욱 건강하게 유지·보존하는 공동의 노력을 강화[하며] 한반도를 넘어 아시아와 지구 전체를 포괄하는 생태환경 공동체를 더욱 건강하게 하는 데" 의미 있는 기여를 할 것으로 기대한다.

Ⅲ. 맺는말

평화통일이라는 목적을 달성하기 위해 풀어야 할 여러 가지 선결 과제들이 있겠지만 가장 중요한 한 가지는 남한과 북한이 민족적 유대를 강화하는 것이라는 점은 이론의 여지가 없을 것이다. 여러 가지 측면에서 남과 북이 갈등하고 있지만, 그럼에도 둘은 한민족이라는 사실을 재확인하고 또 공유하는 것이 중요하다는 말이다. 다시 말해, 남과 북이 긴장을 완화하고 평화공존의 길에 들어서기 위해 민족적 유대의 강화는 필수적이다. 북한의 정치적·군사적 도발이 관계 진전에 찬물을 끼얹는 경우에도 그러한 도발에 단호하게 응답하면서 교류를 지속하려고 노력해야 하며, 아울러 교류와 협력이 이루어지는 영역을 점점 넓혀 가야 할 것이다. 정치와 경제 영역에서 뿐 아니라 사회와 문화 영역 그리고 더 나아가 민간 부분의 교류에까지 확대해 나갈 때, 민족적 유대를 강화하는 데 큰 도움이 될 것이다. 이런 맥락에서 '그린 데탕트' 정책에 대한 기독교윤리적 응답과 정당화 그리고 기독교회와 신자들의 참여는 남북 간의 교류를 위한 실천으로서 민족적 유대의 강화를 통한 긴장완화와 평화공존의 성취라는 목표에 한 걸음 더 다가서는 데 의미 있는 기여를 할 것으로 확신한다.

뿐만 아니라, '그린 데탕트'는 한반도 전체 생명체계 안에 정상적 생명의 질서를 가져오는 '생태 복원'을 중요한 정책적 과제로 설정하고 있다는 면에서 생태계의 심각한 훼손으로 고통하는 북한의 무수한 '생명들'의 위기에 대한 적절한 응답이 될 것이다. 이를 통해 북한의 산림을 살리고 그 안에 존재하는 생명들을 살려내며 남과 북을 포괄하는 생명세계를 더욱 건강하게 가꾸는 결실을 맺게 될 것이다. 더 나아가, 한반도의 생태계와 연결되어 있고 또 한 부분으로 품고 있는 세계적 혹은 우주적 생명체계를 좀 더 온전한 생명의 세계로 변화시키는 데 중요한 기여를 할 것으로 기대한다. 그러므로 한국교회는 정부, 시민사회 그리고 많은 동료 시민들과 협력·연대하면서 한반도 안에 정치사회적·생태적 평화를 구현하기 위한 봉사의 사명을 충실히 감당해야 할 것이다.

제 7 장

종말론과 세계의 미래

세계의 기원에 대해 신학적으로 답한다면, 그 답은 자명하다. 세계는 하나님의 창조의 결과이다. 하나님은 세계를 창조하시고 세계에 대한 창조자로서의 관심을 거두지 않으신다. 창조하신 세계를 '이처럼' 곧 독생자를 아끼지 않고 내어주시는 사랑으로 사랑하시는 하나님은 그 사랑으로 세계를 섭리하신다. 지극한 섭리의 사랑으로 온 세계를 돌보시고 보존하시는 것이다. 그렇다면 세계의 '끝'은 어떤가? 끝이 없는, 중단 없는 진보가 세계의 운명인가? 아니면 세계는 시한이 정해져 있는 유한성의 운명을 지닌 존재인가? 종말론은 기독교 신앙과 신학의 핵심 주제들 중 하나이다. 종말론은 일반적으로 세계의 마지막에 관한 논의이며 가르침이라 할 수 있다. 기독교 신학이 세계의 마지막에 대해 큰 관심을 가지고 있다는 점에서 종말론은 중요한 위치를 차지하고 있다. 세계의 마지막은 어떤 모습인가? 파멸일 수 있고 영광스러운 대전환일 수도 있으며 지속적 진보의 완성일 수도 있을 것이다. '마지막'에 관한 여러 견해들이 있을 수 있지만, 완성에 대한 굳건한 신념이 있다는 점을 분명히 해 두어야 하겠다. 아무 의미 없이 사라지는 파멸이 아니라 완성이 세계의 미래이기에, 세계의 '오늘'은 종말론적 완성과 연관해서 바라볼 필요가 있다. 오늘과 종말론적 완성 사이의 관계성에 대한 다양한 생각들이 존재하지만 둘 사이의 연속성을 부정할 수 없다는 점에서 종말론적 완성의 빛에서 세계의 현재적 의미를 살피는 것이 요청된다는 말이다.

본 장에서 필자는 기독교 종말론을 크게 현재적 종말론, 미래적 종말론 그리고 현재와 미래의 긴장을 포함한 종말론으로 나누고 이 세

가지 유형을 민중신학, 리츨Albrecht Ritschl, 바르트Karl Barth 그리고 몰트만Jürgen Moltmann을 중심으로 탐구할 것이며, 종말론적 관점에서 세계의 미래에 대해 논할 것이다.

I. 민중신학

1. 역사적 실재로서의 하나님 나라

민중신학의 하나님 나라는 현재적이고 역사적이며 정치적이다. 서남동은 요한계시록의 천년왕국은 미래적·피안적 이상향이 아니라 오늘 여기서 이루어야 할 현재적 실재라고 강조한다.[1] 특별히 기독교가 하나님 나라를 철저하게 비정치화함으로써 역사 속에서 불의한 권력에 의해 민중이 겪는 억압과 착취를 정당화하는 기제로 악용되었다는 점을 지적하면서, '천년왕국'을 역사 안에서 완수해야 하고 또 그렇게 할 수 있는 정치적으로 이상적인 공간으로 해석한다.[2]

1 Nam Dong Suh, "Historical Reference for a Theology of Minjung," in *Minjung Theology: People as the Subjects of History*, ed. Yong Bock Kim (Singapore: The Commission on Theological Concern/The Christian Conference of Asia, 1981), 163.

2 "콘스탄틴의 기독교에서, 아니 그 이전에 이미 〈하나님의 나라〉는 비정치화 되어버렸기에 본래의 민중 - 눌린 자의 갈망은 역사의 피안에 있는 신국보다도 역사의 장래에 있을 역사변혁적인 천년왕국이라는 상징을 불가피하게 갖게 되었다. … 신국은 피안적이고 궁극적인 것에 대한 상징인데 비해서 천년왕국은 역사·차안적이며 준궁극적인 것에 대한 상징이다. 그러기에 신국에는 믿는 사람이 지금 죽어도 들어가는 데로 이해되고 있지만, 천년왕국은 이 역사와 사회가 새로워지는 데로 이해되는 것이다" [서남동, "두 이야기의 합류," NCC 신학연구위원회 편, 『민중과 한국신학』 (서울: 한국신학연구소, 1982), 249].

박승호Andrew Sung Park는 한국의 역사적 맥락에서 서남동의 천년왕국론을 풀이하는데, 여기에 옮긴다. "한국에서 천년왕국이란, 가부장제와 위계주의로부터 자유로운 평등의 사회, 외세의 개입에서 벗어난 자기 결정이 가능한 나라, 분단을 뛰어 넘어 통일을 이룬 나라 그리고 북의 전체주의와 남의 권위주의를 초월한 민주 사회를 뜻한다."[3] 여기서 하나님 나라는 지금 여기에서 도달할 수 없기에 그저 희망하기만 해야 하는 궁극적 목적이 아니라 현재적으로 성취할 수 있는 역사적 실재가 된다.

역사적·정치적 실재로서의 하나님 나라에 대한 이해는 김용복과 안병무에게서도 선명하게 찾을 수 있다. 김용복에 따르면, 민중은 하나님 나라의 역사적 구현의 주체이다. "민중은 현실 속에서 [사회·경제적] 한계들 때문에 고통하고 있지만, 역사의 주체로서 민중은 역사의 사회·경제적 결정론을 뛰어넘어 자신들의 이야기를 펼쳐 나가는데, 이 이야기를 통해 단지 가능성만을 제시하는 것이 아니라 새로운 역사를 만들어간다."[4] 김용복은 민중의 주체적인 역사 참여를 통한 하나님 나라 구현을 '메시야적 정치'라는 개념으로 설명한다. 메시야적 정치란 정치적 행위를 뜻하는 것으로, 역사적 예수가 참여하고 완수하고자 했던 해방의 사역에 동참하는 것이다. 메시야적 정치의 주체가 됨으로써, 민중은 역사의 주인이 된다.[5] 아울러 김용복은 메시야 왕국의 신학적 의미의 빛에서 메시야적 정치 개념을 심화한다. "민중이 메시야 왕국에서

3 Andrew Sung Park, "Minjung and Process Hermeneutics," *Process Studies* 17-2 (1988), 122, Chang-Hee Son, *Haan* of Minjung Theology and *Han* of *Han* Philosophy (Lanham, MD: University Press of America, Inc., 2000), 59-60에서 재인용.

4 Yong Bock Kim, "Messiah and Minjung: Discerning Messianic Politics Over Against Political Messianism," in *Minjung Theology*, 186.

5 위의 논문, 191-92.

는 완전한 주체로 실현된다. 이러한 종말론적 민중관이 역사관을 규정해 준다. 종말론이 역사관을 규정하지 역사가 종말론을 규정하지 않는다. 이것은 궁극적으로는 민중이 역사를 결정하고 지배자가 역사를 규정하지 않는다는 것을 의미한다."[6] 그리하여 김용복의 민중신학은 하나님 나라의 현재적 실현과 그 실현의 역사적·정치적 주체인 민중 사이의 긴밀한 연관성을 견지한다.

'예수사건'에 대한 안병무의 역사적 읽기를 주목할 필요가 있다. 안병무는 예수사건을 교리적 해석의 틀에 묶어두는 것을 거부한다. 오히려 예수사건은 민중의 해방을 위해 예수가 목숨을 던진 역사적 사건으로 이해해야 한다고 강조한다. 해방의 사건으로서의 예수사건을 통해 민중은 해방을 경험하고 자신의 정체성을 예수와 동일시하게 된다. "하나님의 뜻은 온전히 그리고 무조건적으로 민중의 편에 서는 것이다. 이러한 견해는 기존의 윤리, 문화, 법적 체계의 시각에서는 이해될 수 없다. 하나님의 뜻은 예수사건을 통해 드러난다."[7] 이제 민중이 권력의 부당한 억압과 착취를 뚫고 해방을 성취함으로써 예수사건의 주체가 된다.

2. 세계의 미래에 대한 전망

민중신학의 종말론은 창조세계의 미래에 대해 무엇을 말하는가?

6 김용복, "민중의 사회전기와 신학," NCC신학연구위원회 편, 『민중과 한국신학』(서울: 한국신학연구소, 1982), 371.

7 Byung Mu Ahn, "Jesus and the Minjung in the Gospel of Mark," in *Minjung Theology*, 150-51.

다시 인용하지만, “가부장제와 위계주의로부터 자유로운 평등의 사회, 외세의 개입에서 벗어난 자기 결정이 가능한 나라, 분단을 뛰어 넘어 통일을 이룬 나라 그리고 북의 전체주의와 남의 권위주의를 초월한 민주 사회”를[8] 뜻하는 천년왕국의 역사적 실현에 기여하는 해방적 실천이라면 혹은 안병무의 개념을 따라 ‘예수사건’을 이 땅에서 구체적으로 실현하는 데 기여하는 구원론적 실천이라면, 그러한 실천은 신학적으로 정당하고 유효한 것으로 받아들여야 한다.

서남동의 종말론의 구도를 따라 ‘민중의 역사내적 성취’와 동일한 종말론적 완성을 이루는 데 있어 인간의 정치사회적·윤리적 실천은 의미 있는 실현의 토대가 된다는 점을 추론할 수 있다. 종말론적 여분을 조금도 남기지 않고 지금 여기서 종말론적 이상향을 완전하게 구현할 수 있다는 민중신학적 신념에 대해 인간의 문명적 창조와 진보가 충실하게 답할 수 있는 여지를 남겨 두고 있는 것이다.

우리가 본 대로, 민중신학의 구원론적 관심은 민중 해방 곧 민중의 삶과 역사 속에 ‘예수사건’을 재현함으로 이루어지는 구원에 있기에, 인간과 인간의 정치사회 공동체를 둘러싸고 있는 피조세계의 구원에 대해서는 상대적으로 관심이 덜 한 것이 사실이다. 그러나 서남동의 생태신학적 기여를 언급해 두어야 하겠다.[9] 앞에서 본 대로, 서남동은 민중신학의 본류에 속하면서도, 개척자적으로 한국 신학의 생명과 생태담론 형성과 발전에 의미 있게 기여한 신학자이다. 특별히 유교와 불교와 같은 동양 종교, 동방교회의 신학 그리고 생명과학의 새로운 발견들

8 Andrew Sung Park, “Minjung and Process Hermeneutics,” 122, Chang-Hee Son, *Haan* of Minjung Theology and *Han* of *Han* Philosophy, 59-60에서 재인용.

9 서남동의 생태 신학과 윤리에 대해 2장에서 다루었는데, 참고하길 바란다.

로부터 기존의 기독교 담론을 비판적으로 성찰하면서, 자연과 인간의 화해 시도, 자연계의 모든 존재들의 생명성 강조, 전체로서의 생명세계에 대한 통전적·유기체적 이해 등 중요한 생태신학적 주제들을 제기하고 또 적극적으로 전개하였다. 이런 맥락에서 민중신학의 종말론은 정치사회적 지평뿐 아니라 생태적·우주적 지평까지도 포괄하면서 하나님 나라 이상의 현재적 실현이라는 중심 주제를 견지할 수 있는 여지를 열어둔다. 인간중심적 해방 실천은 고통하는 피조세계 전체의 해방이라는 목적 또한 소중히 여겨야 한다는 말이다. 현존하는 생태환경 안에 충만한 생명의 질서를 가져오는 데 기여하는 실천이야말로 종말론적으로 참된 의미를 갖는 실천이라고 할 것이다.

II. 리츨Albrecht Ritschl

1. 하나님 나라의 도덕적 현재화

리츨의 종말론 이해는 그의 '하나님 나라' 신학에 관건이 있다. 리츨의 하나님 나라는 무엇보다도 '도덕'의 나라이다. 하나님 나라를 언급할 때 리츨은 여러 차례 '도덕적인'이라는 형용사로 수식한다. 하나님 나라의 근본적인 내용이 여기에 있다. 하나님 나라는 도덕적 이상이 실현되는 영역인 것이다. 도덕적 이상향으로서의 하나님 나라에서 구현되어야 할 규범적으로 보편적인 이상은 무엇인가? 리츨에 따르면, 사랑이다.[10] 이 사랑은 온 인류를 향하신 하나님의 보편적 사랑에 상응하기에 그 범위에 있어서 보편적이고 하나님과 인류의 화해를 위해 모든 것을 다 바친 예수 그리스도의 희생적·헌신적 사랑에 상응하기에 그 내용에 있어서 이타적이며 예수께서 사랑의 완전한 실천으로 하나님 나라를 구현하고자 하시는 하나님의 뜻에 순종하심으로 소명을 완수했다는 의미에서 윤리적 관점에서 의무론적이다. 예수 그리스도는 하나님과 인류의 화해라는 소명에 충실하게 또 철저하게 응답함으로써 '사랑'을 구현하고 그리하여 자신의 '인격' 안에 또 '온 인격'을 통하여 하나님 나라를 완수하신 것이다. 예수 그리스도의 화해 사역을 수용함으로 언약공동체에 속하게 된 사람들은 이제 예수 그리스도의 본을 따라 하나님 나라 실현에 부름 받는다. 예수가 그랬던 것처럼, 이 세상 안에서 하나님 나라의 도덕적 이상 곧 이타적·자기희생적 사랑을 구현함으로써 하나님 나라 혹은 하나님의 도덕적 주권 를 실현해야 하는 것이다.

혈통적·인종적·사회적 차이 때문에 발생하는 차이와 분열을 극복하고 인류 전체를 하나로 묶는 '도덕적 연합' moral fellowship 에 이르기 위해서 인류는 보편적 사랑에 의해 각성되고 또 규범적으로 인도를 받아 서로를 사랑해야 한다. 사랑으로 실현된 하나님 나라는 무엇보다도 역사내적 정치사회 체제나 제도들을 넘어서며 또 궁극적으로 이들을 하나 되게 한다. 이러한 하나 됨은 정치사회 공동체가 궁극적으로 지향해야 할 영적 혹은 초월적 목적이 되며, 그 목적은 '윤리적' 삶의 양식과 실천을 통하여 완성에 이른다. 이 점에서 리츨은 '윤리화'를 통해 영적 완성에 이르고자 하는 것이다. 하나님 나라의 규범적 기반은 리츨의 용어로 '도

10 Albrecht Ritschl, *The Christian Doctrine of Justification and Reconciliation*, trans. H. R. MacIntosh and A. B. Maculay (Edinburgh: T.&T. Clark, 1900), 610-11.

덕법'이다. 도덕적 연합은 구체적 행동을 통해 이루어질 수 있다. 도덕적으로 선한 행동은 사랑으로 묶인 보편적 인류 공동체를 이루는 데 기여할 수 있는 행동이다. 도덕법은 그러한 행동들을 규율하는 규범적 체제이며, 이는 하나님 나라의 보편적 목적으로부터 나오는 것이다. 여기서 사랑은 도덕법에 따라 규율되는 모든 행동의 근본적인 동기이며 도덕법이 지시하는 목적들을 인식하게 하고 또 행동하도록 하는 동력이다.[11] 기독교적 세계 이해에서 하나님 나라는 세계가 지향하는 초월적·최종적 목적이기에, 도덕법은 정치사회 공동체를 규율하는 '시민법'을 포괄한다.[12] 이런 맥락에서 도덕법은 특수한 정치사회 공동체에 한정되는 사회적 목적들 그리고 그 목적들과 관련된 행동들을 규율하는 시민법을 배제하지 않고 수렴하는 포괄성을 견지하면서, '하나님 나라의 포괄적 목적'을 지향하며 '보편적 사랑의 주관적 동기'에 좌우되는 의도와 행동 그리고 삶의 양식을 규율하고 안내한다.[13]

교회혹은 영적 정부에 대한 용어로 리츨이 선호하는 '그리스도의 공동체'는 적극적으로 세속 영역과 관계를 형성해야 하는데, 공동체의 창시자인 예수 그리스도의 삶의 양식이 그랬던 것처럼 예수를 따르는 이들은 타자와 세상을 위해 '사랑하는' 존재로 살아야 하기 때문이다. 그리스도의 공동체는 세상 속으로 들어가 적극적으로 사랑을 실천하고 세상을 하나님 나라로 만들기 위해 힘써야 한다는 리츨의 견해로부터 교회와 신자의 역사적 삶이란 적극적인 공적 참여와 변혁의 추구라는 규범적인 특징을 갖는다는 점을 추론할 수 있다. 다만 하나님 나라의 구현

11 위의 책, 511.
12 위의 책.
13 위의 책, 511-12.

주체는 신앙 공동체와 그 구성원들만이 아니다. 하나님의 보편적인 섭리의 결과로 모든 인간에게 주어진 도덕법에 근거하여 교회 안과 밖의 모든 구성원들은 보편적 사랑을 구현함으로써 도덕적 연합 곧 하나님 나라의 실현을 위해 적극적으로 참여해야 한다는 공동의 소명을 받는다.

또한 리츨의 하나님 나라는 '자연의 극복' 곧 자연에 대한 영적 지배를 통해 이루어진다. 인간에게 극복의 대상이자 지배의 대상이 되어야 하는 자연은 과학적·진화론적 세계관으로 포착되고 설명되는 자연이다. 이 세계관 안에서 인간은 자연의 일부로서 진화라는 자연적 과정에 종속되어 있는 존재이다. 리츨은 인간의 자연에 대한 종속을 강조하는 이러한 세계관은 기독교의 하나님 나라 사상에 위배되며 그리하여 그 구현에 걸림돌이 된다고 보기 때문에, 하나님 나라의 구현으로서의 기독교적 구원은 과학적·진화론적 세계관을 극복하고 인간과 자연의 관계를 바로 잡는 데 있다고 역설한다. 그렇다고 리츨이 기독교적 세계 이해에서 자연을 전적으로 배제하는 것이 아닌데, 다만 자연과 인간 혹은 자연과 영의 관계를 수단과 목적의 관계로 설정하고자 하는 것이다. 자연을 수단으로 이해할 때, 더 이상 인간에게 위협이 되는 요소로 보지 않게 될 것이다. 창조신학적으로 말한다면, 자연은 인간과 더불어 하나님 창조의 결과이며 창조 안에 두신 하나님의 목적 실현을 위한 수단으로서 작용하게 될 것이다. 여기서 리츨은 세계에 대한 자연주의적·과학적 인식과 신학적 인식 사이의 공존 가능성을 찾고자 하는데, 과학적 발견과 지식 그리고 그러한 발견과 지식에 근거한 세계관은 인간과 세계를 포괄하는 총체적·목적론적 구도를 뒷받침할 수 있다고 보는 것이다.[14] 그리하여 리츨의 하나님 나라는 두 가지 인간론적 신념과 실천을 통해 이루어진다고 정리할 수 있다. 하나는 자연 속의 인간에서 자연을 영적으로 또 도덕적으로 지배하는 인간으로의 인식 변화를 내포하는 존재론적 신념이고, 다른 하나는 보편적인 도덕적 이상을 역사 속에서 실현함으로 하나님 나라를 구현할 수 있다는 윤리적 확신이다.[15]

2. 세계의 미래에 대한 전망

리츨은 세속 영역에서 일으켜야 할 변혁의 내용과 목적이라는 관점에서 분명한 입장을 견지한다. 교회와 세상 모두에게 가장 중요한 공적 삶의 목적은 하나님 나라이다. 이 공동의 공적인 목적을 위한 영적

14 이신형은 리츨의 인간론과 구원론의 요점을 과학적·진화론적 세계관과의 관계성이라는 관점에서 서술한다. "리츨이 문제 삼는 것은 과학적 유물론이며, 그것도 다윈주의적 논쟁의 시각에서 바라본 과학적 세계관이며, 그러한 과학적 세계관에 대한 대안으로서 기독교적 세계관을 제시하려는 것이었다. 그러한 세계관을 가능케 하는 원리를 리츨은 하나님의 왕국의 개념을 통해서 바라보았고, 그 하나님의 왕국의 개념에서 기독교의 정체성이 주어진다고 파악했다. 그렇기 때문에 우리가 유의해야 할 점은 예수가 자신의 삶을 하나님의 왕국의 최종적인 목표의 구현으로 파악했다고 하는 해석과 그러한 예수의 소명에 상호적으로 관련해서 하나님을 근본적으로 사랑으로 이해하는 것들이 하나님의 왕국을 단순히 그가 갖고 있는 신학적 문제와 그에 대한 대안의 형식으로만 인지하고 있는 것이 아니라 하나님-그리스도-인간(교회 공동체의 일원으로서의 인간을 의미)-세상의 현실을 인식하는 총체적인 밑그림을 구성하는 실증적인 원리로서 이해하고 있다는 것이다. 그가 이해하는 도식을 우리는 '하나님-인간-세상의 구조적 상호성의 총체로서의 하나님의 왕국'이라는 말로 표현해 볼 수 있을 것이다" [이신형, 『리츨 신학의 개요』(서울: 한국장로교출판사, 2004), 126-67].

15 켈시(David Kelsey)는 인간론적 관점에서 논하는데, 이를 주목할 만하다. "도덕적인 주체는 모순적인 상황 속에 처해 있다. 그것은 '자연 세계의 일부분이면서 동시에 자연을 지배할 것을 주장하는 영적인 인격성'이다. 이 주체의 자연에의 연루성은 가치들을 알고 또 그것들을 현실화해야 할 의무를 알고 있는 도덕적인 주체로서의 자신의 위상에 위협으로 작용한다. 우리는 우리의 행위에 대한 책임을 짐으로써 우리 자신을 도덕적인 주체로 구성한다. 이것은 여러 가지 방식으로 이루어질 수 있다. 신학적인 주장은 '자연'과의 차별성을 유지하도록 자신을 구성할 수 있는 길에는 꼭 한 가지 방식이 있다는 것이다. 그것은 역사 속에서 가치들을 지속적으로 실현하는 실재가 도덕과 무관한(amoral) 자연보다 더 심원하다는 신앙 안에서 행동하는 것이다. 더 구체적으로 말하면, 신앙은 예수의 역사적 삶이 이러한 실재의 본성을 사랑으로서 드러낸다는 사실에 대한 신뢰이다. 이 사랑은 이러한 신뢰 가운데 행하지 못하는 우리의 실패를 용서해 주고 그리고 우리로 하여금 서로서로 더욱 깊이 사랑하도록 동기를 부여해 준다. 바로 이 신앙이 하나님-관계이다. 그것은 그것을 지니고 있는 주체의 자율성을 침해하지 않는다. 오히려 신앙은 주체로 하여금 도덕과 무관한 자연의 메커니즘에 대항하여 자율성 안에 존속하게 해준다" [David Kelsey, "인간," in *Christian Theology: An Introduction to Its Traditions and Tasks*, eds., Peter C. Hodgson and Robert H. King, 윤철호 역, 『현대 기독교 조직신학: 기독교 신학의 전통과 과제에 대한 개론』(서울: 한국장로교출판사, 1999), 278].

정부와 세속 정부의 협력적 관계를 제안한 점은 전체 사회의 공공성 증진에 기여할 수 있는 장점이 있다고 하겠다. 또한 하나님 나라의 궁극적 실현 주체는 하나님이지만, 그 구현에 있어서 인간의 '몫'은 필수불가결한 요소이다. 그러므로 모든 인간에게 하나님 나라 구현에 참여하라는 소명이 주어진다. 성과 속의 공동의 목적으로서 하나님의 나라는 보편적 사랑의 의지로 묶여진 평화로운 인류 공동체 형성을 통해 이루어진다. 하나님의 나라는 도덕의 나라이며 도덕적 이상향으로서의 하나님 나라는 지금 여기서 인류 공동체에 속한 모든 구성원들이 협력하여 이루어야 하며 또 그렇게 할 수 있다는 신념이 바로 리츨의 것이다.

리츨의 도덕적 하나님 나라는 진화론적·자연주의적 진보 사상에 내포하는 이상향과는 긴장혹은 대립의 관계를 형성한다. 그러한 이상향은 자연스럽게 이루어지는 자연적 과정이 아니라는 점에서 또 자연선택이나 적자생존 등의 개념에 내포된 불가피한 자연적 차이혹은 차별의 수용을 거부한다는 점에서, 리츨은 진화론적 자연주의를 극복하고자 한다. 여기서 세계의 미래에 관한 전망을 생각해 본다. 인간의 문명적 개입은 자연주의적 진보에서 도덕적 진보에로의 전환을 통해 자연의 위협을 극복하고 도덕적 하나님 나라 실현에 이바지할 때 신학적·윤리적 정당성과 가치를 확보할 수 있다는 평가를 내릴 수 있다. 다시 말해, 인간의 문명과 과학기술의 발전은 자연의 비신성화에 기여하고 자연의 질서가 아닌 도덕적 질서에 의한 사회 구성에 충실할 때 종말론적으로 그 지위와 역할을 인정받을 수 있게 된다는 것이다.

Ⅲ. 바르트 Karl Barth

1. '마지막 그분'이신 예수 그리스도와 기독교 종말론

바르트 종말론의 초점은 예수 그리스도이다. 종말론적 완성 곧 하나님 나라의 궁극적 완성은 오직 '마지막 그분'이신 예수 그리스도께 달려 있다.[16] 따라서 예수 그리스도는 기독교 종말론의 주제이자 핵심적 내용이며, 종말론은 세계의 마지막에 관한 신학적 담론이라기보다 예수 그리스도에 대한 가르침이다. "그가 하나님 나라이며 하나님 나라이었으며 또 하나님 나라일 것이다. 그리스도 안에서 회복이 있고 구원이 있고 완숙이 있고 하나님 나라의 기쁨이 있다. 엄밀하게 말해서, 그리스도 곧 마지막 그분을 떠나서 어떤 추상적이며 자율적인 마지막 때의 일들이란 있을 수 없다. 따라서 다른 희망이 있는 것이 아니라 그에게 집중된 단 하나의 희망만이 존재할 뿐이다. 그를 떠난 희망, 독립적으로 갖는 갈망과 욕구는 단지 헛된 꿈일 뿐이다."[17]

기독교회와 신자들이 종말론적 소망 가운데 산다는 것은 하나님 나라 자체이신 예수 그리스도에 대한 소망의 빛으로부터 현재적 삶을 비평적으로 성찰하고 인간과 역사의 한계를 겸손하게 인정해야 한다는

16 Karl Barth, *Die Kirchliche Dogmatik*, *Church Dogmatics* I/2, eds. Thomas F. Torrance and Geoffrey W. Bromiley, trans. Geoffrey W. Bromiley (Edinburgh: T.&T. Clark, 1956), 239-40.

17 Karl Barth, *Die Kirchliche Dogmatik*, *Church Dogmatics* III/2, eds. Thomas F. Torrance and Geoffrey W. Bromiley, trans. Harold Knight, J. K. S. Reid, Geoffrey W. Bromiley and R. H. Fuller (Edinburgh: T.&T. Clark, 1960), 490.

점을 내포한다. "자신의 삶의 지평 안에서 가장 절박한 혁명가보다도 더 절박하게 새로움을 추구한다. 그는 묻는다. '온 세상의 평화여, 너는 어디에 있는가?' 그리고 더욱 절박하게 이 질문으로 묻는다. 왜냐하면 이 미래를 확신하기 때문이며 또 의식적으로 이 미래를 바라보며 또 그 미래를 향해 나아가고 있기 때문이다."[18] 여기서 바르트는 종말론적 완성을 윤리적 동기와 규범적 판단의 근거로 상정한다. 다시 말해, 예수 그리스도 안에서 드러나고 이루어지며 또 완성될 하나님 나라는 인간과 역사와 문명을 궁극적으로 평가하는 척도이자 그것을 향해 움직이게 하는 동기부여의 원천이 된다. 맥도웰John McDowell의 해석이 유익한데, 특별히 바르트 종말론의 윤리적 본성을 적시한다. "바르트에게 종말론은 인간의 자기 신격화를 막는데, 하나님에 대한 지식과 그 지식이 가져다주는 화해와 더불어 계시 사건의 종말론적 새로움을 고려할 때, 인간은 스스로를 의롭다할 수 없다. … 어떤 종말론적 참고 틀이 없이 인류에게 살아야 할 '오는 세대'에 대해 말하는 것은 어리석은 자기주장이고 부당한 자기 정당화이다. 그리하여 하나님께 의존할 수밖에 없는 피조물의 한계를 부정하는 데까지 이른다."[19]

예수 그리스도의 구원 사건은 이 세상 속에 종말론적 새로움을 가져다주며 새로운 인류를 창조한다. 바르트는 계시적 지식에 대한 피조물 인간의 능력을 부정함으로써 모든 인간의 말과 행동은 최종적인 종말론적 완성을 향해 궁극적 방향성을 가졌다고 하더라도 임시적이고 불완전할 수밖에 없다는 점을 강조한다. 하나님 나라가 이미 그리스도

18 Karl Barth, *Die Kirchliche Dogmatik*, *Church Dogmatics* IV/4, eds. Thomas F. Torrance and Geoffrey W. Bromiley, trans. Geoffrey W. Bromiley (Edinburgh: T.&T. Clark, 1969), 201.

19 John C. McDowell, *Hope in Barth's Eschatology: Interrogations and Transformations beyond Tragedy* (Aldershot: Ashgate, 2000), 108-109.

의 부활 속에 현재한다고 하더라도 아직 완전히 이루어지지 않았다는 점은 지속적으로 하나님 나라의 지식과 능력에 관한 한 인간이 피조물로서의 한계를 지니게 됨을 일깨워준다는 것이다.

2. 세계의 미래에 대한 전망

바르트는 종말론 논의의 초점을 세계의 '끝'에 일어날 일로부터 예수 그리스도 안에서 예기적으로 선취된 하나님 나라와 '마지막 그분'의 인격에로 옮기고 있다. 다시 말해, 바르트 종말론에서 핵심적인 내용은 그리스도의 삶과 십자가와 부활을 통해 계시가 종말론적으로 확증된 것이다. 바르트는 '이 세상적' 인간 삶의 현실과 하나님 나라의 이상 사이의 간격을 견지하고 또 피조물 인간의 도덕 행위자로서의 한계를 강조함으로써 역사 속에서 사랑의 이상을 실현하고자 하는 윤리적 행위들이 잠정적인임시적인 것이라고 강조한다. 하나님 나라를 추구하고 있지만 언제나 완성에 이르는 과정 혹은 도상에 있을 따름이다. 하나님 나라의 부분적 실현을 전적으로 부정하지는 않지만, 바르트는 하나님 나라의 완성에 있어서 하나님 주권과 피조물 인간의 하나님에 대한 전적 의존의 필요성에 더 큰 비중을 두고 있는 것으로 보인다.

하나님 나라 실현은 전적으로 하나님께 달려 있다는 점과 인간이 하나님 나라의 구현을 꿈꾼다면 하나님께 절대적으로 의존해야 한다는 점 등을 고려할 때, 자연을 대상으로 하는 인간·본위적 문명 창출 시도는 종말론적으로 어떤 영적, 도덕적, 효용적 가치를 확보하기는 어렵다고 평가할 수 있다.

'마지막 그분'에 대한 기독론적·종말론적 의미 그리고 구원의 대상으로서의 인간에 관한 구원론적 의미에 신학적 관심이 집중되면서, 피조세계와 인간이 아닌 피조물에 대한 관심은 상대적으로 상당히 약화된다. 세계를 하나님의 구원 드라마의 '무대' 정도로 생각하는 바르트의 인식, 종말론적 완성이 하나님께 전적으로 달려 있다고 보는 견해, 기독교 구원의 의미를 영적인 혹은 신학적인 차원에 강조점을 두고 풀어간 점 등을 종합적으로 성찰해 볼 때, 바르트의 종말론에서 세계의 미래는 구원을 열망하는 현재의 모습과는 아주 다른 것으로서, 마지막 날 하나님이 이루실 '새 하늘과 새 땅'이라는 성서적 이상향의 실현으로 보아야 할 것이다.

IV. 몰트만 Jürgen Moltmann [20]

1. '오시는 하나님'의 종말론

종말론은 몰트만 신학의 핵심이다. 종말론의 일반적 정의는 마지막 일들에 대한 가르침 혹은 교리이다. 다시 말해, 세상의 끝에 일어날 일들에 대한 신학적 논의이자 가르침이다. 그러나 몰트만에 따르면, 종말론은 더 이상 '끝'에 관한 가르침이 아니다. 오히려 '시작'에 관한 가

20 생태적 사랑의 신학적 정당화와 린지의 동물신학에 대한 비평적 성찰을 위해 각각 3장과 5장에서 몰트만을 다루었는데, 참고하길 바란다.

르침 곧 예수 그리스도에게서 시작된 새로운 세대aeon '에온'의 시작에 관한 가르침이다.

몰트만은 일직선적 시간 개념으로 기독교의 종말론적 미래를 온전히 파악하고 설명할 수 있는지에 대해 신중하다. 일직선적 시간 개념의 틀에서 미래는 영원히 미래일 수 있는가? 그럴 수 없다. 시간이 흘러, 그 미래는 현재의 시제로 변화하게 될 것이다. 그렇다면 미래에서 현재로 변화한 그 시점은 영원히 현재일 수 있는가? 역시 부정의 답이 나올 수밖에 없다. 시간의 과정에서 현재는 과거가 될 것이기 때문이다. 결국 기독교 신앙이 소망하는 종말론적 완성의 '미래'는 과거의 사건으로 귀결될 수밖에 없는 것인가. 몰트만은 이러한 문제에 응답하면서 새로운 미래 개념 곧 '도래'*adventus* '아드벤투스'로서의 미래 개념을 제시한다.[21] 하나님의 미래는 하나님이 세상 속으로 움직여 들어오심 안에 있다는 것이다. 하나님의 존재는 '되어짐'becoming에 있지 않고 '오심'coming에 있다. 도래 혹은 오심으로서 미래는 존재의 양식이며 하나님의 능력이다. 그러므로 하나님의 영원성은 무시간적이지 않으며 영원히 공시적이지 않다. 오히려 하나님의 미래는 역사적 시간 전체에 영향을 미치는 하나님의 미래의 능력이다.[22]

하나님의 능력으로서의 미래는 하나님이 현재의 역사 속으로 들어오시기 때문에 지금 여기에서도 작용한다. 구원의 종말론적 영광의 미래로부터 오시는 하나님의 희망 안에서 하나님은 이 세상 속에 옛 것을 사라지게 하고 새 것을 불러일으키는 창조적 능력을 발휘하신다. 이

21 Jürgen Moltmann, *Das Kommen Gottes: Christliche Eschatologie*, trans. Margaret Kohl, *The Coming of God: Christian Eschatology* (Minneapolis: Fortress Press, 1996), 25-26.

22 위의 책.

와 함께 하나님은 인류와 역사와 세계가 계속해서 종말론적 완성의 궁극적 실현을 향해 움직이도록 자극하고 도전하고 움직여 가신다. 부활하신 그리스도의 선포 안에서, 하나님 구원의 예기적 선취는 이 세계 속에서 이미 작동하고 있으며 참된 희망을 불러일으키고 있다. 요컨대, 하나님이 종말론적 완성으로부터 이 세계 속으로 들어오심이 세상이 종말론적 미래를 향해 움직여 가는 동력이 된다.

몰트만에게 세계는 종말론적 역사이다. 이 세계를 어떻게 종말론적으로 이해하는가? 무엇보다도 세계를 종말론적으로 이해할 때 궁극적 희망의 관점에서 볼 필요가 있다. 세계의 종말은 완전한 파괴나 무無에로의 회귀가 아니다. 오히려 세계의 운명은 예수 그리스도의 삶과 십자가와 부활을 통해 예기적으로 선취된 구속을 향해 희망 가득한 여정을 계속 진행해 가는 것이다. 이 세계는 하나님이 오시고 거하시고 또 일하시는 자리이다. 종말론적인 신적 존재인 '오시는 하나님'이 이 세계 속에 '새로운 피조물'을 창조하신다. 구원의 종말론적 영광의 미래로부터 오시는 하나님께 대한 희망을 통하여, 하나님은 이 세계 속에 새로운 창조를 가능하게 하는 '새 창조'의 힘으로 역사하신다.

몰트만은 역사라는 개념이 히브리 예언 전승의 산물이라고 밝히면서 코헨H. Cohen을 인용한다. "역사 연구는 헬라적 의식에서는 지식과 그대로 같은 의미를 가졌다. 그래서 헬라인에게는 역사는 순전히 과거와 관계되어 있었고 언제나 그랬다. 그것에 반해서 예언자는 선견자였다. 그의 보는 직책은 미래의 존재로서의 역사의 개념을 생산했다."[23]

23 Hermann Cohen, *Religion der Vernunft und den Quellen des Judentums* (Leipzig: Fock, 1919), 302, Jürgen Moltmann, *Theologie der Hoffnung*, 전경연, 박봉배 역, 『희망의 신학』(서울: 대한기독교서회, 1973), 346에서 재인용.

신적인 것은 그리스 사상에서처럼 영속적이고 자기 반복적인 구조 안에 존재하지 않으며, 약속의 하나님의 미래로부터 존재한다. 역사의 변혁은 약속의 하나님의 미래의 관점에서 가능성을 타진하며 역사는 새로움이나 약속된 바의 가능성들을 통해 인식된다. 그러므로 몰트만에게 역사의 진정한 범주는 더 이상 과거가 아니라 미래이다. 역사는 더 이상 고고학적 시간관으로부터 해석되어서는 안 되고 종말론적으로 또 미래적으로 해석되고 인식되어야 한다고 몰트만은 강조한다.[24]

2. 전체 창조세계의 지평에서 본 하나님의 섭리적·구원적 사랑

1) 하나님과 피조세계의 '코이노니아'

하나님과 피조세계의 관계를 논하면서, 몰트만은 하나님의 신적 본성과 신적 창조성 사이의 관계에 관한 중요한 질문을 제기한다. 하나님의 영원한 본성과 세상이 거기로부터 창조된 바로서의 신적 창조성이 동일하다면 어떻게 하나님이 창조하신 세계와 하나님의 영원한 자기 창조혹은 창조된 세계와 창조하는 하나님를 구별할 수 있겠는가? 하나님의 창조성과 하나님의 생명 자체를 동일하게 보는 것은 하나님이 스스로 세계와 구별되고자 하시는 의도를 부정하는 것이라고 몰트만은 생각한다.[25] 그리하여 몰트만은 신적 생명과 신적 창조성의 동일시를 재해석하고자

24 Jürgen Moltmann, 『희망의 신학』, 346.

25 Jürgen Moltmann, *Gott in der Schöpfung: Ökologische Schöpfungslehre*, 김균진 역, 『창조 안에 계신 하느님: 생태학적 창조론』(서울: 한국신학연구소, 1987), 131-32.

한다. 만일 이러한 동일시를 견지하려 할 때, 하나님과 하나님이 지으신 세계 사이의 '코이노니아'사귐라는 개념을 상정할 수 없는 것 아닌가 하는 의문이 생긴다. 신적 생명과 신적 창조성을 동일시하는 것을 피하기 위해 영원한 신적 생명을 영원하고 무한한 사랑의 생명으로 보는 것이 좀 더 적절하다고 주장하면서, 동시에 하나님과 세계 사이의 '사귐'이라는 개념을 지켜 나가고자 한다.[26] 이 사랑은

> 창조적인 과정 속에서 그의 삼위일체적 완전성으로부터 한없이 나와 영원한 안식일의 휴식 가운데에서 자기 자신에게로 오는 사랑을 말한다. 그것은 동일한 사랑이지만 신적인 삶과 신적인 창조 속에서 여러 가지 방법으로 활동한다. 하느님 안에서 일어나는 이 구분과 함께 여러 가지 형식의 사귐 속에서 그의 내적인 신적 삶을 활동케 한다. 그러므로 그는 그의 사랑의 피조물들에게 그의 사랑도 나누어 준다. 이것은 인간을 그의 의지의 생산성에 참여하게 할 뿐만 아니라 그의 "본성"에도벧후 1:4 참여하게 한다. 그의 형상에 따라 창조된 자들은 "그의 소생"에 속한다행 17:28-29. 이것은 "신적인 본질의 유출"이라는 표현으로써 부적절하게 표현되지만 단순한 피조물성을 넘어서는 하느님과의 사귐을 시사하고 있다. 하느님의 피조물과 형상이라는 것은 단순히 그의 손의 작품이라는 것을 뜻할 뿐만 아니라 신적인 삶의 창조적인 근원에 '뿌리박고' 있음을 뜻하기도 한다. 이것은 특히 창조를 '성령론적으로' 이해하고 그의 창조 안에 거하고 있는 창조자의 영을 고려할 때 분명해진다.[27]

26 위의 책.
27 위의 책, 133.

여기서 몰트만은 하나님과 세계 사이의 사귐혹은 교통을 말하고 있다. 이 사귐 안에서 피조된 존재들은 하나님의 섭리적 현존과 사역에 동참하도록 허용된다는 의미에서 단순한 피조물됨을 뛰어넘는다. 이 사귐이라는 개념을 통하여 몰트만은 유출설에 내포된 위험 곧 하나님과 피조세계가 본성에 있어서 동일하다고 주장하는 위험을 피한다. 몰트만은 세계와 하나님 사이의 범신론적 동일시나 세계의 신격화를 거부하는 한편, 삼위일체적 창조론을 전개함으로써 하나님과 세계 사이의 엄격한 구분을 주장하는 분리주의를 극복한다. 만물은 범신론적pantheistic 의미에서 신적 존재가 아니며, 하나님이 창조하신 세계는 범재신론적panentheistic 의미에서 하나님 안에 존재한다.

2) 세계의 구원과 '오늘을 위한 성화'

죄사함을 위한 대속적 죽음의 불가피성을 재확인하면서, 몰트만은 오직 하나님이 하실 수 있고 또 하셔야만 한다고 강조한다.[28] 죄 용서에 있어서 하나님의 주도권을 말하면서 몰트만은 모든 인간이 죄인이라는 죄에 관한 보편적 이해는 고통 받는 이들과 고통을 가하는 이들 사이의 차이를 간과하게 만드는 이유가 될 수 있다고 주장한다. 사랑의 하나님은 단지 법정적forensic 의미에서 죄인을 의롭다 하실 뿐 아니라 불의하게 억압받는 이들을 해방시키시고 불의한 억압자들을 참회와 갱신에 이르도록 하시는 분이심을 역설한다. "이러한 상이한 요소들[칭의에 대한 형이상학적 해석과 정치적 해석]은 서로 보완적으로 구체화하고

28 Jürgen Moltmann, *Der Geist des Lebens: Eine ganzheitliche Pneumatologie,* trans. Margaret Kohl, *The Spirit of Life: A Universal Affirmation* (Minneapolis: Fortress Press, 1992), 132-38.

강화하는 작용을 한다고 볼 수 있다. 하나님은 모든 죄인에게 자비를 베푸는 분이시기에, 구체적으로 정의를 박탈당한 이들에게 구체적으로 회복시켜 주시며 또 불의한 이들이 회개에 이르도록 하시는 분이시다."[29] 이 점에서 죄인의 칭의와 피억압자의 해방은 서로 반제反題가 아니다. 오히려 이 둘은 서로를 더 풍성하게 하고 또 교정한다.

몰트만에 따르면, 구원의 은총 곧 칭의와 성화의 은총은 인간에게만 제한적으로 주어지지 않는다. 하나님이 창조하신 세계와 인간이 아닌 세계의 존재들이 고통하며 죽음의 위기에 직면하여 있다면 하나님은 세계와 세계의 존재들을 치유·회복하고 구원하시기 위해 일하신다고 몰트만은 강조한다. 이런 맥락에서 '오늘을 위한 성화'라는 개념을 주목해야 할 것이다. 이 개념을 통해 몰트만은 생명의 신성함과 창조의 신적 신비에 대한 변호, 생명에 대한 경외, 생명에 반하는 폭력에 대한 부정 그리고 생명세계의 조화와 공존 추구 등의 가치의 중요성을 역설한다.[30] 성화는 그리스도의 형상을 향해 개별 신자가 거룩하게 변화하는 지속적 갱신의 과정일 뿐 아니라 생명세계를 구성하는 존재들이 공존하고 연대·협력하면서 더 풍성한 공동체를 일구어가는 세계변혁의 과정이라는 것이 몰트만의 생각이다. "[성화]는 하나님이 살리시고 이미 거룩하게 하신 인격의 선성으로부터 흘러나온다. 신자들에 의한 삶의 성화는 하나님께 상응하는 생명이라고 명명할 수 있다. 이로써 목적이 분명해진다. 인간 존재 안에서 하나님의 형상을 회복하는 것이다. 생명의 근원이신 하나님과의 화목은 모든 살아있는 것들과의 화목과 같이 간다. 그리하여 생명 자체에 대한 경외와 더불어 간다."[31]

29 위의 책, 128.
30 위의 책, 171-73.

3. 세계의 미래에 대한 전망

몰트만의 종말론은 역사내적 인간의 성취를 종말론적 완성으로 환원하는 것을 허용하지 않는다. 몰트만은 종말론적 완성의 미래로부터 현재라는 시간 속으로 들어오시는 도래로서의 미래를 강조하면서, 직선적이며 순전히 미래적인 종말론을 뛰어넘는다. 하나님의 이 오심 안에서 하나님 나라의 기준은 종말론적 관점에서 인간관계를 규범적으로 규율하고 안내한다. 인간과 기술의 창조성은 하나님의 '도래'를 위해 '쓰임 받을' 수 있다. 다만 '오늘을 위한 성화'의 개념을 통해 몰트만이 역설하는 대로, 인간과 인간의 정치사회 공동체 그리고 우주적 생태 공동체의 생명을 보존하고 증진한다는 의미에서 '성화'에 부합되는 방향성을 견지할 때 이 생명세계의 미래는 궁극적 완성으로서의 종말론적 의미를 갖게 될 것이다.

몰트만의 종말론이 기독교 종말론을 세계의 '끝'에 관한 논의에서 예수 그리스도 안에서 예기적으로 완성된 하나님 나라의 '시작'에 관한 논의로 전환하는 계기를 만든 점, 종말론적 완성으로부터 역사 속으로 '들어오셔서' 역사하시는 하나님 나라의 역동성을 부각한 점 등에서 의미 있는 기여를 했다고 볼 수 있다. 그러나 도래 혹은 오심에 방점을 찍음으로써 몇 가지 문제를 야기할 수 있다고 생각하는데, 무엇보다도 역사 속에 들어오셔서 역사하심이 실현되지 못하고 있는 것 같은 현실을 직시하면서 계속 오시고만 계시는 하나님으로 만들고 있는 것은 아닌지 또 몰트만의 '희망'은 역사적 실현이라는 측면을 내포하면서도

31 위의 책, 164.

계속 희망으로만 머물러 있는 것은 아닌지에 대한 비판적 평가에 이를 수 있다. 이러한 비판적 시각 안에서 세계의 미래에 관한 종말론적 함의를 탐색하는 질문을 던져 보는 것은 의미 있는 일이 될 것이다. 인간의 자연과의 관계 형성은 하나님의 '도래'에 기여하지 못하고 여전히 오고만 계신 하나님으로 만드는 요인이 되고 있는 것은 아닌가? 아니 아예 그 도래를 방해하는 기제로 작동하고 있는 것은 아닌가?

V. 맺는말

민중신학과 리츨의 종말론은 하나님 나라의 현재적 실현에 방점을 두고 있는데 전자는 민중을 위한 또 민중에 의한 정치사회적·경제적 해방을 완수함으로써 그리고 후자는 도덕적 이상으로서의 사랑의 구현을 통해 도덕적 연합을 실현함으로써 하나님 나라를 역사내적으로 완성한다. 앞에서 본 대로, 하나님 나라의 내용과 시점에 있어서 이 둘 다 인간중심적 경향을 두드러지게 띠고 있기에, 세계와 세계의 다른 존재들의 미래에 대해 종말론적 관점에서 성찰하고 논하기 위한 적극성을 탐지하기가 어렵다고 평가할 수 있다. 물론 예외적으로 서남동의 경우, 깊은 생태적 관심을 가지고 인간과 모든 존재들을 동등하게 포괄하는 유기체적이고 총체적인 생명 공동체로서의 세계상을 이상으로 상정하고 심도 있는 신학적 탐구를 수행했다는 점을 밝혀 두어야 하겠다.

바르트는 종말론적 완성을 하나님 나라의 결정적 주체이신 예수 그리스도에게 돌리고 세계와 역사의 '마지막'에 있을 궁극적 변화에 초점을 둠으로써 세계의 오늘과 미래의 변화에 대한 논의에 상대적으로 소극적일 가능성이 크다고 평가할 수 있다. 민중신학이나 리츨과 마찬가지로, 구원론적·종말론적 담론의 초점이 인간에 있다는 점 또한 주목해야 할 것이다. 세계를 구원의 역사를 위한 '무대' 정도로 인식하는 바르트의 세계 이해를 다시금 환기해야 할 것이다.

몰트만은 현재적이면서 미래적인 종말론을 견지한다고 할 수 있을 것인데, 하나님은 예수 그리스도 안에서 예기적으로 선취된 하나님 나라의 완성으로부터 '오심'을 통해 지금 여기에서도 하나님 나라를 불러일으키시기에, 세계와 세계의 모든 존재들은 하나님 나라를 현재적으로도 경험하고 누릴 수 있다. 다만 아직 마지막 완성은 남아 있다. 궁극적 완성을 기다려야 한다는 말이다. 종말론적 완성은 창조의 전체 지평을 포괄하는데, 이 점에서 인간중심성을 넘어선다. '오늘을 위한 성화' 개념에서 보았듯이, 하나님의 구원은 전체 생명세계를 포함하며 세계의 성화를 위해 하나님은 세계의 존재들이 조화롭게 공존하며 깊은 사귐 가운데 협력하게 하시고 세계의 완성을 향해 이끌어 가신다.

참고문헌

권진관. "민중과 생태환경의 주체화를 위한 신학: 서남동을 중심으로." 『신학연구』 60 (2012), 31-65.

김경재. "서남동의 생태학적 윤리에 대한 소고." 죽재서남동기념사업회 편. 『서남동과 오늘의 민중신학』. 서울: 동연, 2009.

김병환. "儒家의 生命觀 - 生生, 만물일체와 '살림'의 생명론." 『유가사상문화연구』 22 (2005), 307-36.

김애영. "로즈마리 류터의 생태여성신학." 『현대 생태신학자의 신학과 윤리』. 한국교회환경연구소 엮음. 서울: 대한기독교서회, 2006.

김용복. "민중의 사회전기와 신학." NCC 신학연구위원회 편. 『민중과 한국신학』. 서울: 한국신학연구소, 1982.

김희헌. 『서남동의 철학: 민중신학에 이르다』. 서울: 이화여자대학교출판부, 2013.

박경석 외. "그린 데탕트(Green Detente)와 북한 산림복구 지원 방안." 『산림정책이슈』 5. 서울: 국립산림과학원, 2013.

박재묵. "슈바이처의 '생명에 대한 경외' 사상과 동양의 전통 사상." 『환경사회학연구 ECO』 17-2 (2013), 109-43.

변순용. "생명의 생태학적 의미에 대한 연구: 니체와 쉬바이처를 중심으로." 『범한철학』 56 (2010), 235-55.

_______. "생명에 대한 책임 - 쉬바이처와 요나스를 중심으로." 『범한철학』 32 (2004), 5-28.

서남동. "자연에 관한 신학." 『신학논단』 11 (1972), 85-96.

_______. "생태학적 윤리를 지향하여." 『기독교사상』 16-5 (1972), 127-42.

_______. "두 이야기의 합류." NCC 신학연구위원회 편. 『민중과 한국신학』. 서울: 한국신학연구소, 1982.

_______. "신의 존재에 대한 자연신학." 죽재 서남동 목사 유고집 편집위원회 편. 『서남동 신학의 이삭줍기』. 서울: 대한기독교서회, 1999.

_______. “생태학적 신학 서설.” 죽재 서남동 목사 유고집 편집위원회 편. 『서남동 신학의 이삭줍기』. 서울: 대한기독교서회, 1999.

_______. “세계의 생명과 그리스도.” 죽재서남동기념사업회 편. 『민중신학의 탐구』. 서울: 동연, 2018.

_______. “한국교회의 신학적 비전.” 죽재서남동기념사업회 편. 『민중신학의 탐구』. 서울: 동연, 2018.

손기웅 외 14인. 『‘그린 데탕트’ 실천전략: 환경공동체 형성과 접경지역·DMZ 평화생태적 이용방안』. 서울: 통일연구원, 2014.

안병무. 『민중신학 이야기』. 서울: 한국신학연구소, 1988.

이기동 역해. 『주역강설』. 서울: 성균관대학교 출판부, 2015.

이기동 역해. 『논어강설』. 서울: 성균관대학교 출판부, 2016.

이기동 역해. 『맹자강설』. 서울: 성균관대학교 출판부, 2016.

이신형. 『리츨 신학의 개요』. 서울: 한국장로교출판사, 2004.

이우균 외 8인. 『REDD+ 교재』, 1권. 대전: 산림청, 2013.

이정배. “생명경외, 우주적 책임 통일성.” 『기독교사상』 34-11 (1990), 79-80.

_______. “유교와 기독교의 대화, 그 한국적 전개 - 평가와 전망을 중심으로.” 『신학과세계』 49 (2004), 74-110.

_______. “제이 맥다니엘의 생태신학 연구.” 『현대 생태신학자의 신학과 윤리』. 한국교회환경연구소 엮음. 서울: 대한기독교서회, 2006.

_______. “생명담론의 한국적 실상 - 국내에서 생산 또는 논의 중인 생명담론들.” 『인간·환경·미래』 6 (2011), 3-32.

이형기. 『역사 속의 종말론: 교부신학으로부터 20세기 에큐메니즘까지』. 서울: 대한기독교서회, 2004.

장도곤. 『예수 중심의 생태신학: 생태신학 입문』. 서울: 대한기독교서회, 2002.

정성한. 『한국 기독교 통일 운동사』. 서울: 그리심, 2003.

최영갑. “儒家의 환경생명에 대한 이해.” 『유교사상문화연구』 25 (2006), 305-33.

추장민 외 3인. 『한반도 그린 데탕트 추진방안에 관한 연구』. 서울: 한국환경정책·평가연구원, 2013.

허호익. “죽재 서남동의 통전적 자연신학.” 『한국기독교신학논총』 9-1 (1992), 176-209.

Adler, Joseph A. “Response and Responsibility: Chou Tun-i and Confucian Resources of Environmental Ethics.” In *Confucianism and Ecology: The Inter-*

relation on Heaven, Earth, and Humans. Edited by Mary Evelyn Tucker and John Berthrong. 오정선 역. "들어가는 말."『유학사상과 생태학』. 서울: 예문서원, 2020.

Ahn, Byung Mu. "Jesus and the Minjung in the Gospel of Mark." In *Minjung Theology: People as the Subjects of History*. Edited by Yong Bock Kim. Singapore: The Commission on Theological Concern/ The Christian Conference of Asia, 1981.

Aquinas, Thomas. *Summa Theologiae*. http://www.newadvent.org/summa/.

Augustine. *On Free Choice of the Will*. Translated by Anna S. Benjamin and L. H. Hackstaff. Englewood Cliffs: Prentice Hall, 1964.

_______. *Enchiridion on Faith, Hope and Love*. Washington, D.C.: Regnery Publishing, 1996.

_______. *On the Spirit and the Letter*. Pickerington: Beloved Publishing LLC, 2014.

Barth, Karl. *Die Kirchliche Dogmatik. Church Dogmatics* I/2. Edited by Thomas F. Torrance and Geoffrey W. Bromiley. Translated by Geoffrey W. Bromiley. Edinburgh: T.&T. Clark, 1956.

_______. *Die Kirchliche Dogmatik. Church Dogmatics* III/2. Edited by Thomas F. Torrance and Geoffrey W. Bromiley. Translated by Harold Knight, J. K. S. Reid, Geoffrey W. Bromiley and R. H. Fuller. Edinburgh: T.&T. Clark, 1960.

_______. *Die Kirchliche Dogmatik. Church Dogmatics* IV/4. Edited by Thomas F. Torrance and Geoffrey W. Bromiley. Translated by Geoffrey W. Bromiley. Edinburgh: T.&T. Clark, 1969.

Calvin, Jean. *Institutes of the Christian Religion*. Edited by John T. McNeill. Translated by Ford Lewis Battles. Philadelphia: The Westminster Press, 1960.

DeVries, Simon J. *1 Kings*. Waco: Word Books, 1985.

DMZ 학술원. "그린데탕트를 통한 환경공동체 추진방향." 통일부 연구용역보고서. 서울: 통일부, 2013.

Dunn, James D. G. *Romans 9-16*. Waco: Word Books, 1988.

Grim, John, and Mary Evelyn Tucker. *Ecology and Religion*. Washington, D.C.: Island Press, 2014.

Hartt, Julian. "창조와 섭리." In *Christian Theology: An Introduction to Its Traditions and Tasks*. Edited by Robert C. Hodgson and Robert H. King. 윤철호 역.『현대 기독교 조직신학: 기독교 신학의 전통과 과제에 대한 개론』. 서울: 한국장

로교출판사, 1999.

Huang, Yong. "Confucianism: Confucian Environmental Virtue Ethics." In *Routledge Handbook of Religion and Ecology*. Edited by Willis Jenkins, Mary Evelyn Tucker and John Grim. New York: Routledge, 2017.

Kaiser, Otto. *Isaiah 1-12: A Commentary*. Translated by John Bowden. Philadelphia: Westminster, 1983.

Kim, Yong Bock. "Messiah and Minjung: Discerning Messianic Politics Over Against Political Messianism." In *Minjung Theology: People as the Subjects of History*. Edited by Yong Bock Kim. Singapore: The Commission on Theological Concern/ The Christian Conference of Asia, 1981.

Kelsey, David. "인간." In *Christian Theology: An Introduction to Its Traditions and Tasks*. Edited by Robert C. Hodgson and Robert H. King. 윤철호 역. 『현대 기독교 조직신학: 기독교 신학의 전통과 과제에 대한 개론』. 서울: 한국장로교출판사, 1999.

Linzey, Andrew. *Creatures of the Same God: Explorations in Animal Theology*. 장윤재 역. 『같은 하나님의 피조물, 동물 신학의 탐구』. 대전: 대장간, 2014.

_______. "The Theological Basis of Animal Rights." *The Christian Century* (October 9, 1991), 906-909.

_______. *Animal Theology*. London: SCM Press and Chicago: University of Illinois Press, 1994.

_______. *Animal Gospel*. Louisville: Westminster John Knox Press, 1999.

_______. "Animals as Grace: On Being as Animal Liturgist." *The Way* 46-1 (2007), 137-49.

Martin, Mike W. "Rethinking Reverence for Life." In *Reverence for Life: The Ethics of Albert Schweitzer for the Twentieth-first Century*. Edited by Marvin Meyer and Kurt Bergel. Syracuse: Syracuse University Press, 2002.

McDaniel, Jay B. *Of God and Pelicans: A Theology of Reverence for Life*. Louisville: Westminster John Knox Press, 1989.

McDowell, John C. *Hope in Barth's Eschatology: Interrogations and Transformations beyond Tragedy*. Aldershot: Ashgate, 2000.

McFague, Sallie. *Models of God: Theology for an Ecological, Nuclear Age*. London: SCM Press, 1987.

_______. *The Body of God: An Ecological Theology*. Minneapolis: Fortress, 1993.

_______. *A New Climate for Theology: God, the World, and Global Warming*. 김준우

역. 『기후 변화와 신학의 재구성』. 고양: 한국기독교연구소, 2008.

_______. *Life Abundant: Rethinking Theology and Economy for a Planet in Peril*. 장윤재, 장양미 역. 『풍성한 생명: 지구의 위기 앞에 다시 생각하는 신학과 경제』. 서울: 이화여자대학교출판부, 2008.

Moltmann, Jürgen. *Theologie der Hoffnung*. 전경연, 박봉배 역. 『희망의 신학』. 서울: 대한기독교서회, 1973.

_______. *Der gekreuzigte Gott: das Kreuz Christi als Grund und Kritik christlicher Theologie*. 김균진 역. 『십자가에 달리신 하나님: 그리스도교적 신학의 근거와 비판으로서의 예수의 십자가』. 서울: 대한기독교출판사, 1979.

_______. *Trinität und Reich Gottes: Zur Gotteslehre*. 김균진 역. 『삼위일체와 하나님의 나라: 삼위일체론적 신론을 위하여』. 서울: 대한기독교출판사, 1982.

_______. *Gott in der Schöpfung: Ökologische Schöpfungslehre*. 김균진 역. 『창조 안에 계신 하느님: 생태학적 창조론』. 서울: 한국신학연구소, 1986.

_______. *Der Geist des Lebens: Eine ganzheitliche Pneumatologie*. Translated by Margaret Kohl. *The Spirit of Life: A Universal Affirmation*. Minneapolis: Fortress Press, 1992.

_______. *Der Geist des Lebens: Eine ganzheitliche Pneumatologie*. 김균진 역. 『생명의 영: 총체적 성령론』. 서울: 대한기독교서회, 1992.

_______. *Das Kommen Gottes: Christliche Eschatologie*. Translated by Margaret Kohl. *The Coming of God: Christian Eschatology*. Minneapolis: Fortress Press, 1996.

_______. *Gott im Projekt der modernen Welt*. 곽미숙 역. 『세계 속에 있는 하나님: 하나님 나라를 위한 공적인 신학의 정립을 지향하며. 서울: 동연, 2009.

_______. *Ethik der Hoffnung*. 곽혜원 역. 『희망의 윤리』. 서울: 대한기독교서회, 2012.

_______. *Der Weg Jesu Christi: Christologie in messianischen Dimensionen*. 김균진, 김명용 역. 『예수 그리스도의 길: 메시아적 차원의 그리스도론』. 서울: 대한기독교서회, 2017.

Mouw, Richard J. *He Shines in All That's Fair: Culture and Common Grace*. 권혁민 역. 『문화와 일반 은총: 하나님은 모든 아름다운 것 가운데 빛나신다』. 서울: 새물결플러스, 2012.

_______. *Abraham Kuyper: A Short and Personal Introduction*. 강성호 역. 『리처드 마우가 개인적으로 간략하게 소개하는 아브라함 카이퍼. 서울: SFC 출판부, 2015.

_______. "Thinking about 'Many-ness': Inspirations from Dutch Calvinism." 미간행 원고, 2015.

Nash, James A. *Loving Nature: Ecological Integrity and Christian Responsibility*. 이문균 역. 『기독교 생태윤리: 생태계 보전과 기독교의 책임』. 서울: 한국장로교출판사, 1991.

_______. "Ethical Concerns for the Global-warming Debate." *The Christian Century* 109-25 (1992), 773-76.

_______. "Biotic Rights and Human Ecological Responsibilities." *The Annual of the Society of Christian Ethics* (1993), 137-62.

_______. "Toward the Ecological Reformation of Christianity." *Interpretation* 50-1 (1996), 5-15.

_______. "The Bible vs. Biodiversity: the Case against Moral Argument from Scripture." *Journal for the Study of Religion, Nature and Culture* 3-2 (2009), 213-37.

Northcott, Michael S. "Salvation in a Post-industrial Society." *The Modern Churchman* 33-2 (1991), 44-53.

_______. *The Environment and Christian Ethics*. Cambridge, UK: Cambridge University Press, 1996.

_______. "From Environmental U-topianism to Parochial Ecology: Communities of Place and the Politics of Sustainability." *Ecotheology* 8 (2000), 71-85.

_______. *A Moral Climate: The Ethics of Global Warming*. New York: Orbis, 2007.

_______. "Loving Scripture and Nature." *Journal for the Study of Religion, Nature and Culture* 3-2 (2009), 247-53.

_______. "The Concealments of Carbon Markets and the Publicity of Love in a Time of Climate Change." *International Journal of Public Theology* 4 (2010), 294-313.

_______. "Planetary Moral Economy and Creaturely Redemption in Laudato Si'." *Theological Studies* 77-4 (2016), 886-904.

Outka, Gene. *Agape: An Ethical Analysis*. New Haven: Yale University Press, 1972.

_______. "Universal Love and Impartiality." In *The Love Commandment: Essays in Christian Ethics and Philosophy*. Edited by Edmund N. Santurri and William Werpehowski. Washington, D.C.: Georgetown Univ. Press, 1992.

_______. "Agapeistic Ethics." In *A Companion to Philosophy of Religion*. Edited by Philip Quinn and Charles Taliaferro. Oxford: Blackwell, 1997.

_______. "Comment on 'Love in Contemporary Christian Ethics'." *Journal of Reli-*

gious Ethics 26-2 (1998), 435-40.

Park, Andrew Sung. "Minjung and Process Hermeneutics." *Process Studies* 17-2 (1988), 118-26.

Ritschl, Albrecht. *The Christian Doctrine of Justification and Reconciliation*. Translated by H. R. MacIntosh and A. B. Maculay. Edinburgh: T.&T. Clark, 1900.

Roloff, Jürgen. *The Revelation of John*. Minneapolis: Fortress, 1993.

Ruether, Rosemary R. *Gaia and God: An Ecofeminist Theology of Earth Healing*. 전현식 역. 『가이아와 하나님: 지구 치유를 위한 생태 여성 신학』. 서울: 이화여자대학교 출판부, 2006.

Schweiker, William. *Power, Value, and Conviction: Theological Ethics in the Postmodern Age*. 문시영 역. 『포스트모던 시대의 기독교윤리』. 서울: 살림, 2003.

Schweitzer, Albert. *Verfall und Wiederaufbau der Kultur*. 지명관 역. 『문화의 몰락과 재건』. 서울: 선일문화사, 1977.

________. *Kultur und Ethik*. 안인길 역. 『문화와 윤리』. 서울: 삼성출판사, 1988.

________. *Aus meinem Leben und Denken*. 천병희 역. 『나의 생애와 사상』. 서울: 문예, 2016.

Stackhouse, Max L. *Globalization and Grace*. 이상훈 역. 『세계화와 은총』. 서울: 북코리아, 2013.

Stassen, Glen H., and David P. Gushee. *Kingdom Ethics: Following Jesus in Contemporary Context.*. 신광은, 박종금 역. 『하나님의 통치와 예수 따름의 윤리』. 서울: 대장간, 2011.

Suh, Nam Dong. "Historical Reference for a Theology of Minjung." In *Minjung Theology: People as the Subjects of History*. Edited by Yong Bock Kim. Singapore: The Commission on Theological Concern/ The Christian Conference of Asia, 1981.

Taylor, Rodney L. "Companionship with the World: Roots and Branches of a Confucian Ecology." In *Confucianism and Ecology: The Interrelation on Heaven, Earth, and Humans*. Edited by Mary Evelyn Tucker and John Berthrong. 오정선 역. "들어가는 말." 『유학사상과 생태학』. 서울: 예문서원, 2020.

Tucker, Mary, and John Berthrong. "Introduction: Setting and Context." In *Confucianism and Ecology: The Interrelation on Heaven, Earth, and Humans*. Edited by Mary Evelyn Tucker and John Berthrong. 오정선 역. "들어가는 말." 『유학사상과 생태학』. 서울: 예문서원, 2020.

UNEP. *Towards a Green Economy: Pathways to Sustainable Development and Poverty*

Eradication. 2011.

Vawter, Bruce, and Leslie J. Hoppe. *Ezekiel: A New Heart*. Grand Rapids: Eerdmans, 1991.

Westermann, Claus. *Genesis 1-11: A Commentary*. Translated by John J. Scullion. Minneapolis: Augsburg, 1984.

Wuellner, Bernard J. *Dictionary of Scholastic Philosophy*. Milwaukee: Bruce Pub. Co., 1956.